本书是国家自然科学基金资助项目——“网络导向、创业能力对新企业竞争优势的影响机理研究”（项目编号：71202063）和中国博士后基金特别资助项目——“新企业镶嵌、创业能力对运营规划及运营绩效的影响研究”（项目编号：2013T60334）的阶段性研究成果。

网络结构、动态能力与企业竞争优势

Network Structure, Dynamic Capability and Competitive Advantage

董保宝 ◎ 著

中国出版集团
世界图书出版公司
广州·上海·西安·北京

图书在版编目(CIP)数据

网络结构、动态能力与企业竞争优势 / 董保宝著.
-广州:世界图书出版广东有限公司, 2014.12
ISBN 978-7-5100-9098-1

Ⅰ.①网… Ⅱ.①董… Ⅲ.①网络结构-关系-企业竞争-研究 Ⅳ.①TP393.02②F270

中国版本图书馆 CIP 数据核字(2014)第 288031 号

网络结构、动态能力与企业竞争优势

责任编辑 李汉保
封面设计 高 燕
出版发行 世界图书出版广东有限公司
地　　址 广州市新港西路大江冲 25 号
邮　　箱 sancangbook@163.com
印　　刷 虎彩印艺股份有限公司
规　　格 787mm × 1092mm 1/16
印　　张 14.5
字　　数 250 千字
版　　次 2014 年 12 月第 1 版 2015 年 3 月第 2 次印刷
ISBN 978-7-5100-9098-1/F · 0165
定　　价 50.00 元

序

2008 年 9 月 15 日，在次级抵押贷款市场（次贷危机）危机加剧的形势下，美国第四大投资银行雷曼兄弟最终丢盔弃甲，宣布申请破产保护。

2009 年 4 月 30 日，克莱斯勒向美国政府申请破产保护。

2009 年 6 月 1 日，通用汽车正式向纽约破产法院递交破产申请，并在华尔街摘牌。

2011 年 8 月 15 日，谷歌以 125 亿美元的价格收购了摩托罗拉移动，2014 年 1 月 30 日，联想宣布以 29 亿美元收购摩托罗拉移动智能手机业务，并将全面接管摩托罗拉移动的产品规划。

2013 年 9 月 3 日，微软宣布以约 54.4 亿欧元价格收购诺基亚设备与服务部门（诺基亚手机业务），并获得相关专利和品牌的授权，2014 年 4 月 25 日，诺基亚宣布完成与微软公司的手机业务交易，正式退出手机市场。

上述事件再一次向我们证明了，幸运之神偏爱拥有"我们明天怎样做得比今天更好？"思维的企业。雷曼兄弟、克莱斯勒、通用汽车、摩托罗拉以及诺基亚等著名跨国企业集团之所以发生上述事件，缘起于它们并没有把上述问题看成是一种生活方式，没有将上述思维变成思想和行动。

"变则通，通则久。"要想成为业界的翘楚，甚至是翘楚中的翘楚，实现长盛不衰的目的，企业就必须要审时度势，破除迷思，以强大的学习能力和组织柔性来构筑"具有竞争力的优势"。

从竞争优势的本质与价值谈起

战略管理领域存在着这样一个故事：有两位在同一产业相互竞争的经理，他们在野营时走进了密林深处，突然遇到一只灰熊，灰熊直起身子向他们吼叫。其中一位经理立即从背包中取出一双运动鞋，另一位经理对他说："喂，你不要指望跑得过熊。"取鞋经理回答说："我可能跑不过那只熊，但肯定能跑得过你。"这个小故事形象地比喻了战略管理活动的意义，即实现和保持竞争优势。

竞争优势被定义为：本公司胜过竞争公司之处。若某公司能做到其竞争公司所不能，或拥有其竞争公司求之不得的东西，该公司便具有了竞争优势。企业若想取得长久的成功，便必须获得和持续拥有竞争优势。企业组织的产业/组织和资源基础观理论展示了有关如何获取和保持竞争优势，即如何最佳地进行战略管理的各种不同的观点。能否拥有竞争优势决定着企业的成败。战略管理的研究者和实践者都渴望更好地理解竞争优势的性质与价值（戴维，2006）。

中国企业真的具有竞争优势吗？

答案是肯定的。由于工作关系，笔者自2006年开始与不同类型的企业接触，与一些企业的高管、中层管理人员和技术人员探讨各种各样的问题，了解中国企业的发展实践。概括地讲，在我的调研过程中，我发现，尽管在新世纪，美日欧企业面临着诸多发展限制，但其整体实力仍旧在不断提升，中国、印度等发展中国家都在努力追赶。但是，我们也要看到这样的事实，中国的一些行业，比如白色家电行业已经建立了明显的比较竞争优势，而诸如海尔、海信这样的企业已经建立了属于自己的竞争优势。而在电子信息领域，华为已经成为中国企业的标杆。

进入21世纪，中国经济进入了新一轮的调整期，宏观经济指数持续走低，各行各业的增速放缓。在这样的背景下，外界对中国企业“竞争优势系统”和“竞争力”的评价也明显降低。很明显，这种评价还是紧盯宏观经济指标和企业暂时的财务绩效，评价结果左右摇摆，偏差明显。这种评价的不断变化背离了企业发展的实际状态，多数情况下受到了周围环境的影响。而就在这个时候，中国企业正厉兵秣马，严阵以待，重新为构筑自己的竞争优势而不断努力着。

探究竞争优势的源泉

具体来说，形成中国企业竞争优势的源泉是什么？形成竞争优势的动态机制是什么？竞争优势何以持续？为了回答这一问题，就必须分析一下本书所提出的“网络结构和动态能力构筑竞争优势”这一核心概念。进入新世纪，中国企业加快了与国外大型企业集团网络关系的构建，一些企业在网络联系过程中处于核心地位，这为其带来了较好的声誉资源；而一些企业面临巨大的发展压力，他们不断审时度势地评估外部环境与机会，它们不断地通过企业自身的柔性和学习来适应环境，构筑企业自身的战略隔绝机制，以动态能力应对复杂的环境。

柯林斯和波勒斯（2006）认为，企业要想在21世纪立于不败之地，那么其竞争优势战略首先就是要把握住企业的“优势”及形成优势的源泉，并且最大限度地发挥其优势，使其得以持续。如上所述，通过外部网络和内部能力来构筑竞争优势，将会是企业应对不确定环境的绝佳选择。

孙子兵法云：“知己知彼，百战不殆。”这个两千多年前提出的战略理论，至今还被企业不断实践着。要想完全准确地把握自身的优势，并使得这种优势最大限度地发挥作用，21 世纪的中国企业应该从上述战略理论的基础做起。国外一些成功企业的发展历程就是分析这种“优势源泉”和“优势持续”的绝佳材料。通过分析国外成功企业的发展情况，提出可供借鉴的经验，也有助于我国企业利用网络和内部能力来构筑竞争优势。

破除竞争优势的 3 个迷思

迷思 1：领导者是企业竞争优势的基础

领导者，尤其是卓越领导者会在很大程度上左右企业的发展，因为卓越的领导能够使企业眼光远大。但是，事实上，这种领导对企业长期的发展可能是有害的。国外企业更加关注的是一种制度，尤其是确保企业有效运营以维持优势的持久性制度（柯林斯，2006）。中国的多数企业目前仍处于培育“精英领导”阶段，忽略了制度对竞争优势的作用。

迷思 2：具有竞争优势的企业以利润最大化为其基本目标

这是商科教授们的言论，也是多数企业所追逐的。但是，纵观国内外成功企业的发展实践，我们被“打击”了。对于一些竞争优势明显的企业，赚钱只是它们的目标之一，而且不见得就是最重要的目标。除此之外，它们还拥有一套完善的核心理念与价值观，即企业的使命感和社会责任。而诸多研究表明，越是拥有这样理念和价值观的企业，其赚的钱远比只追逐利润的企业要多。

迷思 3：拥有竞争优势必然要求企业击败对手

任何企业的发展都是一个“自我挑战和自我战胜”的故事。击败对手只是这些拥有比较竞争优势或暂时竞争优势企业的一个市场目标。击败竞争对手是它们不断自问“如何自我改进、如何超越昨天的自己，使明天做得比今天好”的“副产品”。这些企业天天自问，它们把这种思维当成了家常便饭。不管它们的成就多高，不管它们把对手甩了多远，它们从来不认为自己已经“做得够好了”。

总之，快速的技术发展、客户偏好的不断变化、新产品的不断引进以及高强度的竞争使得企业所处的经营环境变幻莫测。日益变化的环境破坏了企业当前能力的价值。在当今变化的环境中，企业必须再造自己来满足市场和技术变化所带来的挑战，以求得生存与发展。企业在动态的市场中要想区别于对手，胜过对手，唯一的途径就是不断地创新并保持战略柔性，即动态性。因此，本书研究的基本假设就是：竞争优势来源于企业不断地改进、创新以及再配置企业资源以开发企业的功能性能力来满足市场环境的变化，这种能力就被称为动态能力。由此可见，动态能力对企业竞争优势的构建是十分重要的。而网络对动态能力的提升作用也逐渐被研究者们所关注。

企业竞争优势问题十分复杂。Teece 等（1994）曾经指出："今天在社会科学领域很可能没有什么比破解企业和国家竞争优势之谜更具有野心的项目了。"在战略管理领域，学者们从不同视角对竞争优势进行了研究。然而，由于学术研究范式的局限性，单个的理论通常只能从某个角度对企业发展做出解释，或者既容易证实又容易证伪，或者是基于结果的判断导致难以与管理实践有效地对接，从而单个理论虽然有很强的诉求力，其应用价值也十分有限。传统竞争优势研究中比较典型的模型都没有为动态复杂环境下的企业可持续竞争优势构建出一个系统的、逻辑清晰的理论模型。而企业作为非线性交互作用的复杂系统，其竞争优势问题要求我们必须采取基于系统的、动态的、多元的和企业经营管理现实的研究。

为了应付动态复杂环境对传统竞争优势理论的严峻挑战，多年来理论界一直在努力寻求可以有效地指导动态复杂环境下企业竞争优势实践的理论框架。战略管理学的不同学派对于企业竞争优势也有着不同的认识：Andrews 等人的"优势—劣势—机会—威胁"（SWOT）模型；波特的产业结构模型；Wernerfelt、Barney 和 Peteraf 等人的资源基础观；Prahalad、Hamel 和 Foss 等人的能力理论等。然而，它们几乎都立足于稳定的企业竞争环境，并着眼和局限于单一方面，所以无法说明处于动态环境中的企业持续竞争优势的性质及其来源，也不能信服地解释当代的企业实践。企业竞争环境不断向动态复杂性演变的趋势要求战略管理领域研究的视角从稳定环境的假设转向动态复杂环境条件下的企业战略管理问题。因而，基于环境变迁的动态能力理论的提出，在一定程度上解决了竞争优势的持续性问题，为企业的发展做出了一定贡献。同时，近年来新兴的网络理论也逐渐地开始研究网络联系对企业竞争优势和竞争力的影响，基于网络的竞争优势研究也将会成为将来研究的焦点之一。而且，网络对企业能力的相关研究也受到诸多学者的关注。本书将基于此，从网络结构观来研究动态能力与企业竞争优势的关系，以其丰富企业战略管理理论。

本书的研究内容及结论主要有：

1．从网络结构出发，研究了网络结构的三个维度，即网络强度、网络密度以及网络中心度对动态能力的作用机理，结果表明：网络结构对企业动态能力有显著的影响。具体的影响主要有：网络强度分别对环境适应能力、组织变革能力、组织柔性以及学习能力有正影响；网络密度分别对环境适应能力、组织变革能力、组织柔性以及学习能力有正影响；网络中心度分别对环境适应能力、组织变革能力、组织柔性、学习能力以及战略隔绝有正影响；但是，网络强度和网络密度却对战略隔绝产生了负向关系。

2．利用多元回归探究了动态能力与竞争优势的关系，结果表明：动态能力的五个维度均与企业竞争优势之间存在正相关关系。具体的关系主要有：环境适应能力、组织变革能力、组织柔性、学习能力以及战略隔绝均与企业竞争优势呈正相关关系。

3．利用中介回归方法，探究了动态能力的中介作用，结果表明：动态能力在不同的网络结构—竞争优势之间扮演了不同的角色。具体的结果有：动态能力在网络强度—竞争优势、网络密度—竞争优势关系的中介作用成立，即网络强度和网络密度对竞争优势的影响是通过动态能力来实现的，它们对竞争优势没有直接影响。而网络中心性不仅对竞争优势有直接的影响，而且它也能通过动态能力对竞争优势产生间接的影响。

本书希望实现以下目标：

1．构建网络视角的企业竞争优势提升的综合模型，并运用全国的调研数据进行实证研究。以往的研究侧重于竞争优势的来源，研究是什么因素促进了企业竞争优势的出现，比如企业的资源等，很少有文章专门从外部网络视角和内部能力视角研究企业的发展，只有少数文章分别研究了企业能力的发展与竞争优势的持续性而并未将二者放在一个大框架下进行研究。本书以外部网络结构为主线，研究了企业的内部动态能力的提升机理，并把网络结构、动态能力与竞争优势有机地纳入到一个框架体系内，该研究是对企业竞争优势研究的丰富与发展。同时运用我国的调研数据对此问题进行实证研究，也是一次较新的尝试。

2．本书广义地阐述了动态能力的各类要素，并将其分为五个维度，即环境适应能力、组织变革能力、组织柔性、学习能力与战略隔绝。以前的一些学者只是根据动态能力的含义将动态能力划分为某几个维度，虽然有一定的道理和依据，但是这种划分方法忽视了其他的能力对企业发展的重要作用，具有片面性，这还有待于进一步讨论。该部分是对目前动态能力理论研究的扩展和补充，并对企业能力体系的构建具有一定的指导意义。

3. 改变将竞争优势与企业绩效混为一谈的研究状态。以前关于竞争优势的测量指标，均用绩效的相关指标来进行度量、分析，混淆了竞争优势与绩效之间的差别，竞争优势是绩效的前因变量。本书从低成本、服务、流程、市场反应和市场份额等方面来度量竞争优势，具有很大的合理性，这在理论上和实践上是一次全新的尝试。

4. 探究动态能力在网络结构与竞争优势之间的中介作用。以前研究要么研究网络结构与竞争优势的关系，要么研究动态能力某一维度与竞争优势的关系，很少有研究探究动态能力在网络结构和竞争优势之间的作用。本书首次从中介的角度出发，研究了动态能力的这一角色。

5. 本书提出基于外部网络联系的动态能力提升视角，即动态能力的外生性。以前的观点均认为动态能力的提升完全依赖于企业内部资源的整合，即动态能力内生性。本书根据对外部网络的分析，提出了外部网络结构的优化能够提升企业动态能力的观点，这在理论上是一次全新的创新性尝试。

从2007年博士入学开始，我就开始关注企业的竞争优势持续问题。在探索新的竞争优势理论的过程中，有很多人与我结伴而行，使我的研究生活丰富多彩。在此，我要对帮助过我的人表示衷心的感谢！

首先，我要感谢我尊敬的导师葛宝山教授。从2005年硕士入学拜在葛老师门下，一直到现在，葛老师一直是我的良师益友。本书从选题、模型架构、研究方法到最后付梓都得益于葛老师的悉心指导。忘不了与老师一次次的讨论，忘不了一次次小型学术会议上老师的点拨。老师富有启发性以及高屋建瓴的学术指导都使我受益良多。我不仅从老师那里获得了全新的学术动态，更为重要的是我的研究能力得到了很大的提升，相信这将是我一生的宝贵财富。初见老师，平易近人是我得到的第一印象，在与老师的交流与交往中，他对我的关怀更是让我感激之至。更为重要的是，老师在生活上对我的关心更是让我无法忘怀，在我爱人怀孕期间，老师一个接一个的电话慰问，更是让我由衷感激。值此本书完成之际，真诚地道一声：老师，谢谢您的教导和支持，您给予我的财富将使我受益一生。老师对我的指导、对我的耐心以及教我如何成为一名好的学者都使我终生难忘，更激励我前行！得师如此，吾已无求矣！

其次，感谢吉林大学管理学院的各位教授，他们精彩的演讲都给予了我极大的指导和帮助，使我获得了许多灵感，让我在知识的海洋中更加清楚地认识到：学海无涯、知识无价以及一分辛苦一分才的道理。尤其要感谢的是蔡莉教授，忘不了与蔡老师一起进行学术探讨的日子，虽然很苦，但却收获颇丰，在这个过程中，我了解了什么是“资源观”，什么是“能力观”，什么是“竞争优势”，什么是“社会网络”，什么是所谓的“机理”，蔡老师严谨认真的治学作风尤其让我感到钦佩。还要感谢卢艳秋教授，忘不了与卢老师在操场上散步时的闲聊，忘不了卢老师在人生道路选择上的灼见，非常感谢卢老师对我的关心与指导。

在吉林大学管理学院多年的学习工作中，还有一笔财富就是认识了许多优秀的同学以及师兄、师姐、师弟和师妹，他/她们的聪明、勤奋好学以及活跃的学术思维都给我留下了深刻的印象，与他们的交流和探讨也使我受益非浅，获益良多。他们是马鸿佳博士、王侃博士、王艺博博士、张兰博士、孟宣宇博士、马静、崔瑞华、苏晗、宣言、高越、陈胜等。正是在这样一个团队中学习、生活才使得我的学习和工作生涯丰富多彩。尤其是要感谢马鸿佳师兄的帮助，他对我的帮助以及对我的关心也是用言语难以表达的。

感谢美国田纳西州大学（University of Tennessee）市场营销系教授 Rodney Runyan 对本书构思的建议，在同 Rod 的探讨中，他的学贯中西让我望尘莫及，在与他的交流讨论中让我体会到了什么是真正的学术前沿，什么是真正的学术研究。感谢台湾政治大学（National Chengchi University）巫立宇（Lei-Yu Wu）教授（兼任 Journal of Business Research 杂志副主编），感谢他为我提供了大量关于网络结构以及动态能力的研究资料。感谢新加坡国立大学客座教授、Simon Fraser University 专职教授兼 Journal of Business Venturing 编委之一的 Pek-Hooi Soh 先生，他在网络方面前沿性的研究深深地吸引了我，当我首次通过电子邮件与他交流时，他的谦逊与博学深深地打动了我，并将自己最新的研究成果以及两篇 working paper 给我，供我写作本书参考。

感谢本书中外作者的前瞻性研究，他们的研究成果成为本书写作的基石，他们翔实的基础性研究为本书的写作带来了诸多方便，减轻了本书创作过程中的阻力和不便。他们为本书的顺利完成打下了牢固的文献基础。根据文献引用规则，本书在文中引用之处已经标注文献来源或在文末列示了参考文献，若有其他遗漏之处或不妥之处，请与作者联系。

感谢我的父母，感谢他们将我养育成人，感谢他们对我的教育，感谢他们对我读博的支持与理解，他们是我一生中最好的老师，尤其是我的父亲。感谢我的叔叔和婶婶，感谢他们对我学业和生活上的支持。还要感谢我的岳父与岳母，感谢他们在我爱人怀孕期间对我们的精心照顾。没有他们，我是无法完成学业的。

我是十分幸运的，感谢上天赐给了我一件瑰宝——我的爱人于丽。她多年来一直给予我的坚定的学业上的支持，任何华美的语言都无法表达我对她的感激。她一人默默地为家里做着巨大的奉献，她的韧性和超强的责任感让我对她既佩服又愧疚，她用她超强的毅力抚育我们的宝宝。看到她为我所做出的牺牲，我的心情总是难以言表。如果说遗憾，遗憾的是没有太多的时间去陪她，没有太多的时间来共同分担家庭的负担和对宝宝的责任。她是我为本书所做的努力过程中最亲密的伙伴。在探索动态能力和竞争优势的过程中，她不仅为我们生下了女儿董子涵，而且还为我营造了充满“动态且柔性的”写作氛围：当我埋头写作时，她们就安安静静；当我思路受阻时，她们就陪我玩耍。女儿无意识地通过她的笑声和偶尔的哭声为我解除疲劳。如果没有她们的支持，这项工作是不可能顺利完成的。

谨以此文献给我的宝宝，希望她健康、平安、快乐地成长；也将本书献给我已在天堂的母亲，愿她安息。

最后，感谢世界图书出版公司李敏荣老师和黄利军老师的支持，在两位老师的无私帮助下，本书得以高质量地出版。但囿于本人的研究水平，书中肯定还有诸多不尽如人意的地方，敬请专家学者和读者批评指正。

董保宝

2014年9月30日于吉林大学

目　录

第1章 绪 论

1.1 选题背景

1.1.1 理论背景

为何相同产业的企业会呈现出不同的面貌，其绩效表现的差异来源究竟为何？为了使这个问题有令人满意的答案，过去二十年来无数的战略管理学者们纷纷进行实证与理论研究来试图回答这个问题，但这个问题至今仍让学者们感到困惑（Zott，2003）。

吉姆·柯林斯和杰里·波勒斯在《基业长青》一书中探寻了全球著名公司长久保持旺盛的生命力，不断取得快速发展以及他们与其他企业保持差异的秘密。比如，摩托罗拉因为什么成功地从一个破旧的电池修理企业转向车载收音机、电视机、半导体、集成电路和蜂窝通讯技术的？而现今摩托罗拉却在市场上销声匿迹。Zenith 使用相似的资源，几乎同时开始，除了电视机产业，却从未在任何其他产业成为一个大厂家。在休利特（Hewlett）和帕卡德（Packard）离开之后，惠普（HP：Hewlett-Packard）是如何保持它的健康和活力的呢？Texas Instrument 曾是华尔街上的一匹黑马，在帕特·哈加迪（Pat Haggarty）离开后，几乎自我毁灭了。在《基业长青》中，柯林斯和波勒斯发现，这些有活力的公司之所以更持久、更符合理想、在组织管理方面更优于它们的对手，主要是因为：

（它们这些）非常成功的公司提供的源源不断的产品和服务，是由于公司自身是非常杰出的组织……而不是别的什么。组织利用自身的资源为企业的发展提供了优于对手的优势，而当这种优势得到持续时，企业便成为行业的领袖……

由此可见，竞争优势对企业发展的重要性，尤其是在当今日益变化的环境中。关于竞争优势，管理大师彼得·德鲁克（1989）也曾指出：企业的经营者在经营企业时，其基本的要求就是企业必须以永久经营为目标，企业必然要构建起竞争优势以保持企业经营的持久性。

快速的技术发展、客户偏好的不断变化、新产品的不断引进以及高强度的竞争使得企业所处经营的环境变幻莫测（Sampler，2000）。日益变化的环境破坏了企业当前能力的价值。在当今变化的环境中，企业必须再造自己来满足市场和技术变化所带来的挑战，以求得生存与发展（Eisenhardt & Brown，1999）。企业在动态的市场中要想区别于对手，胜过对手，唯一的途径就是不断地创新并保持战略柔性，即动态性（Barney，1991；Grover et al.，2001）。因此，本书研究的基本假设就是：竞争优势来源于企业不断地改进、创新以及再配置企业资源以开发企业的功能性能力（functional competency）来满足市场环境的变化（Hamel & Prahalad，1994），这种能力就被称为动态能力（Teece et al.，1997）。由此可见，动态能力对企业竞争优势的构建是十分重要的。

Teece 和 Pisano（1994）曾经指出：破解企业的竞争优势之谜是一项极具挑战性的行为，因而也就受到诸多学者的关注。由于研究范式的限制，一些理论不能全面地解释企业的竞争优势问题，因而其应用价值受到了限制（肖海林等，2004）。基于环境变迁的动态能力理论的提出，在一定程度上解决了竞争优势的持续性问题，为企业的发展做出了一定贡献。同时，近年来新兴的网络理论也逐渐地开始研究网络联系对企业竞争优势和竞争力的影响（Leung et al.，2006）[①]，基于网络的竞争优势研究也将会成为将来研究的焦点之一。而且，网络对企业能力的相关研究也受到诸多学者的关注（Gefen & Straub，1998；Bhatt，2000；Baron，2003）。本书将基于此，从网络结构观来研究动态能力与企业竞争优势的关系，以其丰富企业战略管理理论。

1.1.2 实践背景

2009 年 6 月，在经济危机的冲击下，全球最大的汽车制造商通用汽车实施

① Leung 等（2006）认为，企业通过网络获取“关键”人力资源所形成的优势在一定程度上是对手无法获取和模仿的，通过网络联系形成的竞争优势会在一定阶段内维持企业的发展。

破产保护，成为2009年汽车行业最大的新闻，这一新闻震惊全球，引起了全球汽车行业的关注。通用公司的破产，在一定程度上也说明了通用汽车公司被自己的对手所超越，其本身的优势消失了（Debit & Davis，2009）[①]。在全球化迅速发展的今天，知识经济已经成为主流，新创企业如何在激烈的竞争中赶上甚至超过同行业的老企业？领先企业又如何维持自身的市场地位并不断地创造新的竞争优势？这些问题不仅是战略管理领域的热门话题，引起了学术界的关注，更为重要的是企业家们也在不断地通过各种手段实现竞争优势的持续。竞争优势是决定企业成败的最关键的因素。在中国转型经济条件下把握企业竞争优势的形成和演化规律，能够确保企业实现长久持续的健康发展。

1. **企业经营环境的变迁**

全球化和世界经济一体化的发展，不断地促进技术的飞速发展。因而企业面临的经营环境也不断出现变化。企业面临的经营环境变得动态且复杂的原因有三：第一，技术的飞速发展和产业的不断振兴，使得技术生命周期和产品生命周期不断地缩短，市场上顾客消费偏好的改变等等均导致了企业面临的经验环境不断地变迁。由于顾客需求个性化和多样化的时代已经来临，如何按照客户需求细分市场，满足客户的需求，已经成为企业经营过程中面临的关键问题。企业必须在满足客户需求的同时来培养客户的忠诚度，进而用无形手段提升企业的总体竞争优势。第二，由于竞争的日益激烈，技术和产品的更新换代加速，企业必须要不断地调整其战略以适应市场变化和满足竞争需要。由于企业经营环境的不稳定性增强，动态性增加，这就导致企业经营环境的动态性加强，企业要想在这种环境中求得生存与发展，实现国际化战略，必须提高其竞争优势。第三，在市场经济体制建立的过程中，政府不再是市场的参与者，而成为市场秩序的维护者，同时，参与国际竞争的企业在公平、公正和透明的原则下经营，企业只有真正地提高其自身的竞争力和竞争优势，企业才能实现真正的发展。

由此可见，中国企业在这种动荡、复杂且不确定的环境中经营，必须要有一套完善的理论体系来指导它们的运营。高强度的市场竞争和动态的环境都要求企业不断地培育能力、更新转换能力以提升企业的综合能力，尤其是与动态

---

① Debit 和 Davis（2009）认为，通用汽车的破产保护既是其对手优势的保持与超越，也是其本身优势的丧失。当自身的优势被对手模仿或者超越时，而自身又无法产生新的优势时，市场份额和地位就将失去，自己的生命也就到了尽头。

复杂环境相匹配的动态能力（Athreye，2005）[①]。同时，企业应该结合内外部环境的变化，根据自身的实际，积极开发、培育维持与外部环境相匹配的竞争优势，进而形成持续竞争优势，实现企业的持续发展和成长。

2. 我国企业发展中的缺憾

（1）我国企业竞争优势不明显，竞争力不强

近二十年来，我国企业竞争力不断得到提升，一大批企业迅速崛起并实现了国际化，影响较大的企业有海尔、联想和格力等。但是我国企业与国际先进企业相比，其竞争优势不明显，竞争力还有待于进一步提升。世界经济论坛（World Economic Forum）在 2008 年对全球 163 个国家的国际竞争力进行了客观评价，结果表明中国的微观竞争力[②]排在第 95 位。但中国的总体竞争力却由 2006 年的 92 位下降到 2008 年的 95 位，这表明中国企业的整体竞争力不仅没有提升，反而下降了，这对于中国企业的国际竞争力是不利的。这也从另一个角度说明了我国企业与其他国家企业国际竞争力的差距是较为明显的。

同时，本书借鉴瑞士洛桑国际管理发展学院（IMD）对国家或地区经济国际竞争力的评价，对我国企业的竞争力情况进行了了解。IMD 竞争力评价体系包括国内经济、国际化程度、政府作用、金融环境、基础设施、企业管理、科技和国民素质等 8 大类，内含 290 项指标（含统计数据等硬指标 179 个和问卷调查的软指标 111 个）[③]。

表 1.1 是根据 IMD 评价体系得出的关于中国企业竞争力的情况。2003–2008 年间我国企业劳动力成本竞争力最强，平均排名为 8.5 位，这表明中国企业的劳动力成本较低，而生产率竞争力水平最低，平均排名仅在第 42 位，企业管理竞争力在平均数上也处于较低的水平。总体来说，中国企业的整体竞争力不强，竞争优势不明显。

---

① Athreye（2005）基于对印度软件行业的研究，认为企业的服务能力受到内外部因素的影响，尤其是外部的环境变化。因此，企业需要不断地将原有能力进行更新换代，培育新的能力，实现能力的动态发展与演进。

② 微观竞争力除考察商业环境外，主要考察企业内部管理水平与经营战略的成熟度。

③ 瑞士洛桑国际管理发展学院一直对中国有着浓厚的研究兴趣。从 1990 年开始，IMD 每年对全世界主要国家和地区的竞争力，以及该国家和地区内的企业竞争力，进行分析和排名。目前，IMD 分析样本包括 61 个国家和地区。IMD 评测的指标主要分为经济绩效、政府效率、企业效率、基础设施四大类指标，其中又细分出 323 个指标。详情参见洛桑国际管理发展学院网址：http：//www.imd.ch/。

表1.1 2003–2008年间中国企业竞争力排名

		2003	2004	2005	2006	2007	2008	平均排名
IMD年报	劳动生产率竞争力	42	46	38	44	40	42	42
	劳动力成本竞争力	1	3	11	10	12	14	8.5
	公司业绩竞争力	31	35	39	21	41	42	34.8
	管理效率竞争力	29	34	33	45	44	45	38.3
	企业文化竞争力	20	27	32	34	40	35	31.3
	企业管理竞争力	30	36	37	36	44	42	37.5
	经济表现竞争力	3	4	5	7	3	—	4.4

（2）诸多企业昙花一现

在上世纪八九十年代声名鹊起的企业，如春都、雪花、巨人等企业现在已经在市场上消失了。探究这些企业不能持久的原因，我们发现，这些企业虽然辉煌一时，但是它们缺乏内在的竞争力和竞争优势，或者它们的竞争优势缺乏持续性，这最终导致了它们的消亡。但与此同时，一大批明星企业迅速崛起，如海尔、联想、华为等，它们凭借着多年的经营经验积累构筑的竞争优势促进了企业的发展。但是我们担心这些企业能否跳出上述企业发展的怪圈，它们是否也会在短暂的辉煌之后便退出市场？它们能否持续当前的竞争优势？能否像欧美企业那样打造百年企业？这些都是企业面临的十分现实的问题，也是需要这些企业认真冷静思考的问题。

（3）打造企业集团，求大，求快

近年来我国企业的兼并和联合的势头强劲，不仅有国内企业之间的联合，也有国内企业对国外企业的兼并和收购。不可否认，兼并和收购有利于企业间资源的互补和优化配置，节约了诸多成本，有利于企业降低成本。但是，其弊端也十分明显，尤其对中国企业。这些企业的国际化经验不足，管理水平相对落后，它们认为通过兼并能够弥补不足，重新构筑竞争优势来参与全球竞争，但是一些企业实施的大公司、大集团战略使得企业过于追求规模的扩大，忽视了企业竞争优势和竞争力的培育与增强。在全球500强企业中，虽然2007年中国有30家企业榜上有名①，比2006年有所增加。但是，这些进入500强的企业

① 在30家中国企业中，内地企业22家，香港企业2家，台湾企业6家。

几乎全是行政性公司或国有独资公司，以国家为后盾建立起的企业来参与市场竞争，本身就破坏了市场秩序，在根本上也不利于企业的发展。即使如此，我国企业的竞争力和盈利能力与国外同行业的其他优势企业相比，差距仍然很大①。我国企业只有全力提高企业的竞争优势和并保持其持续有效，才能真正地在全球500强中占有优势地位。

1.1.3　当前竞争优势研究的不足

在动态复杂的环境下，我国企业要想持续地发展壮大，必须提升企业的竞争优势，而这在一定程度上也迫切需要新的理论指导。在动态的市场中，客户需求的个性化和不可预测性与技术生命周期缩短等使得企业要想维持竞争优势，凭借制定的竞争战略来战胜对手，就得不断地提升自身的能力，以能力的提升来带动竞争优势的构建和持续。如何从实证研究角度评价动态能力与竞争优势的关系，探索动态环境下企业竞争优势的形成机理，通过产生新的竞争优势的组合，使企业产生持续的竞争力和强劲的竞争优势等已经成为学术界面临的主要难题，是企业关注的焦点问题。这也是本书选题的最主要依据。

在Porter教授对竞争优势进行了研究分析之后，竞争优势研究便逐渐兴起，出现了大量的研究成果。一些理论，如资源基础理论（Resource-Based View，简称 RBV）、核心能力理论、知识管理理论和动态能力理论等都支持了企业竞争优势的研究，逐渐使竞争优势的相关研究不断完善、丰富和充实。随着这一理论在国内的深入，我国许多学者也开始研究企业竞争优势的形成和持续性问题，成果颇丰。本书通过对文献的回顾，发现现有关于竞争优势的研究存在以下四个方面的不足：

（1）国外关于竞争优势的研究正在走向成熟，理论体系较为完善，但也存在一定的缺陷，即国外的一些研究只是就某一个方面或者某个要素来研究企业竞争优势的形成及其影响因素，这些研究虽多但概念不统一，缺乏系统性，企业竞争优势理论体系仍需要进一步的完善。而且，既有从外部，即产业视角研究竞争优势的形成，又有从内部视角，即基于企业内部资源和能力的因素来研

① 这22家内地企业平均税后利润约为5.39亿美元，全球500强公司平均税后利润约为14.37亿美元，我国这22家企业人均收入和利润仅为全球500强公司的约1/7和1/15。

究企业竞争优势的形成，这些都有一定的片面性。企业竞争优势研究应走内外结合的道路，即通过整合企业的外部环境与内部资源与能力，达到二者的匹配，进而形成整合性动态能力（Chen et al.，2009）[①]。但现在仅仅是开始，远未形成成熟理论或系统性理论。本书将外部环境（网络联系）与内部能力（动态能力）构建到一个概念框架体系中，完善了这一不足。

（2）国内学者关注竞争力胜过关注竞争优势。国内关于竞争优势的研究成果虽然不少，但多数是基于竞争力的研究顺便提及竞争优势，关于竞争优势系统性的研究很少。而关于企业竞争优势的研究也主要集中在竞争优势的形成、测定和评价上，并将竞争优势锁定在绩效指标上，比如市场份额的增长、新产品的开发等等。缺乏竞争优势本身度量指标的开发。本书将竞争优势看做一维的，从六个方面来测度企业的竞争优势，使竞争优势具有可操作性。

（3）已有关于企业竞争优势的研究多数缺乏系统性和有效的深度，已有的研究以静态研究为主，通常关注稳定的竞争环境，很少去研究企业竞争优势的演进与外部环境的适应性问题，完全忽视了企业竞争优势的动态性和持续性，忽视了竞争优势的演变机制[②]。资源基础理论和企业能力理论认为，企业竞争优势是外部环境和内部资源与能力共同作用的结果。由于企业内部资源处于不断地变动中，它们的不断地演化和发展促使竞争优势也不断地发生变化。此外，企业的运营环境也是处在不断的变化中，动态的环境必然要求企业去动态地适应。因此，必须从动态的视角来审视竞争优势的发展和演变，这样才会有利于企业竞争优势的培育。

（4）我国典型的转型期也要求企业必须构建竞争优势以应对日益激烈的竞争。现阶段，我国的市场经济体制还有待于完善，企业的发展也是处于不稳定阶段，因此，只有结合我国现实环境特点和企业的实际情况来研究竞争优势的形成及其持续性问题才有意义。

---

① Chen 等（2009）认为，关于企业的竞争优势理论，现在有必要从资源和能力双视角来进行整合，扩展静态资源与动态能力对企业竞争优势的贡献。

② 霍春辉（2006）研究了动态环境下的企业竞争优势的演进，从产业环境、战略资源、竞争能力以及制度规范角度阐释了竞争优势产生的基础，并揭示了竞争优势的跃迁动力与路径。

1.2 研究意义

进入21世纪，企业经营环境发生了前所未有的变化。一方面，企业必须不断地通过企业网络来学习，提升企业的能力，另一方面，企业应通过不断地提升综合能力来提升企业的竞争优势，在将来的激烈竞争中抢占先机，不断地夯实自身的竞争力，打造持久竞争优势。本书的理论及实践意义十分明显。

1.2.1 理论意义

尽管 Porter 的竞争优势研究吸引了许多学者和专家对竞争优势的关注，出现了许多针对竞争优势的研究成果，如 Barney（1991，2001）以及 Wernerfelt（1984）的“资源竞争优势论”，Leonard-Barton（1992）的“核心能力刚性竞争优势论”，Foss（1999）的“核心竞争力论”，Hamel 等（1994）的“企业能力基础竞争优势论”，Bogner 和 Thomas（1994）的“核心竞争力与竞争优势论”，Teece 等（1997）的“动态能力理论与企业竞争优势论”，Lubit（2001）、Lipshitz 等（2002）的“组织学习与企业竞争优势论”，等等。通过对上述与竞争优势相关的理论进行分析，我们发现虽然国外关于竞争优势的理论的研究有很多，可是这一理论体系显得疏松，还不够完善，缺乏系统性，而且，关于竞争优势的内涵界定仍不清晰（Foss，1996）。因此，对企业竞争优势理论的研究是十分必要的。

过去战略管理的研究大都认为动态能力为影响竞争优势的重要来源，且研究的重心大多在于动态能力本身的探究，如探讨内外部整合能力、互补性知识或资产、学习机制以及过去及现行市场的经验等，其次则以探讨影响动态能力之形成因素最为蓬勃，但过去文献对于动态能力之形成因素并没有明确的答案且一直呈现众说纷纭的状态。本研究认为过去研究中对于动态能力的前因探讨事实上还是不够充分，仍存在待厘清的疑点。厘清上述问题，有助于理解作为竞争优势前因即动态能力的内涵。

同时，虽然 Teece 等（1997）认为，动态能力的提升与企业竞争优势紧密相关，随后也有大批的学者对二者的关系从不同的角度进行了阐释与定性分析，但是这些研究均缺乏实证支持，仅仅停留在理论层面，这对于处于实践中的企业的指导意义不大。因此，从实证角度来研究动态能力与企业竞争优势的关系

也是现阶段急需解决的问题，这能够丰富完善竞争优势理论，使之得以理论更具有实践价值。

1.2.2　实践价值

虽然许多企业的前期表现十分可人，但是经过多年的发展，它们却在市场上消失了，原因之一就在于企业所实施的战略并未给企业带来竞争优势，尤其是可持续的竞争优势，最终使得这些企业昙花一现。同样，也有一些企业，在他们创建初期，现金流出现了负增长，如一些网络企业，但是他们却取得了长足的发展，在风云变化的市场中生存到了现在，究其根本，就是这些企业具有较强的竞争力，在市场的竞争中获得了持续竞争优势，企业不断地得到成长与壮大。在动态复杂环境中，企业面临的市场竞争态势不断发生巨大变化，企业的战略决策也必然随之改变。如果企业一味地坚持原有的竞争优势不变，不去动态地创造新的优势，企业必然会被对手超越，甚至被市场抛弃。因此，从动态能力视角研究企业竞争优势体系的构建，为企业通过构建动态机制而获得持续的竞争优势奠定了研究基础。

本书的实践意义主要体现在：

（1）有利于指导我国企业合理地构筑企业的竞争优势并获得其持久性，提升企业战略管理的效率，从而增强企业的市场竞争力，实现企业健康和良性的发展。前述巨人等企业就是因为只注重生产规模的盲目扩张，而忽视了企业竞争优势的培育和增强，当企业的竞争环境突然发生变化时，企业盲目的规模扩张便成为企业的包袱，因此导致在市场竞争中表现为竞争力下降，从而失去了竞争优势，企业也就无法生存，被迫退出市场。

（2）我国企业往往只关注技术和资金等，忽略了企业中最核心的东西，即企业文化的培育。韦尔奇的通用文化和海尔的文化体制对企业的发展起到了至关重要的作用。而通过文化培育建立起来的竞争优势才是真正的持续竞争优势。著名的管理学家成思危认为，要提高企业的竞争力和竞争优势，完善企业发展，企业就必须向文化管理阶段发展，即提升员工对企业文化的认同感，这是企业能力提升的基础。海尔的成功就是得益于其独特的文化。本书强调了企业构建动态机制的重要性，认为企业在提升竞争优势的过程中应逐步把目光转移到"软"要素上，即能力的提升与优势的培养，通过这些措施，企业才能在市场中站稳脚跟，参与竞争。

（3）有利于指导企业正确处理专业化与多元化的关系。专业化和多样化均面临着市场风险，但是只要多元化和专业化过程中企业始终保持了其在某一方面的竞争优势，企业便不会在面临风险时陷入困境。一些企业盲目实施多元化经营，将绩效分散到许多产品上，均衡发展，不精不专，当市场出现动荡时企业便陷入困境。特定的竞争优势是企业实施多元化的基础，企业多元化经营应基于其特定的竞争优势。保持某一竞争优势，企业才不会在实施多元化经营失败时一蹶不振，可以通过收缩业务维持并拓展原有优势，实现发展。

（4）有利于提高我国的综合国力和竞争力。企业竞争优势作为最基本的优势，只有企业提升了竞争优势，它所处的产业才会具有强劲的竞争优势，最终才能提升和增强国家的竞争力。由此可见，企业竞争优势的培育和发展关系到国计民生以及国家的国际地位。

1.3 研究内容

本书基于前人的研究，在中国特定的环境下构建了网络结构、动态能力以及企业竞争优势等三个变量之间的理论模型（见图 1.1），主要围绕“网络结构如何不断地提升企业的动态能力”以及“动态能力对企业竞争优势的影响如何”这两个紧密相联的问题展开研究。在对变量维度进行划分的基础上开展了实证研究并讨论了相关研究结果，最后结合案例研究对本书进行总结，提出研究展望。

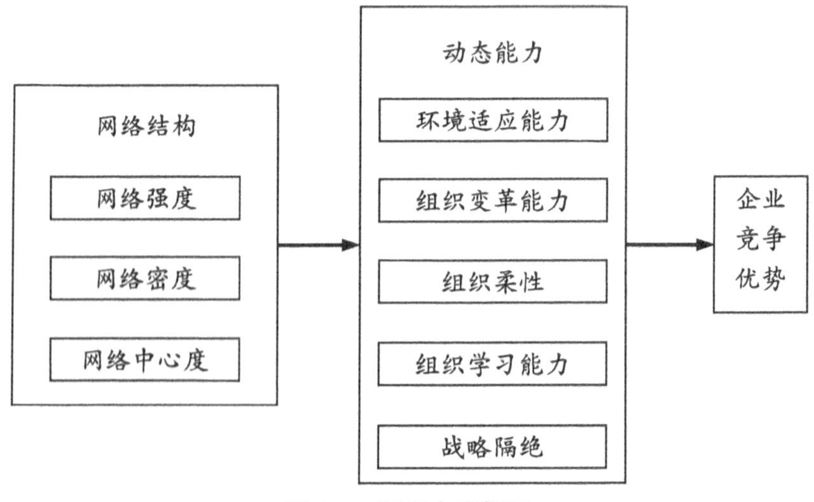

图 1.1　研究内容框架

本书的研究结构及详细内容如图 1.2 所示。

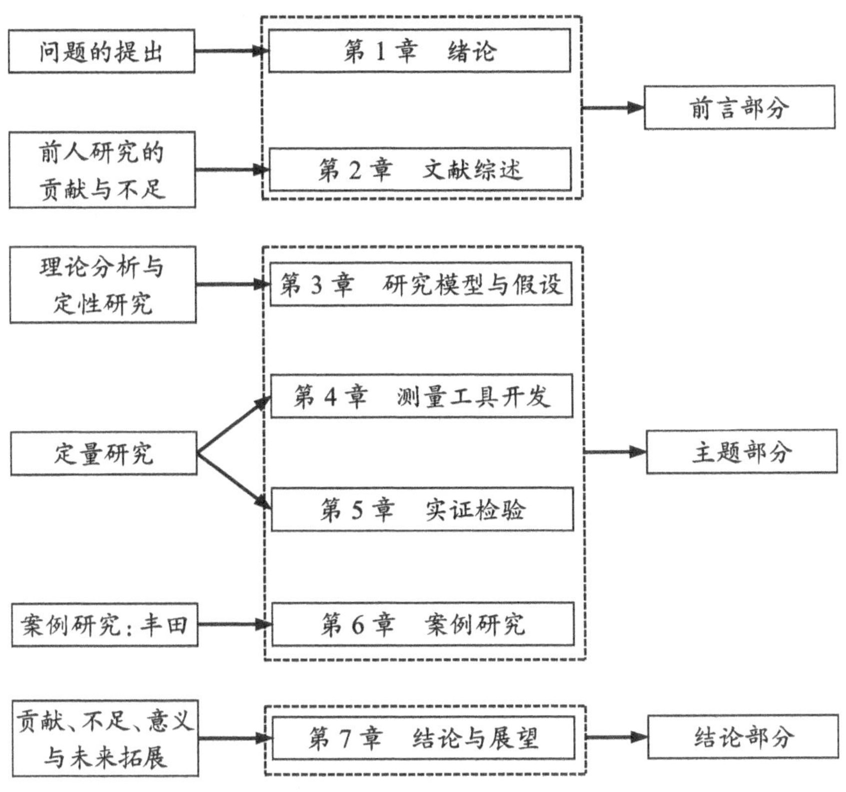

图 1.2　本书的基本结构与详细研究内容

1.4　研究方法与研究思路

1.4.1　研究方法

本研究提出的是“网络结构—动态能力—竞争优势”理论命题，因此，主要应用建立在已有企业理论基础上的逻辑推演方法，在分析过程中辅之详尽的理论解释以佐证理论分析的可信性。在一般的管理学教科书中，对逻辑推演法和案例法这两种研究方法都有说明，其中案例法是企业史学家钱德勒、管理学家德鲁克等推崇和倡议的研究方法，《哈佛商业评论》（HBR）中的几乎所有文章，都有使用这一研究方法。因此，本研究采用的主要研究方法包括文献整理、规范分析、实地调研、案例研究、统计分析（包括描述性分析、探索性因子分析、验证性因子分析、相关分析、回归分析等）、结构方程模型建构等。采用的分析工具主要包括 SPSS 13.0 统计分析软件和 AMOS 6.0 结构方程模型分析软件。

具体的说，首先通过文献检索、阅读和分析，了解国内外相关研究的现状，通过文献梳理、比较和分析，指出当前研究的最新进展和不足，并初步形成具体的研究思路和概念模型；而后对模型进行验证与分析。具体方法与对应的章节见表 1.2 所示。

表 1.2　各部分研究内容与研究方法的对应

研究方法 章节	文献查阅	统计调查		统计分析	案例分析	实证研究
		访谈法	问卷法			
一	★★★	★○				
二	★★★					
三	★★	★○			★	
四	★★★	★□○	★★★	★★★□		★★□
五	★		★★★	★★★○		★★★
六	★★	★★		★□○	★★★○	
七	★○					

注：用“★”的数量表示重要程度，“□”表示数据收集时运用追溯性研究；“○”表示运用跟踪性研究。

1.4.2　研究思路

本书首先基于对文献的回顾与分析，结合专家访谈，提出了网络结构、动态能力与企业竞争优势之间关系的一体化模型并提出相关研究假设；接着编制问卷并进行预调研，以修正问卷；而后进行大规模数据收集及问卷调查并结合理论模型对模型进行实证研究；最后对假设检验结果进行讨论，得出研究结论。

由此可见，本书的研究路径是从“提出问题”到“分析问题”，再到“解决问题”的思路，针对本书的四个研究问题，完成“从理论到实践”，再“从实践到理论”的思维过程。研究的技术路线如图 1.3 所示。

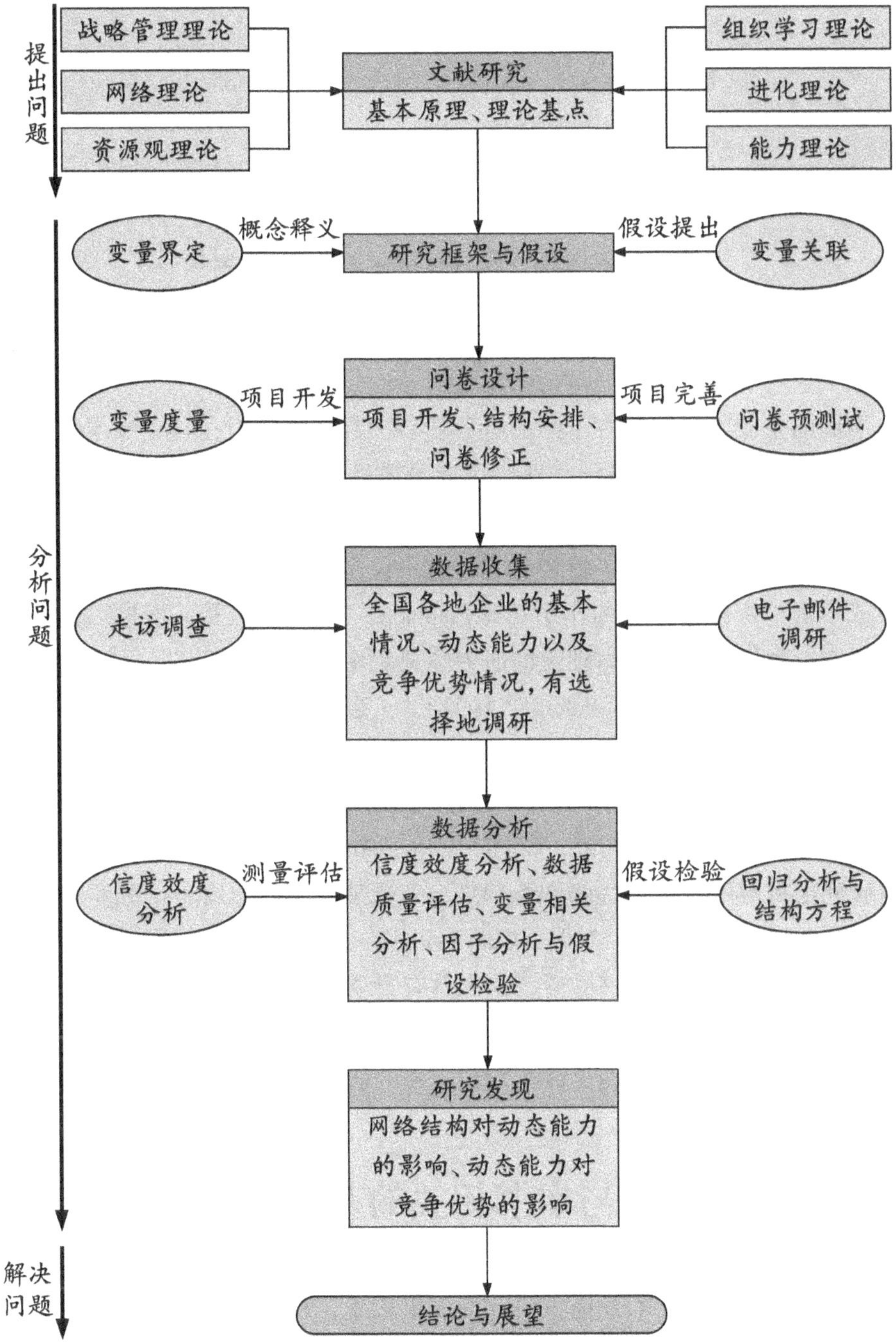

提出问题

战略管理理论
网络理论
资源观理论

文献研究
基本原理、理论基点

组织学习理论
进化理论
能力理论

分析问题

变量界定
概念释义
研究框架与假设
假设提出
变量关联

变量度量
项目开发
问卷设计
项目开发、结构安排、问卷修正
项目完善
问卷预测试

走访调查
数据收集
全国各地企业的基本情况、动态能力以及竞争优势情况，有选择地调研
电子邮件调研

信度效度分析
测量评估
数据分析
信度效度分析、数据质量评估、变量相关分析、因子分析与假设检验
假设检验
回归分析与结构方程

研究发现
网络结构对动态能力的影响、动态能力对竞争优势的影响

解决问题

结论与展望

图 1.3　本书研究的技术路线

第 2 章 相关理论与文献回顾

不同的企业之所以具有不同的竞争优势，其根本原因在与企业本身是异质的（Penrose，1959）。资源异质性是企业异质性的前提（Barney，1991）。而近年来以企业差异性作为研究对象的能力理论，被称为组织理论架构中继代理理论和交易成本理论后的一个重要分支，它不仅是经济学与管理学的桥梁，也对交易成本理论起到了补充的作用（Williamson，1975）。但是，通过对文献的阅读与研究，我们发现，能力理论的研究主要集中在两个方面：一是对能力来源的研究（如 Barney，1991；Peteraf，1993），二是研究能力的演变与提升（Teece et al.，1997）。因此本书有必要分析相关的企业能力理论。

社会网络理论作为新兴的理论，对于企业的资源获取和能力的提升起到了至关重要的作用（Chen，2005；Chen，1996；Amin & Cohendet，2004），最近的一些研究也将网络与竞争优势联系起来，重新从外生的角度来研究竞争优势的持续问题（Chan & Heided，2001；Charles et al.，2005）。因此，网络理论作为本书的基础理论之一，对本书的后续研究具有重要的意义。

综上所述，本书主要对与本研究相关的基础理论以及与研究要素相关的理论进行回顾与评述。这些理论评述均与本书的研究主题竞争优势相关。

2.1 与本书相关的基本理论

无论何种理论都离不开前人研究的成果积累，特别是作为理论尚未成熟的能力与竞争优势研究而言，更需要借助于相关研究成果。正是由于大批不同学科背景的优秀学者参与，才有了今天能力与竞争优势研究的繁荣局面。可以预期的是，认真汲取相关学科的研究成果仍将是战略管理研究的重要研究思路之

一，也只有这样，相关独立的网络结构、动态能力与企业竞争优势研究理论体系才有希望最终逐步建立与发展。

2.1.1 战略管理理论

1. 战略概念的内涵

源于军事的战略概念在运用于企业后，便成为指导企业根据产业及市场规律，主动适应经营环境，采取积极恰当的市场活动，通过组织和分配关键资源，形成自身独特的实力以实现经营目标的指导思想。这一指导思想的形成过程就是战略性思维过程，这一指导思想本身就是战略。与军事战略概念的内涵一致，企业战略内涵也包括四个方面的内容。

其一，企业战略是对实现企业一段时期内经营目标的谋划。从现代企业目标演变历程看，企业经营目标经历了产品导向、市场导向（对手导向）、消费者（投资者）导向等阶段，企业战略也相应经历了功能型战略、竞争型战略和价值型战略等阶段，不同战略导向造成企业在对环境的态度、对资源的利用和对战略手段的采取上的差别。

其二，企业战略同样要受环境影响，只是在功能型战略阶段，企业战略观中对环境的动态性和淘汰性认识尚不足，在战略的环境适应上更多地受供应支配战略思维的主导，试图通过对市场的完全覆盖来支配环境，这是对环境的被动适应；随着环境表现出的淘汰作用日益明显，战略指导思想转为主动适应，主动适应的方式主要是针对竞争对手的活动进行针锋相对的进攻或反击。这种竞争性环境观使企业活动成本和风险越来越高。到了 20 世纪 80 年代后期，一些持有生态概念的理论家和企业家开始形成与环境融为一体的战略意识，以共同价值提升取代环境敌对观。

其三，战略管理自形成以来就一直试图探索共同的规律性，比如规模经济性对兼并战略的支持，范围经济性对垂直一体化和多元化战略的支持，这都是战略规律性的体现。但是，在不同战略阶段，对企业战略活动影响更大的规律有所不同。

最后，企业战略高度依赖于资源，这种依赖性到 80 年代中期甚至形成了基于资源的战略观。

2. 关键战略要素

战略设计对企业资源的配置和重新配置，由此将影响到企业的活动领域和竞争地位。因此，在考虑战略问题时，需要考虑四项关键的战略要素。

（1）企业的业务组合

业务组合决定了企业的经营范围。例如，选择集中于钢铁业的企业，其业务组合可以使包括整个钢铁行业价值链的炼铁、炼钢、轧钢、涂镀、钢材贸易等一体化业务。选择多元化经营的钢铁企业，其业务组合除了包括钢铁业务外，还可以包括其他行业的业务，如向下游发展的汽车制造业、与钢铁行业不形成必然价值链关系的金融业等。业务组合的确除了受到企业战略领导人（团队）对战略概念和企业性质认识的影响外，还要受到企业能力和资源的影响。

（2）资源配置

资源配置包括资源配置的水平和资源配置的结构，关系到业务组合中各业务发展之间的相互关系，例如有些业务发展所需的资源由另一些业务提供。核心能力突出的企业，在战略设计中会特别关注将核心能力扩散运用于业务组合中尽可能多的业务，这种核心能力的扩散运用也属于资源配置。资源配置在战略中具有相当重要的作用，不仅关系到是否能实现所设计的业务组合，并借此实现企业的战略目标，更关系到企业是否能在更大程度上通过扩散运用其核心能力而强化自己的持续竞争优势。

（3）竞争优势

竞争战略的核心就是企业运用自身的竞争优势来利用环境机会，以相对于竞争对手更高的价值实现战略目标。扩大竞争优势的运用范围构成了企业业务组合的有效范围，也构成了企业最大的资源有效利用范围。反过来，每一阶段性战略的实施和战略目标的实现，都突出、优化或强化、重构了竞争优势。竞争优势具有明显的相对性，任何企业的竞争优势都是相对于行业或竞争对手而言的，是竞争优势表现出非常强的动态性。

（4）协同优势

战略的协同优势是指通过一定的途径，有效的组合运用企业能力和优势，实现更大的价值。业务活动类型较多的企业，其活动之间形成协同优势的可能性也比较大。同样，业务组合中业务种类较多的企业，相对于单一业务种类的企业，更有可能取得协同优势。协同优势需要通过某些战略乘数而实现，战略乘数是对协同优势杠杆支点和杠杆作用大小的衡量。

企业战略及战略管理概念较早出现于 20 世纪 50 年代末期，更多的有关战略和战略管理的理论则出现于约 10 年之后。在吉姆·弗里德里克森（James W. Fredrickson）所著 *Perspectives on Strategic Management* 一书中，亨利·明茨伯格（Henry Mintzberg）曾对战略管理的十个思想流派进行了归纳。其后，在《战略

历程——纵览战略管理学派》一书中，亨利·明茨伯格等人在归纳战略管理十个思想流派的基础上，进一步分析了流派之间的相互关系及它们共同对战略发展历程的贡献。20 世纪 90 年代初期，为适应全球化、信息化、结构调整三大事件引起的企业经营环境的突变，出现了一些新的以变革为特征的战略观，例如，综合基于资源、基于能力、基于时间战略而出现的核心专长理论及战略，适应全球化而形成的国际竞争力理论及战略，适应信息化和产业融合而出现的产业革命理论及战略。这些理论及战略不仅丰富了传统的对战略自身结构的研究和对竞争性战略行动的研究，而且逐步形成了网络形态和价值导向的战略观。

3. 理性的战略分析模式

理性的战略分析模式用于确定企业的战略定位，其主要研究成果来自于战略的定位学派。战略的定位学派将战略制定过程视为理性的分析过程，认为战略过程就是确定和实现组织在市场上的位置的过程。为此，战略管理中需要注意三项工作：（1）以理性计算作为战略分析和选择的基础，通过分析企业所在产业的特性和企业竞争力来找出最适合企业的战略类型和实施战略的方式；（2）战略分析人员在战略定位过程中起着非常重要的作用，他们将计算和分析结果提供给经理，由经理进行最终的战略选择；（3）战略需要在企业内层层分解并给予执行，同时还需要根据战略管理的要求调整组织内的某些关系。

作为对该分析模式的补充，我们可以将产业组织分析的 SCP 模式运用于战略分析，形成企业战略的 SCP 分析模式。产业组织分析的 SCP 模式包括：市场（产业）结构分析—市场（企业）行为分析—市场（产业）绩效分析。其中，市场结构主要分析特定产业中竞争企业的数量和产业集中度、产品的异质化程度、产业进入和退出成本等因素，从而决定产业的竞争程度；市场行为分析包括特定产业中企业采取的价格、产品差异化、共谋及对市场力量的利用等策略性行为及其效果；市场绩效分析包括特定产业中单个企业的绩效水平以及由生产、分配效率和就业水平等因素反映的社会绩效。

SCP 模式是进行企业战略分析的有效方法。SCP 模式包括：产业结构—企业战略行为（一般战略类型和特定企业的战略类型—企业内各项活动与战略的结构性匹配—企业竞争力）—产业绩效。这一分析模式将产业结构作为企业战略分析的起点，反映了企业所处的产业结构（环境）决定了企业的战略行为；企业战略行为自身也可以形成 SCP 的逻辑关系：这里的 S 是指企业可能在其中进行选择的一般战略类型。企业在产业中的战略位势决定了企业所属的战略群，同一战略群中的企业往往会采取相同的一般战略类型。但是，具体企业会以特殊的方式来实施一般战略类型，由此构成了他们独特的战略类型及竞争方式。C是指企业战略的实施行为。企业选择的战略类型及竞争方式决定了企业内部的各类结构、系统和活动，特别是资源配置方式和组织结构对战略的迎合。P 是指企业战略实施行为的效果——企业的竞争力和企业绩效。某产业中企业竞争力整体构成了产业竞争力，即产业绩效（见图 2.1）。

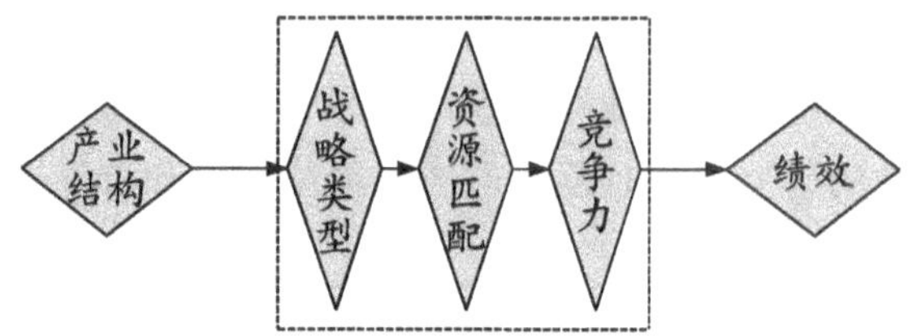

图 2.1　SCP 分析模式

Porter 设计的 5 力量模型（图 2.2）可以有效的分析产业结构，分析影响产业结构的各种因素及相应的产业获利潜力，从获利潜力角度提示企业是否应该及如何进入或退出某特定产业，为企业勾画了产业中主要利益关系群体的相互关系及变化趋势。

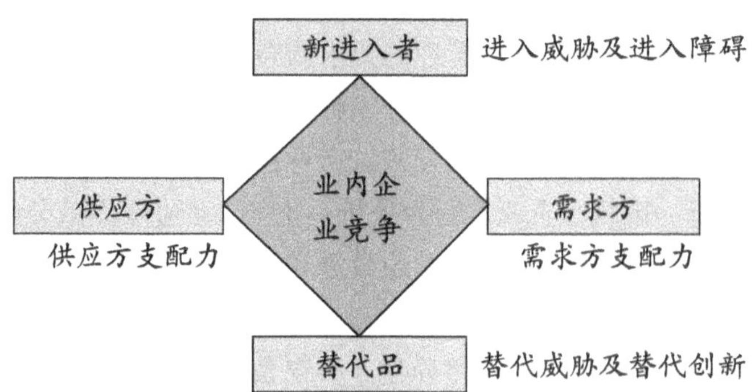

图 2.2　产业 5 力量关系

与此同时还出现了对影响企业战略观和战略管理内容的各类因素的研究，因此形成了战略的企业家学派、认识学派、学习学派、权势学派、文化学派、环境学派和结构学派。根据明茨伯格的研究，以上学派虽形成于 20 世纪 70 年代以前，但其受到更大关注的时期基本上在 80 年代及之后。

明茨伯格提出的“战略的 5P”概念（图 2.3）对以上各学派的战略概念进行了归纳，从战略的计划概念（Plan）、战略的计谋概念、战略的模式概念、战略定位概念以及战略观念概念等五个角度分析了战略的基本含义。

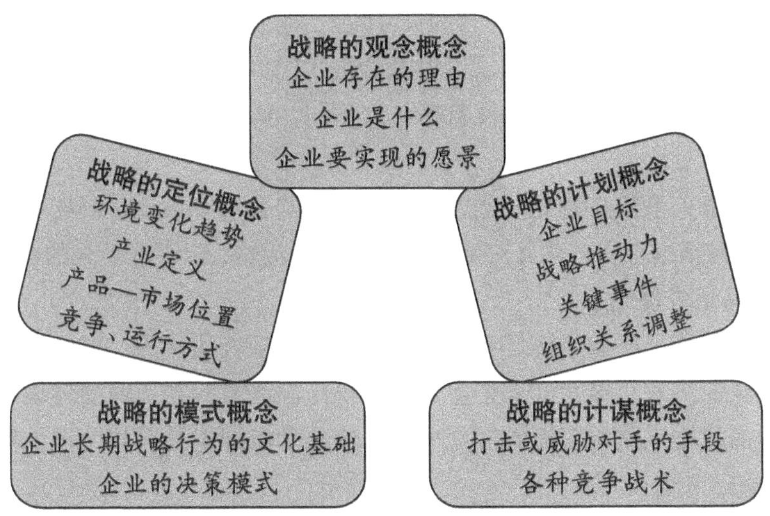

图 2.3　战略的 5P 概念

4. 基本竞争战略

迈克尔·波特在其 1985 年发表的《竞争优势》一书中提出，影响企业选择竞争战略的因素主要有两个：企业的竞争优势和企业竞争优势的影响范围，而企业与其对手之间的优、劣势总可以从成本优势和差别化能力方面进行解释，由此构成了三种一般性竞争战略：成本领先战略（Cost Leadership）、差异化战略（Differentiation）以及聚焦战略（Focus）。其中，聚焦战略是成本优势或差别化优势在较小的特定范围的应用，所以，一般性竞争战略实质上只有成本领先战略和差别化战略两种。

三种一般性竞争战略都是凭借本企业的产出经济性而取得竞争优势的。20 世纪 80 年代中期的美国企业战略仍由以企业为核心的竞争型战略观主导，因此以上三种一般性竞争战略的经济性局限于企业的产出上，表现为企业产出物的价格（相对于产业平均价格）与企业产出活动成本（相对于产业平均成本）之间的差额。

从企业角度看，成本领先战略（含成本聚焦战略）的经济性表现为以低于或等于产业平均价格争取市场，以低于产业平均成本的代价实现利润；差别化战略（含差别化聚焦战略）的经济性表现为以高于产业平均水平的成本创造出新产品，开辟新市场，淘汰老产品和老市场，进而夺取竞争对手的市场份额，同时以高于产业平均水平的价格获得高于补偿创新成本和产业平均利润水平的收益。从客户角度看，成本领先战略使他们能以抵御产业平均水平的价格（代价）获得了等于产业平均水平的价值，迎合了他们以更低的代价获得同样价值的心理。差别化战略使他们能以值得的价格（代价）获得适合自己特定需要的价值，迎合了他们愿意为能够使自己与众不同，满足自己高端效用的物品支付溢价的心理。

随着竞争关系的日益复杂化，环境变化加剧和不可预计，市场竞争日益激烈，企业需要根据企业的实际来制定相应的发展战略，以谋取长久的竞争优势。

5. **战略适应理论**

人口生态学、产业经济学和战略管理理论的学者均认为，环境与企业战略的适应和企业绩效直接相关，企业为了获得高额绩效，在不同的环境下，必须制定不同的战略。这与后面的进化理论和组织学习理论具有相似性，均强调了环境的作用。

企业家可以在同样的环境下自由选择不同的企业发展战略，也就是说，企业战略的制定需要考虑环境的因素，却不完全由环境因素来决定。但是，只有那些战略与环境相适应的企业才能获得很高的绩效水平，而且，战略与环境不相适应的企业终将被别的企业战胜并走向失败。在特定的环境下，一些战略要优于其他战略，即是说企业选择的战略适应了环境变化，这种战略便是最优战略。

2.1.2 资源基础理论

在资源观兴起之前，主导的战略管理理论是 Porter 等（1985）所提出的定位学派。该学派以产业组织理论为基础，在分析企业的竞争优势时，隐含了两个基本假设：（1）产业内的企业是同质的；（2）即使一个产业内部存在异质性，也将由于企业在实施其战略时利用那些具有高流动性的资源而导致这种异质性存续的时间非常短。所以，企业的竞争优势应该归功因于产业/市场结构，因此，目标市场定位是企业的基本战略。但是这一理论无法解释同一行业内不同企业绩效差异化的原因，这说明，企业的绩效差异不仅仅有外部的因素，还有企业内部的因素。因此，以 Wernerfelt 和 Barney 为代表的学者开始关注企业的内部要素对企业绩效和竞争优势的影响。利用资源获取竞争优势便是资源基础理论的核心内容。

Selznick（1957）和 Penrose（1959）对资源观的提出做出了突出贡献，此后 Wernerfelt（1984）和 Barney（1986b，1991）对资源观进行了拓展和提高。诸多学者（比如 Makadok，2001；Priem & Butler，2001）将 Barney 在 1991 年发表的

文章《企业资源与持续竞争优势》看作是资源观的奠基作品，在这篇文章中，Barney 首次提出了资源的四个特性与企业竞争优势的关系，他认为，资源观的核心就是两个假设以及资源的四个特性。

资源观的第一个假设是：企业之间的资源是异质的；第二个假设是：竞争者之间的资源异质性能够长久存在（Barney，1991；Barney & Arikan，2001）。这些假设解释了竞争者之间不同绩效的长期存在。实质上，他们认为，企业控制的资源是企业任何优势的来源，当然也包括竞争优势（Loewenstein & Gentner，2005；Lorenzoni & Lipparini，2005）。

在 Barney 之前，Wernerfelt（1984）借鉴 Porter 的“五力”模型，认为具有吸引力的资源，是指那些有助于建立资源位势壁垒的、使得其他企业难以获得的资源，如此这种位势壁垒经常也只能通过企业自我再造而成（self-reporting），比如设备运作能力、顾客忠诚、技术领先等。正因为资源对企业绩效具有与产品市场竞争优势相同的效应，企业应该加强对资源的动态管理。此时，资源的动态管理就成为战略的重点，即如何鉴别资源、如何组合资源以及如何利用资源。

Wernerfelt（1984）有个资源、资源位势壁垒和竞争优势的分析框架，无疑为拓展战略管理理论的新领域奠定了基础，虽然他还没有能对资源的特性以及这些特性与竞争优势的相关性等诸多内容进行详细研究。

Barney 在 1991 年发表了《企业资源与持续竞争优势》一文，在文中他认为，资源具有四种特性，即价值性、稀缺性、模仿性与替代性。他认为，资源的价值在于企业能够利用这些资源来开发市场上的机会或者降低威胁，而资源的稀缺性主要是指竞争者之间的资源缺乏共同性，各类资源具有其独特的特征，而模仿性是指竞争者模仿某种资源的成本和难易度，资源的不可替代性是指复制资源某种功能的程度。这些特征决定了资源能否成为企业的竞争优势的来源。例如，当一种资源既有价值又稀缺，它便成为竞争优势的来源，然而，当这种资源具有不可模仿性和不可替代性时，它便成为持续竞争优势的来源。相反，如果一种资源有价值但不稀缺，它便不会成为竞争优势的来源。图 2.4 是 Barney 关于竞争优势的分析框架。

图 2.4　Barney 关于竞争优势的分析框架

业务层面和公司层面的实证研究结果支持了上述资源观的观点（Barney，2001）。Miller 和 Shamsie（1996）对电影制造业资源的研究表明，企业控制的有价值和稀缺的资源的确影响企业的绩效，此外，他们还发现企业资源的价值会根据环境的变化而变化。在稳定的环境中，物质性资源有价值，而在动态的环境中，知识性资源有价值。他们的研究还认为，在某种环境中有价值的资源在另外一种环境中会带来相反的绩效产出。同样，Brush 和 Chaganti（1999）发现，有价值的资源影响企业绩效，而资源的价值却依赖于环境因素，如信息不对称等。Hitt 等（2001）研究了人力资源对企业的影响，并认为高层次的人力资源（即拥有高技能和丰富经验的人）是有价值的、稀缺的、不可模仿和不可替代的，因此，高层次人力资源的增加将会明显地影响到企业的绩效和竞争优势。然而，他们也指出，高层次的人力资源需要时间去开发（Dierickx & Cool，1989），这种成本会暂时超过企业的收益，但从长远来看，企业的这种投资会为企业带来持续竞争优势。

在 Barney 之后，对资源观作出巨大贡献的是 Peteraf。Peteraf（1993）基于基本的价格理论，从经济学角度分析了不同类型租金的产生。Peteraf（1993）认为，企业必须同时满足四个条件才能够保持企业持续的竞争优势。首先，企业拥有的资源必须是异质的，这是租金来源的保证；其次，这些资源必须是稀缺的，这是企业特定租金获取的前提；再次，企业的资源是难以模仿的，这是获取高于成本的租金的保障；最后，难以替代的资源确保了租金的持续性（见图 2.5 所示）。在企业获取到租金之后，企业必须使用各种力量来限制其他企业对租金的争夺，确保租金的独占性，这样企业才能获取到持续竞争优势。

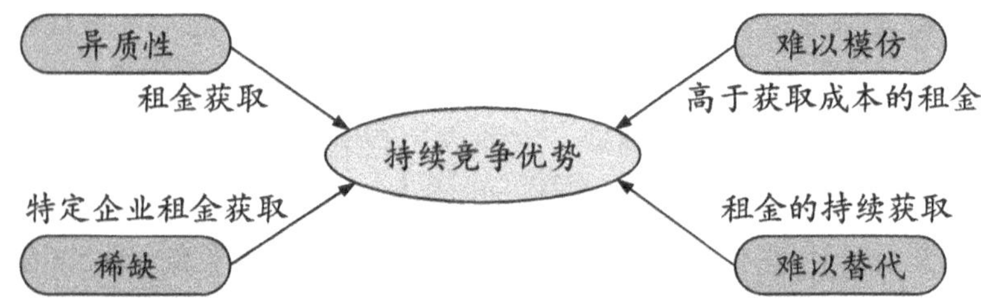

图 2.5　Peteraf 的基于资源的竞争优势分析框架

总之，这些研究支持了资源观的发展，并从不同的角度说明了资源的价值性、稀缺性、不可模仿性与不可替代性与企业竞争优势的关系。然而，关于资源观，也有一些需要注意的地方，资源基础理论（Resource Based View，简称 RBV）认为企业竞争优势的来源是资源和能力：资源不均匀地分布于各个企业，

它们不能完全流动，因而使企业具有异质性（Wernerfelt，1984）。企业所拥有的资源的特性（VRIN，即 valuable——价值性、rare——稀有性、inimitable——不可模仿性和 non-substitutable——不可替代性）决定了企业应该进入何类市场、企业最终能够获得何种绩效。然而，只用资源是不能维持持续竞争优势的，企业应该不断地开发能力来利用这些资源（Penrose，1959）。上世纪 90 年代末，随着全球产业结构的调整和各产业竞争强度的日益加剧，RBV 理论由于其静态性且忽略了市场动态性对企业发展的影响而受到学者们的质疑(Eisenhardt & Martin 2000；Priem & Butler，2001a，b）。动态能力因其解释了企业资源和能力的演化特性而逐渐受到学者们的关注（Eisenhardt & Martin 2000；Helfat，1997；Teece et al.，1994，1997；Zahra & George，2002b）。因而在企业发展战略的研究上，资源观开始向能力观转化，同时二者也出现了合流之势。

资源观向能力观的转化主要基于以下原因：首先，RBV 理论及其相关术语（如资源、过程、核心能力等）缺乏清晰的概念定义。现有的关于 RBV 理论的表述主要沿用了 Barney（1991）的表述，即企业资源是企业所控制的所有资产、能力、组织过程、企业特质、信息和知识等，这些资源促使企业战略得以执行，并为企业带来了效率和效益，这一表述说明资源和能力间没有区别。其次，RBV 由于其静态性且认为在动态的市场中维持持续竞争优势是不可能的，而受到诸多批评（D’Aveni，1994，Eisenhardt & Martin，2000），而能力理论尤其是动态能力理论以动态的观点说明了这一问题。最后，RBV 理论由于没有阐释从资源到竞争优势的转化机制而受到攻击，而能力理论解释了这种转化机制。因此，对能力理论的发展演化进行必要的阐释，对理解本书的研究主题也具有重要意义。

2.1.3　企业能力理论

虽然，RBV 一向将企业独特的资源与能力共同视为竞争优势的源泉，但偏向于能力的学者还是在基于资源的理论分析框架下，突出能力在获取竞争优势中的核心作用（Hamel & Prahalad，1994；Prahalad & Hamel，1990；Teece et al.，1997）。基于能力的观点认为，RBV 通过论证企业竞争优势源于独特的企业能力，进而对近年来的战略管理研究产生了极大的影响，基于能力的战略能够帮助企业获取和保持竞争优势。

基于能力的观点认为，能力是指企业对其所能影响的资源进行配置的能力，它们是基于信息的、有形或无形的企业特有的过程，并且通过企业资源长期的相互作用而产生与发展（Amit & Schoemaker，1993），这些能力表征了产业内不同企业之间的异质性特征，并且具有难以被模仿与难以被替代的特性（Barney，1986；Mahoney & Pandian，1992；Amit & Schoemaker，1993；Peteraf，1993）。因此，能力具有战略潜能来挖潜机会或回避威胁，它通过使企业获取在所处市场中接近垄断的位势而产生竞争优势（Rumelt，1984；Prahalad & Hamel，1990）。不同的阶段，企业的能力发展是不一样的，为了理清能力理论的发展脉络，本书以企业能力理论的发展演变为依据，分三个阶段对企业能力理论进行回顾，以了解企业能力理论的本质，并指出其与企业竞争优势的关系，以指导本书的研究。

1. 萌芽阶段（关注生产技能和技术创新）（1920 年以前）

企业能力源于劳动者的个体才能。当社会分工出现大发展之后，劳动者之间的竞争就开始了，能力强的劳动者会用自身的技术迅速实现产品的商业化。随着生产力的进一步发展以及社会的进步，在资本主义初期，由于先进技术的运用，机器生产代替了手工劳作，工厂的劳动生产率得到了较大的提升，企业能够获取高额利润。此时，关注企业能力就变为对一个工厂的生产能力以及生产效率的关注。因此，此时的企业也纷纷增强企业能力，提高生产效率和管理技能，加快技术的开发和利用。

2. 发展阶段（关注企业的内部协调）（1920−1970 年）

此时正处于资本主义的黄金时期，企业生产规模得到空前加大，同时也出现了兼并浪潮，企业的内部协调机制逐步完善，劳动生产率进一步提高，企业利用工人的高强度劳动获取了高额的租金，而工人的收入却在逐步下降，社会的贫富差距加大，社会矛盾被日益激化。如何协调企业内部的各种关系，保证企业仍旧获取高额的利润，成为当时企业界关注的焦点。处在这一时期的企业能力，主要表现为一种内部的协调管理能力。

3. 深化阶段（关注内外结合获取持续竞争优势）（1980 年之后）

（1）外部动荡的环境要求企业提升外部环境适应能力

进入上世纪 80 年代，知识爆炸和全球经济一体化的迅速发展，使得先进的技术和管理方法在企业内部逐渐推广，各个企业的生产效率迅速提高，市场竞争更加激烈，趋于白热化，企业生存和发展的外部环境动态性十分明显，所处的环境变得日益复杂。由于市场的外力作用，许多企业退出了市场。此时的企业逐渐认识到，企业的内部能力只有和外部的环境相匹配和融合，才能成为企业持续竞争优势的源泉。此时企业能力的研究学者将企业的生存与发展完全归

结为外因，即外部环境的变迁。企业只有了解和掌握环境变化的特点，采取相应的对策影响和作用于环境，才能为自己找到生存的空间，这种观点具有一定的合理性，但是它却认为企业的竞争优势源于外部的环境，企业内部能力起到辅助作用。

（2）内部异质性资源获取能力是竞争优势的源泉

对于竞争优势外源论，一些学者认为这是完全脱离现实的，内因决定了事物的性质。因此，企业的内部能力才是竞争优势的来源。在此基础上，Wernerfelt从企业内部资源视角研究了企业竞争优势的维持问题，他认为，企业之间的异质性导致了企业的差异，而导致企业差异的主要原因就是企业所拥有的资源是不同的。这种异质性的资源为不同的企业带来了不同的优势，但是，在特定的时期，只有那些内部的优势更接近产业变化要求的企业，才能获得持续的竞争优势。接着，Rumelt 通过研究证明了：企业内部资源的特殊性会为企业带来特定的能力，获取资源的效率会因为资源的种类而不同，因此，资源获取能力便在此时扮演了重要的作用。这一时期的企业能力理论主要关注企业资源的异质性以及由资源构建的能力，这种能力才是竞争优势的源泉。

（3）核心能力与动态能力理论的提出

关于企业竞争优势的来源，仍旧有不少学者进行关注。20 世纪 80 年代，黑特和爱尔兰德认为，公司独特的竞争能力，特别是公司所拥有的核心技巧使其开发出能带来收益的产品和服务，从而使企业保持持续的优势。这种核心技巧是组织整体所拥有的关键能力，是保证组织战略实施成功的关键。上世纪 90 年代，普拉哈拉德和哈默首次提出了企业核心能力是企业持续竞争优势之源的观点，这一观点一经提出便引起诸多学者的关注。他们把这种能力看做是企业内学识的积累，这种积累能力调整了企业的内部管理和技术联系。此观点整合了前两个阶段的理论，既重视了企业知识的内部积累，关注企业的创新和技能的提升，又重视了技术与管理之间的协调。这种能力一经形成便会为企业带来无形的优势，而且这种优势是难以模仿和难以替代的。

此后，Teece 等人（1992）提出了动态能力的观点，作为一种全新的能力观点，这一观点一经提出也引起了学术界的普遍重视。他们认为，动态能力是指企业保持或改变其作为竞争优势基础能力的能力，特别是能够使企业进行产品创新和流程创新以适应变化的市场环境的能力。动态能力理论的基本假设是与外部环境保持动态平衡的企业才能够在竞争中取得长期的优势地位，而动态能力是使企业与环境保持动态平衡的主要因素。因此，动态能力理论研究的立足点在于：第一，“动态”是指为适应不断变化的市场环境，企业必须具有不断更新自身胜任的能力；第二，“能力”是指战略管理在更新自身（吸收、整合、重树内外部组织知识、技能、资源）胜任以及满足环境变化的要求方面具有关键的作用。而上述两个方面正是以前的战略观所忽略的部分。动态能力理论是建立在熊彼特的创造性毁灭的思想基础上的，企业通过不断积累影响学习与进程，在组织、位置、路径上创造有利的机率和方向的机制。

表 2.1　能力理论的演进态势

时间	代表人物	研究焦点	与竞争优势的关系	研究方法
1990	普拉哈拉德、哈默	企业核心能力	核心能力是产生竞争优势的源泉	定性
1991	Barney	企业资源与持续竞争优势	拥有有价值的、异质的、不可模仿、不可替代的资源才能给企业产生持续竞争优势	定性
1992	兰格路易斯	交易成本经济学	企业能力是竞争优势来源之一	定性
1993	Foss	企业理论:契约和能力	企业能力的演进确保了竞争优势的持续	定性
1994	哈默、贺尼	核心能力概念:在能力基础的竞争中	企业能力基础竞争论:核心能力决定竞争优势	定性
1997	提斯、匹萨诺、苏安	动态能力和战略管理	企业动态能力论:动态能力是竞争优势的来源和提升的保障	定性
2003	Winter	运作能力与动态能力	能力可分为运作能力与动态能力,它们与竞争优势紧密相关	案例
2003	Helfat 和 Peteraf	能力生命周期	能力是具有时间维度的	定性
2003	Zott	能力的周期	能力的周期分为变化、选择、保留三个阶段	定性
2004	Brady 和 Davies	项目运营能力和动态能力	这些能力是竞争优势形成的前提	案例
2005	George	学习能力与能力开发	通过不断地学习,企业的综合能力得到提升,其竞争优势便会显现	定量

资料来源：作者根据资料整理。

根据以上研究，本书对相关能力理论进行汇总。表 2.1 显示了能力理论的演进情况。图 2.6 显示了企业能力理论的演进轨迹。

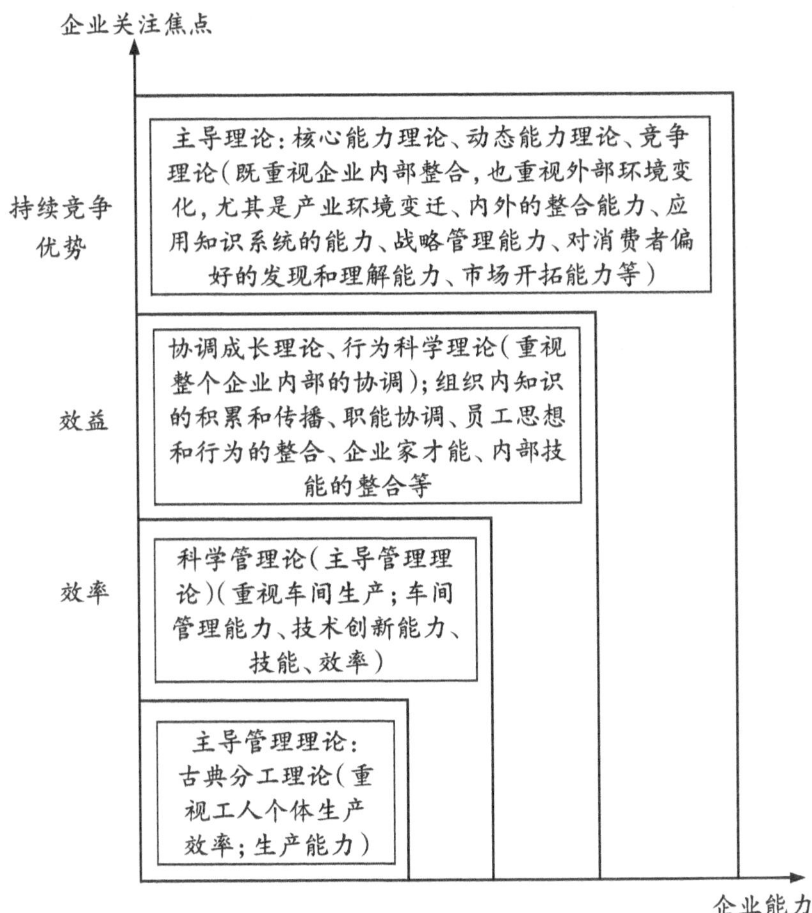

图 2.6　企业能力的演进轨迹

2.1.4　网络理论

1. 网络的起源

网络的研究起源于英国的人类学，英国学者 Elizabeth. Bott 在其著作《家庭与社会网络》中提出了与家庭联系同性质的社会网络联系，这一观点在当时引起了强烈关注，同时也被认为是社会网络理论研究的典范。

网络理论最初是源自于强调人与人、人与群体之间互动的社会学，以及强调资源交换的行为学所交互产生的观点。此观念近年来在社会学、组织理论、策略管理、交易经济学等领域已逐渐累积出丰厚的学术基础。早在 1956 年，社会学家 Parsons 即以开放体系的系统观点来研究组织之间的互动型态。他认为组织在达至目标的过程中，会因为所处环境而必须不断地与其他组织产生互动关系，而组织的运作功能在于必须取决于自身在社会系统中的地位，所以必须重视组织如何由外部获取所需资源的过程，以及建立资源交换的方式来持续地维持与外部成员的往来与关系。

有别于交易成本理论（Transaction Cost Economics，以下简称 TCE）以投机及有限理性的观点来解释组织之间的交换关系（Williamson，1977），Granovetter（1985）认为，组织在社会化的过程中，应该是通过协力合作的方式，以信任及非经济因素为考量来建立社会关系。他以组织在群体中的镶嵌（embeddedness）程度来诠释个体的脉络（context），并提出组织的成功主要在于其行为能够镶嵌于当时的社会关系及规范之中，所以组织所处的社会背景对于其行为具有重要且深远的影响。在组织层级的网络定义方面，Gulati（1999）认为，网络的建立具有其战略性的目的，组织可以通过网络合作方式以进行多元化活动来促进目标的达成，因此网络型态基本上就是一种战略性的选择。例如 John 和 Harrison（2000）在其研究中曾提及，当企业的制造部门与供应商连结时，若供应商能够提供高品质的原料，虽然会导致成本的增加，但却可以减少再造工作，相对地也将减少全面成本的支出，以便在竞争激烈的市场中能快速制造出低成本、高品质的产品。

将社会网络与管理问题联系到一起进行探讨，看似将社会学与经济学的研究主体和研究方法联系到了一起。此前，在西方古典经济学和新古典经济学中，社会因素因为一直被看作竞争性市场的障碍而被排除在经济学理论分析之外，然而，新产业区和世界上许多地区的发展轨迹使得这种状况发生了改变，经济学理论再也不能忽视社会结构和社会关系对经济活动的影响。

一种以经济社会学者为代表的观点——经济社会观逐步引起重视：经济行动是社会行动的一种形式，经济行动是社会地被定位的，经济制度是一种社会建构。

80 年代以来，经济学家逐步将网络结构分析方法应用于经济领域，用网络结构观替代传统的地位结构观，逐步形成了企业网络研究的主要理论和观点。网络结构观认为，人与人之间、组织与组织之间是基于某种结构而形成的一种关系，这种结构具有客观性，结构中存在许多节点，而网络成员就是按照节点有差别地联系在一起的。Granovetter（1985）从“嵌入性”视角来研究经济行为和社会结构。他认为，经济行为嵌入于社会结构，社会结构的核心就是人们生活的社会网络，嵌入的网络机制是信任，因而人们的经济行为也嵌入社会网络

的信任结构之中。而 Williamson（1985）则强调，支撑长期交易的因素是合作机制中的“抵押”因素，双方共同提供“抵押”是使当事人套牢网络结构的基础。

由以上论述可知，网络基本上是较注重整体产业系统中个别组织之间的连结关系。由于市场中包含许多异质性与同质性的组织存在，它们依功能及角色定位的不同而必须执行生产、营销及消费等活动，并通过与其他组织的相互连结以交换价值，使组织及其营销网络、供应商、分销商和消费者之间均存在着适度的直接或间接的关系。由此可知，组织之间网络关系的出现，有可能是基于组织发展条件或其他非经济因素的影响，包括组织需求、产业型态以及对于其他组织的关系导向使然。

2. 网络的形成

网络的形成是组织行为理论中近来受到广泛探讨的议题。以下分别从交易成本观点、资源依赖观点及体制理论观点加以论述。

（1）交易成本的观点

以交易成本的观点来诠释网络的形成，乃是基于经济学及组织理论中，对于市场及组织间交易活动的知识所形成的整合性概念。交易本身由于具有不确定性、交易频率及专属性的特质，使得企业往往在自利的考量下必须采取特定的经济活动以维持组织的生存发展。其中对于专属性的交易考量而言，组织基于生产活动而在内部资本市场具有整合上的利益需求，便会倾向于采取垂直整合的策略（Jones & Hill，1988）；反之，若基于交易的经济化，使得企业通过契约及统治等结构方式来与其他组织产生连结关系时，为求在交易过程中能够掌握双方互动的脉络，所以必须注重强化知识的获取（Williamson，1991）。由此可知，当企业之间互动是基于减少交易成本的产生，且在考量到整体交易过程的背景下，会以经济化为形成交易结构的主要力量，并与组织绩效产生规范性的连结。

（2）资源依赖的观点

组织必须在开放体系的前提下进行合作，主要原因乃是由于稀少性的社会资源使然。尤其当组织成员彼此之间的关系建立是由于双方均相互依赖彼此的互补性资源时，其关系及行为表现会较单方依赖时明显（Banerjee，2003）。另一方面，组织有时会面临来自于市场或产业环境中的不确定性，为求降低自身任务的复杂，所以会与组织外部成员进行连结来规避竞争风险，并追求规模经济及改变竞争均势（Powell，1991；Pfeffer & Salancik，1978），而当组织通过资源依赖建立关系时，会使网络成员的沟通、资源交换及意见逐渐趋于一致（Van de Van & Walker，1984）。

（3）体制理论的观点

当组织彼此因为具有共同使命、社会规范及价值观时，将形成彼此关系密切的网络。Oliver（1990）认为，体制环境所型塑出来的系统脉络会对组织产生某种程度压力，促使组织为了获取正当性以符合群体规范、法制或利害关系人的期望。尤其是当体制环境中具有较大支配权力的组织，会通过强制权力而影响网络形成的动力，而该组织则通过控制其网络成员的行为来建立并维持双方关系。Martinez 和 Dacin（1999）认为，以体制理论而言，可以和交易成本之间通过效能的观念来使两者产生概念上的互补，因为交易成本理论关心的是经济效率的必要性，而企业在达到效率的过程中，有可能会受限于权力及正当性的追求，而这正是体制理论所强调的核心概念。

3. 网络规范及地位

就关系交换理论观点来看，关系规范（relational norms）是一项独特的统治机制（governance mechanism），可以在组织之间的关系交换中，规定彼此应该执行的工作承诺与禁止双方产生危害交换关系的投机行为（Macneil，1978）。在关系规范为基础的行为下，组织之间的连结并不是通过诱因（如市场机制）或命令（如层级机制）来进行互动，而是经由内在的表现或道德上的控制来管理伙伴间的行为（Larson，1992），组织对于行为的控制是属于关系规范的一部分，同时也在此关系之中，通过双方所期望的行为产生持续性的互动（Noordewier et al.，1990）。

由于关系交易规范是基于对共同利益的期望并提升网络成员关系与福祉，使得关系交易演进的模式中，关系规范的发展大多在网络成员之间多元的互动下产生（Ring & Van de Ven，1994）。网络成员之间的关系可以描述为具有交易规范的特征，如角色正直、相互关系、团结、弹性、双边信息交换、协调冲突解决及长期导向等（Macneil，1980；Chekitan et al.，2000）。这些因为关系所产生的交易行为，可以通过规范及价值的分享而限制投机主义的发生；也就是说，在关系交易中规范的产生提供了另一种机制，使得组织成员防止自己陷入投机主义的行为，并且在商业及行为标准下受到控制而有所依循（Gundlach et al.，1995）。规范基本上是由很多复杂的构念所组合而成，以往曾有学者将规范操作化为团结（solidarity）、相互性（mutuality）、弹性（flexibility）、角色正直（role integrity）、冲突的调和（harmonization of conflict）及信息分享（information sharing）（Noordewier et al.，1990；Heide & John，1990）。

网络地位（network position）是指组织相对于其他网络成员在产业中的角色与地位，通常象征了组织在产业网络里所面临发展的机会与限制。组织在网络中的角色及地位不同，所能够掌握的资源难易程度也就不同，也会因此影响到未来所应采取的对应策略（Johanson & Mattsson，1987）。Tichy 等（1979）的研究指出，包括以下三项要素将足以影响厂商在网络中的地位：（1）网络中的组织进行互动的内容及特性；（2）组织之间的联结属性，包括联结强度（intensity）、互惠关系（reciprocity）、对期望的清楚程度与多数关系的程度等；（3）网络的结构属性，包括规模（size）、密度（density）、区域（location）、开放程度、稳定程度、可接触程度与中心性。而 Thorelli（1986）也将组织的网络地位视为可建立或影响产业网络的一种权力来源，组织在网络中所处的地位取决于下列条件：（1）组织所扮演产业分工的角色；（2）在其他网络中的地位；（3）相对于中心网络其他成员的影响程度。另外，Gnyawali 和 Madhavan（2001）则使用网络构面（含中心性、结构性自主、结构性平衡与密集度等构念）与结构性的镶嵌机制（含资讯流、资产流及状态流）来探讨产业的动态竞争。

由上述学者对于网络地位的论述可以了解，组织所掌握的资源或是其获取资源的能力，都可以反映出本身在网络中的地位，而位居网络中心地位的核心厂商往往可以拥有较大的力量取得较稀少且具关键性的资源，这也使得企业必须全力提升自身网络地位，以建构出符合组织竞争优势的来源（Stuart，1998）。

4. **社会网络的定义**

Granovetter（1985）曾指出，在一些企业组织中，网络化意指一系列外部关系，即组建联盟与合资的全球性网络；在另一些企业组织中，网络化则意味着建立跨职能部门、突破官僚制度约束的经理人员之间的非正式联系；还有一些企业组织则把网络化定义为高层管理人员利用管理信息系统等手段来共享信息的方式。

Aldrich 和 Zimmer（1986）认为社会网络是主体获取信息、资源、社会支持以便识别与利用机会的机会结构。

Coleman（1990）认为，社会网络是企业社会资本的重要部分，它通过人际关系建立起来并增加相应的人力资本。

Burt（1992）将社会网络界定为“特定的个人之间的一组独特的联系”。事实上，广义的创业管理社会网络已经远远超出了个人关系的范畴，它既可以是创业者个人的关系网络，也可以是企业与金融部门、研发部门、供应者、中间商、消费者之间形成的一种相互认知关系、合作关系和信用关系网络。社会网络的构建必然是以某种特定的媒介（显性的和隐性的）为纽带来联结、约束和巩固网络主体的关系。

Foss（1999）认为社会网络是指特定个人之间比较持久的、稳定的社会关系模式。这些对社会网络的定义尽管各不相同，但具有一个共同的特征，都强调特定时空范围内相对稳定的一种人与人之间或组织之间的相互关系。

Gulati（1999）认为社会网络由提供诸如信息等资源的联系所组成一种网络结构。

Appleyard 和 Field（2001）认为产生社会资本的直接的与间接的联系，在个体层次与组织层次中的整体就是社会网络，尽管这些联系常常主要归因于相关的个体行为者。这些联系的强度可能发生变化，并且产出（关于联合或连接的社会资本）取决于网络类型。

5. 社会网络代表理论及其发展

国外有关社会网络的研究起步较早，有代表性的社会网络理论主要有以下7个：（1）网络结构观；（2）市场网络观；（3）弱关系力量假设和“嵌入性”理论；（4）社会资源理论；（5）社会资本理论；（6）结构洞理论；（7）强关系力量论。经过长时间的发展，社会网络理论已经相对成熟，其研究成果也相对丰富。下面，本书将对这些体现社会网络理论观点的代表性研究进行统计和分析。

表 2.2 的观点体现了市场网络观和弱关系力量理论，从企业建立的角度分析了企业网络联系的变化与演进，对企业创建具有明显的指导意义。

表 2.2　社会网络与企业创建

阶　段	结　果
阶段 1：动机。创业者联系其他人来检验其想法并获取支持。	由于创业者需要保护性的环境，因此，他们把他们的联系网限制在与自己最亲密的人之间，此时的网络最小。
阶段 2：规划。获取必要的知识和资源以建立企业，与其他人建立联系。	创业者扩大了关系网，在此阶段，他们拥有最大的关系网并花费时间去维护。
阶段 3a：建立。创业者关注日常获动。 阶段 3b：收购企业。此时企业面临的不确定性较小，因为它获取了以前企业所有者的关系网，它不再寻求新关系。	创业者缩减了网络规模，只和重要的关系者建立联系，花费在网络上的时间变少了。

资料来源：作者根据资料整理。

表 2.3　社会网络与企业绩效与成长

作　者	研究设计	结　果
Ostagaard 和 Birley（1996）	向 159 位英格兰企业家邮寄问卷，研究企业的成长是否受到企业家社会网络的影响	企业家网络的规模以及企业家维护和扩展网络所花费的时间明显地与员工的增长率正相关
Dollinger（1985）	向 82 位企业家邮寄问卷，研究企业家网络联系的特征与企业绩效的关系	二者存在较强的相关关系
Havnes 和 Senneseth（2001）	在欧洲 8 国收集时间在 5 年内的中小企业样本	中小企业的网络联系活动很积极，但网络活动与员工和销售额
Butler，Brown 和 Chamommarn（2003）	向泰国 100 家企业发放问卷来检验信息与企业行为与绩效的关系	网络与企业行为和绩效无关
Frazier 和 Niehm（2004）	采访了 24 位零售商，检验他们对网络活动的理解	时间、财务限制以及相关战略信息促使零售商们从外部非正式联系中寻求信息、和客户资源

资料来源：作者根据资料整理。

表 2.3 中的相关研究表明，社会网络联系对于企业的发展，尤其是小企业的发展至关重要，因为他们面临着网络约束，无法或者艰难地获取相关知识和资源。

2.1.5　进化理论

"在我的想象中，能让我大为满意的说法是，适应良好的物种并非起源于上天特别赋予、创造的本能，而是因为一种普遍法则的多次小影响，造成所有物种的进化，也就是增生、变化，让最强者生存，最弱者死亡。"达尔文在 1859 年所著的《物种起源》一书中，明确阐释了物种进化的基本理论，这种理论已被应用于企业进化理论的研究，这种优胜劣汰的进化本质上是企业间竞争优势与竞争力的对决。

进化学派以"惯例"作为研究对象，探讨企业为何存在差异以及这种差异是如何演变的。其代表作就是 Nelson 和 Winter（1982）的《经济变迁演化理论》一书。在他们的进化模型中，"组织惯例"是解释企业行为的关键因素，但组织惯例在组织进化理论中并不是一个静态的概念，Nelson 和 Winter（1982）更加强调的是在静态的环境下组织惯例的形成与作用，即他们的模型检测了三个基本过程——变异、选择和保留，其基本思路就是“面对竞争——选择机制——惯例替代”。该模型意味着，集体学习与环境适应需要持续的多样性，而这种多样性是由于新的特征——如内部激励与协调等变化，以及为了确保一致性的选择机制而产生的，最终组织这一进化系统在变化机制与选择机制之间，在组织知识的基础上执行一个独特的均衡。结果是，那些最有效的可以为企业创造竞争优势的惯例得以保留，而那些无效的惯例被放弃；当企业在市场竞争中处于不利的地位，不能保证自身的生存时，还必须搜寻新的生产技术与惯例，或者直接进行创新活动，这才是企业进化的本质。

企业之所以运行良好，是由于拥有了一个切实可行的组织惯例层级结构，这一层级结构确定了下层组织的能力，规定了协调它们的方式以及上层组织为下层组织选定其应做工作的程序，因此，组织惯例层级结构是核心组织能力的关键要素。在任何时候，组织中建立的切实可行的惯例界定了这个组织有能力、有信心从事某一项工作。如果企业有能力经营的更好的话，则往往会改变现状，向更高一级的层次进化。通过与外部环境进行匹配与融合，企业会不断地完善自己，不断地促使组织惯例演进，这才是企业的生存之道。

2.1.6 组织学习理论

Cyert 和 March（1963）首次了提出组织学习概念，此后关于组织学习的研究便逐渐兴起，尤其是组织学习对企业发展的影响。但是，虽然学者们从多种视角、多个研究目的对组织学习进行研究，但至今尚未形成一个完善的理论框架，而且组织学习概念本身就是一个极具争议的话题，这也是诸多学者不断探索、研究组织学习以及其影响因素的原因之一。

早在 1962 年，著名学者钱德勒就提出，知识学习是企业发展的关键过程，学习也是企业经验积累的过程，这确保了企业的成功运作和发展。Fiol（1985）提出了组织学习是一个过程的观点，他认为，行为者只有不断地学习，通过学习过程来改善自身的行为，就会获得益处。Stata（1989）认为，企业通过对过去知识和经验的积累来进行组织学习，并通过建立共享机制来实现知识的转化。Huber（1991）强调了干中学（learning by doing），认为企业必须置身于市场中，在市场中不断地通过干而学习，他把组织学习理论向前推进了一大步，此后，干中学便成为许多企业的行为标杆。Dixon（1994）认为，组织学习就是一种学习流程，它能够将不利于企业的行为转化为对企业有利的行为，企业通过不断

地试错来完善自己。组织学习的本质就是通过改变自己来增强应付外部环境变化的能力，也就是本书所说的在动态的环境中不断地学习的能力。Piaget 将之称为适应性学习（adaptive learning），即通过改变内部的结构和体系来满足环境的变化和市场的变迁。只有在动态中学习，企业的学习才具有意义，动态学习才是组织学习的本质和真谛。

组织学习过程的范式包括四大要素，即个人、组织、环境、学习。人是组织学习的基本细胞和基本要素，因为人的敏感度和敏锐力，企业才能够对环境作出回应，这是个人与环境的相互适应。而组织由单个的人组成，但是组织学习是一个系统性的工程，不是个人学习的简单相加，必须将这四个要素整合起来，才是真正的组织学习。因此，英格兰复杂系统研究提出的复杂自适应系统（Complex Adaptive System，以下简称为 CAS）是阐释组织学习的较为完整的框架。

在这个系统中，外部环境促使企业不断地将物质信息输入到企业中，企业要对信息加以识别和过滤，而后根据企业的规则来对信息进行移动，组织间互相共同和学习，剔除无用的信息，采纳有用的信息，最后进行输出反应。而输出反应再一次根据环境的变化对下次输入的信息进行选择，企业经过不断的学习，便会自动适应外部变化，调整自身的学习反应能力。

众所周知，学习是一个不断循环往复的过程，这种行为就是再学习。再学习对于组织学习来说是一个关键的步骤。通过试错行为实现企业的再学习，对于企业的整合学习过程至关重要。再学习的来源主要是企业以前的学习经验与教训。企业应该学会如何把学习过程再融入在企业的战略规划中，这才是企业再学习的本质。通过组织学习所形成的关键能力，很难模仿和被复制，这便是企业竞争优势的来源之一，因此，再学习也就成了企业不断强化的一个过程。

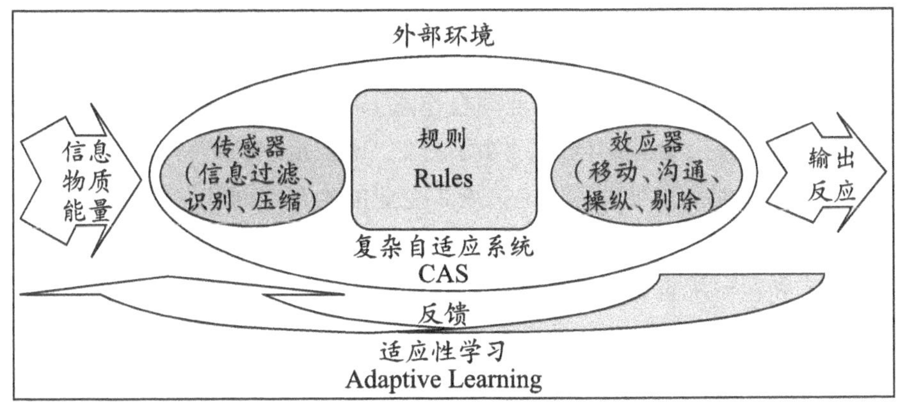

图 2.7　循环学习系统

2.2 相关文献回顾

2.2.1 社会网络相关研究

1. 社会网络纬度

社会网络有三个维度：结构维度、关系维度和认知维度。

结构维度是群体中人与人或组织与组织之间联系的程度，重点在于网络联系和网络结构的特点、联系的强弱程度、联系的密度等。结构维度所关心的是网络联系是否存在以及联系的多少问题。关系维度是行动主体之间是否存在相互的信任、规范与义务、期望，其关心的是信任喜欢的程度，也就是行动主体之间的关系质量问题。认知维度是群体成员拥有共享观念的程度，如是否拥有共同的价值观、共同的语言、共同的立场和观点等，也就是说网络内部是否是真正的理解对方等，是社会资本的最深层内容。

Yli-Renko 和 Autio（1998）认为，在研究社会网络之前，需要对网络的维度进行划分。Nanapiet 和 Ghoshal（1998）首次将社会网络分为三个维度，结构维度、关系维度与认知维度。此后，许多关于社会网络的相关研究也采用这一划分方法（Sign et al.，1999；Sigh，2000），但对于每一个维度由哪些方面构成，并未形成一致性意见。社会网络理论源于社会学研究，因而不可避免地就带有社会学的因素，它的研究焦点主要集中在网络的结构以及网络成员之间的联系。Fortner（2006）将社会网络的维度划分为两个：结构维度和关系维度。结合上述分析，本书将重点分析这两个维度。具体内涵见表 2.4 所示。

2. 基于网络的企业竞争优势

20 世纪 90 年代以来，随着企业间合作意识的加强，企业间的联盟协作活动成为一种普遍现象。企业间网络、网络联盟、虚拟组织的不断发展，推动了网络组织形态的出现，在很大程度上扩展了企业的生存空间和发展环境，使企业获取要素资源的途径和取得竞争优势的方式也相应发生了变化。改变企业的决策管理模式和资源配置方式，从网络治理中寻求企业竞争优势源，正逐步成为企业竞争优势理论研究的新问题。

全球经济一体化导致了更为激烈的竞争，网络化公司的出现在企业与市场之间形成了独特的中间组织，这些公司保留自身的关键活动，其他职能都有外

部资源提供，从而以有限竞争市场模式组合替代了传统的纵向层级组织，企业间关系和企业群整体优势成为理论界与实践界的研究热点。这种网络企业的出现，不仅使企业内部的构造、管理模式、产权结构、公司治理结构等发生了根本性变化，而且彻底改变了企业竞争优势的条件、基础和来源。但是，任何企业的竞争优势都是建立在一种特定条件基础上的，网络组织作为一种新型结构形态，其竞争优势并非完全依赖于个体企业，而在于整个网络群体以及企业在网络中的地位。两个企业之间的关系不仅仅依赖于所涉及的两个企业，还会涉及到其他关系。

表 2.4　社会网络维度

结构维度	
网络基点(anchorage)	描述关系的基础是什么，包括个人网络和组织网络
网络密度(density)	主要研究网络参与者在多大程度上与其他参与者建立联系
网络可到达性(reachability)	描述了网络成员之间建立联系的容易度
网络范围(range)	描述了网络成员之间的社会异质性
网络中心度(centrality)	描述企业在网络联系中的地位
关系维度	
网络内容(content)	关注人们建立联系的意义以及关系的质量。意义包括个人参与网络的动机、期望与结果
网络义务(commitment)	描述网络成员对其他成员的付出
网络频率(frequency)	描述了成员之间建立联系的时间以及时间的长短
网络持久性(durability)	描述关系持续的时间长度
网络的方向性(direction)	如果关系互惠，那么网络联系是否会从一边倒向另一边

资料来源：作者根据资料整理。

资源依赖理论认为，“组织是由于重要资源供给的原因而试图减少对其他组织的依赖，并试图影响环境以得到可供利用的资源”。该理论强调，组织关系取决于三个因素：一是资源对公司的重要性；二是公司的实力；三是自由控制企业的实力和作用。激烈竞争所带来的不确定性给组织带来巨大的生存压力，促使了协作网络观点的出现。该观点认为，企业只有联合起来，共同分享稀缺资源，才会变得更具竞争力。

而种群生态学理论关注对内部组织的数量和组织的变化进行研究，他们认为，组织变化的能力受很多条件的限制，而正是变化着的环境，决定了组织的成败。Moore（1996）重视竞争论与合作论的有机结合，认为企业应当把自己看做是一个企业生态系统的成员，所以，企业竞争优势来源于在成功的企业生态系统中取得领导地位。

这些研究超越了1990年代以前重视竞争而忽视合作的缺陷，肯定了网络在企业竞争优势获取过程中的作用，为研究企业行为和竞争优势提供了新思路。本书就是依据这一原理，探究网络结构对企业竞争优势的影响。

2.2.2 动态能力相关研究

1. 从资源基础观到动态能力观

战略管理领域早期的学者，如安索夫认为企业经营战略的思考应该要衡量环境及内部资源条件，但从 Porter（1980）的研究开始则转变为重视产业环境，认为企业的超额利润是来自于产业特性，而资源基础理论正是对产业观点的再反省，他们认为企业的超额利润是来自于企业内部的诸多独特性、难以交易、难以模仿的资源（Wernerfelt，1984；Barney，1986）。

资源基础理论的支持者认为，企业的资源或禀赋各不相同，个别企业所能运用的资源，由于建立需要花费相当长的时间，同时一些无形资源如商业信誉、企业文化等也不易在市场交易（Direrickx & Cool，1989），在短期内是不易调整。因此，企业若较其竞争者更有效地运用某些资源或优势，在短期内将会有超额利润。从资源角度考虑企业经营战略，首先要确认公司特有资源，决定何种市场会使此资源获得最大的利润，也就是说，企业要先找出其最有价值的资产，然后设法将此资产创造出的价值极大化（Barney，2001），这与 Poter 的产业分析方法相比起来，资源基础观点可说是一种由内而外（inside-out）的思考逻辑。

以资源基础观点来分析企业的研究至今仍非常受学者青睐，许多学者将此观念用来分析特定领域的问题或议题（Barnry et al.，2001），但资源基础观点的问题在于无法充分解释某些企业如何在快速与无法预测的环境变动下拥有竞争优势，且许多知名的公司比如 IBM、德州仪器、Phillips 等在资源基础理论的指导下，有效地运用知识产权来保护其已发展成功的科技产业，但他们都发现这样还不够，还是有许多新兴的企业成功地窜起，使他们必须采取更积极的做法，

也就是要能够培养出反应快速、有弹性、不断推陈出新的组织能力（贺小刚，2006）。此种能力 Teece 称之为动态能力（Dynamic Capability）（Teece et al.，1997）。

2. **动态能力的定义**

表 2.5　动态能力定义汇总表

学　者	定　　　义
Teece et al.（1994，1997）	动态是指企业具有重新建构的能力以符合环境变动，而能力是指适当的采用、整合与重建内部与外部的组织技能、资源与功能的能力以配合环境的改变。因此，动态能力为公司整合、建立与重新建构内部与外部能力以快速回应环境变动的能力。
Helfat（1997）	动态能力是使企业能够创造新的产品与程序以响应市场变动情况的能力。
Luo（2000）	动态能力为具有强大建设资源的能力（持有能力）、有效部署资源的能力（配置能力）以及能持续地创造大量新资源与知识的能力（更新能力），此外，动态能力能帮助企业从现有的资源中提炼报酬以发展出新的能力，进而在国际性的扩展上提供企业新的机会。
Eisenhardt 和 Martin（2000）	动态能力为企业使用资源的过程——特别是整合、重建、获取与释放资源的过程——以配合甚至创造市场的改变，因此当市场浮现、冲突、分裂、成长与死亡时。动态能力能运用组织与战略例规以达成企业新资源的重新配置。
Zollo 和 Winter（2002）	动态能力是一种学习与共同活动的稳定模式，透过组织系统地产生与修正营运例规以追求效能的改善，并认为动态能力来自于学习；它们形成了企业的系统化方法以修正营运例规。
Zott（2003）	动态能力为镶嵌在组织例规上的过程，引导企业资源分配与营运例规的发展。

资料来源：作者根据资料整理。

Teece 等人（1994，1997）将动态能力定义为公司整合、建立与重新建构内部与外部能力以快速回应环境变动的能力。其动态是指企业具有重新建构的能力以符合环境变动，而能力是指适当地采用、整合与重建内部与外部的组织技能、资源与功能的能力以配合环境的改变；Helfat（1997）则将动态能力定义为企业能够创造新产品与程序以响应市场变动情况的能力；Luo（2000）将动态能力定义成建设资源的能力（持有能力）、有效部署资源的能力（配置能力）与能持续地创造大量新资源与知识的能力（更新能力）。此外，动态能力能帮助企业从现有的资源中提炼报酬以发展出新的能力，进而在国际性的扩展上提供企业新的机会；Eisenhardt 和 Martin（2000）则认为动态能力为企业使用资源的过程，特别是整合、重建、获取与释放资源的过程，以配合甚至创造市场的改变，因此当市场浮现、冲突、分裂、成长与死亡时，动态能力能运用组织与战略例规以达成企业新资源的重新配置；Zollo 和 Winter（2000）将动态能力视为一种学习与共同活动的稳定模式，透过组织系统地产生与修正营运例规以追求效能的改善，并认为动态能力来自于学习；它们形成了企业的系统化方法以修正营运例规；Zott（2003）则定义动态能力为镶嵌在组织例规上的过程，引导企业资源分配与营运例规的发展。现在将上述学者对于动态能力的定义整理如表 2.5 所示。

3. “过程—位势—路径” 动态能力

在动态环境下，能力的根源问题成为能力理论的研究核心，针对前期资源观的静态性，许多学者在此领域进行了新的探索，代表性的研究是 Teece 等（1997）所提出的 “动态能力”（dynamic capabilities）观点。他们认为，动态能力是建立差异化的和难以复制的竞争优势的基础，具体包含了三个维度（过程—位势—路径，简称为 “3P” 模型）（见表 2.6）：（1）组织和管理过程（organizational and managerial processes），即企业内处理事情的方式、惯例、当前实践和学习的模式；（2）位势（position），即当前技术与智力产权方面的禀赋、客户基数、与上游和供应商关系等；（3）路径（paths），即有利于企业的战略选择，及未来机会的吸引力。其中，过程和位势两个维度包括了其他学者所谓的能力或胜任。

表 2.6 “3P”动态能力模型

维度	内　容	释　义
过程	协调与整合（对外部活动和技术进行综合）	·联盟与合作等策略 ·难以模仿性、合理性与高度一致性
	学习（组织和个体的技巧）	·具有社会性和集体性 ·发现先机，为组织间的学习提供机会
	重构和转变（对技术和市场进行持续的监察、警觉）	·最小化变革成本 ·分权实现此过程
位势	·技术资产（专利等）受到法律保护 ·财务、声誉、机构和制度 ·互补性资产	·这些资产的战略意义在于它们的企业特性，即内生性，是企业长期积累的产物
路径	·学习是局部的、试错的和不断反馈的 ·技术机会的影响	·企业的发展受限于目前的位势和前方的路径，其目前的位势又由以前的路径决定

资料来源： Teece，D. J.，Pisano，G.and Schuen，A. Dynamic capabilities and strategic management. Strategic Management Journal，1997，18：509-533.

现详细阐述如下：

一是组织与管理程序。Teece 等（1997）认为组织程序扮演了三个重要的角色，分别为协调/整合（一种静态概念）、学习（一种动态概念）及重置/转换（一种转换的概念）。

首先是协调/整合。为组织内部活动的协调和组织外部活动、技术的整合。如果公司愈想取得战略优势，也就是愈需要整合外部活动与技术来支持公司的经营活动。近年来热门的议题，如：战略联盟、虚拟企业、顾客关系管理、供应链管理和技术协同等协调组织内外部活动的战略，便可证明协调和整合的重要性（杨耀杰，2004）。此外，过去相关研究也陆续证实了外部资源整合以及取得的重要性，并显示出管理将造成公司能力差异的观点。Iansiti 和 Clark（1994）针对汽车与电脑生产的新产品开发活动进行公司内部整合、外部整合与动态能力的关系的研究，研究实证结果显示问题解决的相关能力为组织中知识建立的根基，且认为内外部的整合能力为动态绩效的关键因素与企业动态能力的来源。Grant（1996）则认为组织关键性的能力在于其整合知识的能力。此外，Tripsas（1997）研究全球 1886 年到 1990 年的打字机产业技术与竞争变动的历史，其研究发现外部整合能力与不同地理位置的研发中心为影响企业应变外在动态能力的重要因素。延续 Iansiti 和 Clark 的论点，Petroni（1998）以个案分析的方式，针对健康医疗产业的新产品开发活动进行整合能力与动态能力关系的研究，研究结果指出公司内外部整合能力可以协助更新组织的动态能力，并提升组织开发新产品发展的绩效。

其次是学习。Teece 等（1994，1997）认为学习为组织程序所扮演的第二个角色，他们认为学习本身即为一种过程，透过重复与实验能使任务执行更加顺利与迅速，也可发现新的生产机会。此外，也由于动态能力理论分析的主体为企业，而企业能藉由一次又一次的经验积累及环境侦测来修正组织现存的问题，因而能不断地改善自身，因此可以推论 Teece 等（1997）所描述的学习即为组织学习（organizational learning）的概念。Huber（1991）认为组织学习可以分为四个部分：知识取得、咨询扩散、资讯解释，以及组织记忆等。Garvin（1993）则认为组织学习是组织创造、获取和传递知识的过程。Nevis，DiBella 和 Gould（1995）则将组织学习的过程整合成知识取得、知识分享及知识的使用三个阶段。由上述学者对组织学习的诠释可见，从组织学习的过程及结果两方面而言，组织学习有几个重要观点，即组织学习是一种改进的程序，可以提高例行性工作效率及改进技术，也是一种改进的结果，是组织知识的积累，可让组织调适以应付环境的改变（林义屏，2001）。过去探讨学习与动态能力间的关系的研究如 Bierly 和 Chakrabarti（1996）研究美国制药产业，研究资料期间为 1977－1991 年，作者采用动态能力的两个构面——“技术性学习”和“战略弹性”，来探讨动态能力对组织绩效的影响。研究结果发现技术性学习为驱动新产品发展的关键因素；Eisenhardt 和 Martin（2000）以理论论述的方式探讨动态能力，其研究指出动态能力具有共通性，因此无法直接带来竞争优势，且动态能力会随着环境的动态程度不同而有不同的形式。此外，学习机制引导了动态能力的演化。Zollo 和 Winter（2002）的研究中指出动态能力源自组织学习，且是经由经验积累、知识连接和编码过程的审慎学习机制演化而成；Zott（2003）以模拟分析的研究方式，研究动态能力运用的时机、成本、学习是否会影响企业经营绩效，其研究结果显示出并非动态能力直接带来绩效，而是应由其所造成的配置结果带来绩效，且企业间不同的绩效表现受到动态能力的运用时机、成本、学习的影响。

最后是重置/转换。在动态能力的概念下，资源重新配置在动态能力中最关键（Collis，1994），且在动态的环境中，骄傲自满的组织将使其能力受损。因此，Teece 等（1994，1997）指出重新配置资产结构的能力与达成必要外在和内在的转换，这在快速转变的环境中具有显而易见的价值（Amit & Schoemaker 1993；Langlois，1994）。这需要持续地监控市场与技术，以及采用最佳实务的意愿，而重置与转换的能力本身就是一种经由学习而获取的组织技能，因此组织越熟练此能力也就能越早达成目标。此外，Teece 等人也声称企业具有此能力即意指具有高度的弹性。

二是位置。位置是指公司的独特资产，一般公司的战略形态不仅仅是从学习过程、连结内外部程序所产生，也须由公司的独特资产所决定。因此，Teece 等（1997）将此独特资产分成八个资产位置面向，分别为技术性资产、互补性资产、财务资产、信誉资产、结构性资产、制度资产、市场资产和组织疆界。

技术性资产：公司不易被模仿的独特技术，且公司是否具备保护其技术的能力。在动态的观点下，尚包括技术在当时的时点下如何创造价值。

互补性资产：协助公司主要活动执行的相关资产及能力，如具有竞争力的制造、行销、配销与售后服务等。Helfat（1997）针对 1976 年到 1981 年间的美国的石油产业资料进行专门技术、互补性实体资产与动态能力累积关系间的研究，其研究结果显示互补性技术知识、互补性实体资产与其他知识和资源对于动态能力的累积具有正向显著的影响。

财务资产：公司短期的现金状况与杠杆的程度，以及公司理财的态度与原则，也是与其他资产间互动关系的基础。

信誉资产：公司良好的声誉会影响外部关系者对公司目前资产与能力的综合评价和未来可能采取行动的综合看法，进而影响企业内部资源调整的方向。

结构性资产：利于组织做出正式与非正式的结构及制度安排。

制度资产：利于公司运营之政府政策、奖励制度及法规，透过制度性资源可发现部分存在与国家之间的差异，将影响企业对地理位置的选择。

市场资源：此为产品市场的位置，意指企业在市场的地位以及产业分析所强调的重点。

组织疆域：意指企业的整合的程度（垂直、侧面和水平），界定组织范围能帮助组织灵活运用其他资源与能力，但最终目的仍在于组织拥有高度的弹性以进行动态的修正。

三是路径。Teece 等（1997）所定义的路径为企业从现有的专属资产地位、组织与管理程序发展到新的专属资产地位、组织与管理程序的移动轨迹，并将路径的意义归纳为路径相依性（path dependencies）与技术机会（technological opportunities）。

路径相依（path dependencies）：组织目前的位置（position）通常会反映出过去的战略轨迹。强调的是企业过去的所作所为，将对未来产生深远的影响。King 和 Tucci（2002）研究 1976 到 1996 年硬碟产业的次级资料，探讨企业在现行市场的经验与过去经过大改变的经验是否会影响其进入新市场的几率。而其研究结果发现先前市场的经验会增加企业进入另一个新市场的可能性。

技术机会（technological opportunities）：指企业过去的科技机会将影响企业未来在特定领域中产业行为的持续。

值得注意的是，Teece 等（1997）已经开始强调管理者应不断地重构已拥有的资源和能力，管理者应能根据企业的具体情况识别自己的独特能力，以决定进入何种经营领域以及进入的时机，并且管理者还应将注意力集中于企业内部的过程，以增强技能、能力和特定资产作为战略的核心，并最终通过投资决策以决定企业组织能力未来的发展方向。

动态能力在一定程度上克服了上述核心能力的某些不足，强调“动态能力—制造产品的能力—产品（市场）”之间的逻辑关系。更重要的是，这种观点将战略管理与企业家精神结合，强调不断创造新的组合、不断改善组织能力或模仿高能力的竞争者等动态过程的重要性，这些过程驱动了创造性破坏。企业改善其差异化能力在形成持续竞争优势中起了关键作用。在未来世界极不确定的情况下，决定哪种路径及何时改变路径是战略管理的中心问题，而这又势必由“能人”才能够得以实现，由此也足以看出 Teece 等（1997）强调了 Wernerfelt（1984）所谓的要对资源进行动态管理的观点。但至今企业家对竞争优势的贡献，则未在此“3P”模式中体现出来。

3. 对“3P”模型的拓展

（1）“独特流程”观

Teece 等（1997）的动态能力观解决了资源观中的静态分析等问题，但仍旧存在难以检验等不足。Eisenhardt 和 Martin（2000）将独特的流程作为动态能力中有些动态能力整合了各种资源，如产品开发。通过这一流程，管理者就可以组合他们不同的技能，以形成可带来收入的产品和服务（Heltfa & Raubitschek，2000），如丰田公司就是利用其产品开发技能而获得竞争优势的。相似地，战略决策这一独特流程也是动态能力，通过它，管理者可以集合不同的业务、功能和个体经验，以作出选择。

表 2.7 “3P”动态能力与“独特流程”动态能力之比较

	传统动态能力观	新动态能力观
含义	学习惯例的惯例	管理者用以转变资源基础的独特组织及战略的过程
异质性	异质性(如企业专有的)	细节上有些异质性的共性
模式	详细的、可分析的惯例	依赖于市场变化,从详细的可分析的惯例到简单的可加以检验的惯例
结果	可预测	取决于市场变化,可预测或不可预测
优势来源	源于有价值的、稀缺的、不可替代、难以移动的动态能力	源于有价值的、稀缺的、结果等同的、可替代且可互换的动态能力
演化过程	独特的路径	通过学习机制形成独特路径

资料来源：Eisenhardt，K. M. and Martin，J. A. Dynamic capabilities：what are they? Strategic Management Journal，2000，21：1105−1121.

将独特的流程作为动态能力有几个意义：其一是明确地指出了动态能力是一种学习机制，组织学习将指导动态能力的进化；其二是有利于经验研究，而这在其他能力范式中一直被忽视；其三是根据生产、制造、产品开发等功能关系而将动态能力界定为资源调整和组合活动，如此，它们的价值观则独立于企

业的绩效，这就回避了根据绩效来定义动态能力的同义反复性问题；其四是突出了管理者在获取动态能力过程中的作用，指出资源成为竞争优势的四个特性在动态市场中是不可能实现的，即真正的优势在于管理者比对手更快、更准和意外地创造有优势的资源组合。在快速变化的市场中，管理者不仅要克服外部竞争挑战，还要克服内部可能潜在地摧毁动态能力的挑战，所以，管理者应创建一系列暂时的优势。

（2）动态能力内生机制

也有些学者采取类似于 Nelson 和 Winter（1982）进化论的数据模拟法，对动态能力进行探讨。如 Scholl（2001）通过采取计算机模拟的方法，探讨了能力的源泉问题。他将内生因素，如资源、能力等，以及外生的因素，如竞争压力、业务生命周期等纳入其模型，以揭示企业动态能力发展中所隐藏的源泉，进而发掘企业成长的根源。结果发现，相对于外生因素，内生因素才是企业长期生存的强有力的因素。不仅如此，Scholl（2001）的研究模型还集中于内生的源泉，在一个准实验背景下，在利用不同方程式的模型的基础上，探讨了企业搜索和更新能力（search and renewal capabilities）中的知识积累过程及源泉问题。该能力演化模型描述了多个导致企业生存或死亡的因素之间的相互依赖性，强调了能力的系统性，即"资源流入—资源筛选—资源流出—资源积累"之间的逻辑关系。但该模型并没有考虑到物质资产的供给方、购买方以及竞争性的产业方面的情况，自然也就忽视了介于组织与市场之间的企业家的作用。

（3）市场异质性与动态能力

战略管理的中心原则是将环境条件与组织能力、资源相配应，所以，战略管理者的工作就是发现或创造这种配应。而前期能力理论将价值作为外生决定因素，这就大大地限制了该理论的发展。所以，战略管理必须结合环境需求模型，对企业内部与外部，即组织与市场、资源与产品，同时进行分析。环境模型现已受到一些学者的关注，例如 Hunt（1997，2000）、Hunt 和 Morgan（1995）。他们基于 Alderson（1957，1965）的市场"一般性理论"，即异质性资源在其自然状态下如何通过一系列类似于波特价值链的功能分类而与顾客需求的异质性相结合，提出了所谓的"资源—优势理论"（resource-advantage，简称 R-A），该模型将企业作为由异质的、不完备的移动的资源所组成的集合，作为异质性产品的生产者；同时指出，由于需求在企业内和产业之间都是异质性的，所以，企业必须为同一产业的不同市场提供不同的产品；并认为，影响到竞争过程的要素包括社会资源、社会制度，竞争者和供应者的行动，消费者的行为及公共政策的决策等多个方面，即竞争优势的模型应该得到进一步的拓展。

Srivastava，Fahey 和 Christensen（2001）也基于市场这一层面，指出能力理论应该考虑到市场营销活动，即应强调市场关系资产的重要性，强调创造性价值的来源，强调由于竞争过程（发展新产品、革新渠道及采取新的方式以迎合顾客）所带来的组织学习机会。这样才能避免能力理论过于关注企业内部，而忽视产品市场及价值的实现。

综上所述，动态能力理论试图解决的最核心的问题就是，当企业处于变化的环境中时，应该如何更新资源位势以保持与环境的一致性。所以，从动态能力理论来看，企业必须不断地以新的位势源泉去替代前期所确定的竞争优势的源泉，进而促进企业的动态成长，这也就必须借助有关调整、整合及重组企业内部活动与外部活动的组织技巧、资源。但资源的形成是在一个复杂的路径依赖过程中发展的（Barney & Zajac，1994；Dierickx & Cool，1989），动态能力理论的支持者做出了深入的探讨，但并没有完全解释和预测这个成长路径（Pettus，2001）。如果要开发动态能力的话，组织学习就成为关键，这又是进化论的研究重点。在实证研究方面，许多动态能力的支持者在提出组织能力、核心能力和动态能力等核心概念的时候，大多以案例研究为主，或者只进行理论上的探讨，而未加以检验。动态能力的理论和实证研究见表 2.8 所示。

表 2.8　动态能力的相关研究情况

作者	方法	研究焦点	分析样本	样本时间
Helfat（2010）	定量	探索专有知识与和其他资产与研发能力的关系	美国 25 家最大的能源企业	1976–1981
Camuffo 和 Volpato（2010）	定性	菲亚特在三个阶段的战略演化和能力发展	菲亚特案例	1970s–1990s
Tripsas（2009）	定性	通过关注企业动态能力的发展来关注技术能力的开发与创新	打字机行业 Linotype 的案例研究	1870s–1990s
Majumdar（2009）	定量	文化主导的大企业是否能随时间来转换能力	39 家美国大型电信企业	1975–1990
Deeds 等（2008）	定量	从动态能力视角关注新产品开发的决定因素	94 家生物制药企业	不详
Pisano（2008）	定性	探索组织学习在能力构建中的作用	4 家生物企业的纵向案例研究	不详

续表

作者	方法	研究焦点	分析样本	样本时间
Madhok 和 Osegowitsch (2008)	定量	关注技术扩散的两个方面与能力的关系:组织形式和技术的地理分布	美欧生物企业的跨国交易	1981–1992
Griffith 和 Harvey(2007)	定量	整合资源观与市场观,理解动态能力的国际发展	美国海外制造企业	不详
Spanos 和 Lioukas(2007)	定量	验证了竞争优势的综合模型,整合了 Porter 和 RBV 框架	147 家希腊企业	不详
Rindova 和 Kotha(2007)	定性	关注组织形式、组织功能与竞争优势如何动态演化	Yahoo 和 Excite	1994–1998
Lampel 和 Shamsie (2007)	定量	关注好莱坞电影业能力的演进	选择行业内的 200 部影片	1941–1948; 1981–1988
Alvarez 和 Merino(2007)	定量	关注受资源和能力影响的组织的演化过程和适应机制	西班牙贷款机构	1986–1997
Verona 和 Ravasi(2006)	定性	关注基于动态能力的企业知识创造、吸收、整合以及再配置过程	Oticon 助听器案例研究	1988–1999
Athreye (2005)	定性	关注服务能力的演化及其内外部影响因素	印度软件行业	1970s–2000
Newbert (2005)	定量	基于动态能力视角研究企业的创建	817 家美国新创企业(8 年及以下)	不详
George (2005)	定量	探究实验性学习对能力开发成本的影响	Wisconsin 研究中心专利及许可证的行为	1924–2002
Lazonick 和 Prencipe (2005)	定性	分析了战略与融资对创新能力的影响	劳斯莱斯与英国高科技制造业	1960s–2005
Mota 和 de Castro(2004)	定性	关注企业边界的演变与动态能力的发展	葡萄牙模具行业案例	1968–1975

资料来源:作者根据资料整理。

2.2.3 竞争优势相关研究

企业竞争优势并不是一个新课题，它一直是战略管理学的主要研究问题。“竞争优势”概念最早由英国经济学家张伯伦（E. Chamberlin）在1939年提出，而后，Hofer和Schendel把它引入战略管理领域。直到20世纪80年代中期，哈佛商学院的迈克尔·波特教授才开始对竞争优势进行系统和深入的研究。

关于“竞争优势”，到目前为止还没有统一、明确的定义，不同的学者因采用不同的研究视角而提出不同的定义。Hofer和Schendel（1978）把竞争优势定义为“组织通过调配其占有资源而获得的相对于其竞争对手的特定的市场位势”。Barney（1991）认为，当一家企业能够实施某种价值创造战略，而任何现有和潜在竞争对手都不能实施时，就可以说该企业拥有竞争优势。Porter（1985）认为，企业竞争优势产生的基本前提在于，企业利用各种手段所创造的价值超过为创造这些价值所付出的成本。Ma（2000）把竞争优势定义为企业在市场竞争过程中表现出来的超越或胜过竞争对手并能够在一定时期内创造超额利润或实现高于行业平均水平的盈利的属性或能力，这一定义解释了竞争优势的来源，即制度与企业能力。以上几位学者把经济学研究成果与战略研究成果整合了在一起（参见图 2.8）。长期以来，竞争优势的来源、竞争优势的持续性以及竞争优势与企业绩效和成长之间的关系等，一直是学者们关注的焦点问题。虽然许多学者对第二个问题（即竞争优势的持续性问题）进行了深入的研究，但并没有得出明确的一致性结论。在有关这个问题的研究中，Schulte（1999）按竞争优势的发展序列把竞争优势分为效率、功能和持续性三个维度。效率维度主要从成本角度去考虑企业的行为；功能维度主要从资源的角度去研究资源对竞争优势的影响；而持续性维度则主要从顾客、供应商和企业专有能力（specific capabilities）的角度去研究企业竞争优势的持续性问题。很明显，持续性维度反映了竞争优势的动态性特征，也解释了一些学者把动态能力视为持续竞争优势源泉的原因。借鉴上述研究，本书把持续竞争优势定义为企业为实现既定目标，通过整合异质性资源，构建整合性能力，并根据环境变化不断增强动态能力以回应并满足市场需求而展现的优于竞争对手的特质，“持续性”和“动态性”体现了竞争优势在实践上的延续和变化。

关于竞争优势的研究，主要集中在三点：一是竞争优势的来源问题；二是竞争优势的持续问题，三是竞争优势与企业绩效和成长的关系问题。不同的学者又有不同的研究与观点，本书对这些观点进行简要分析。

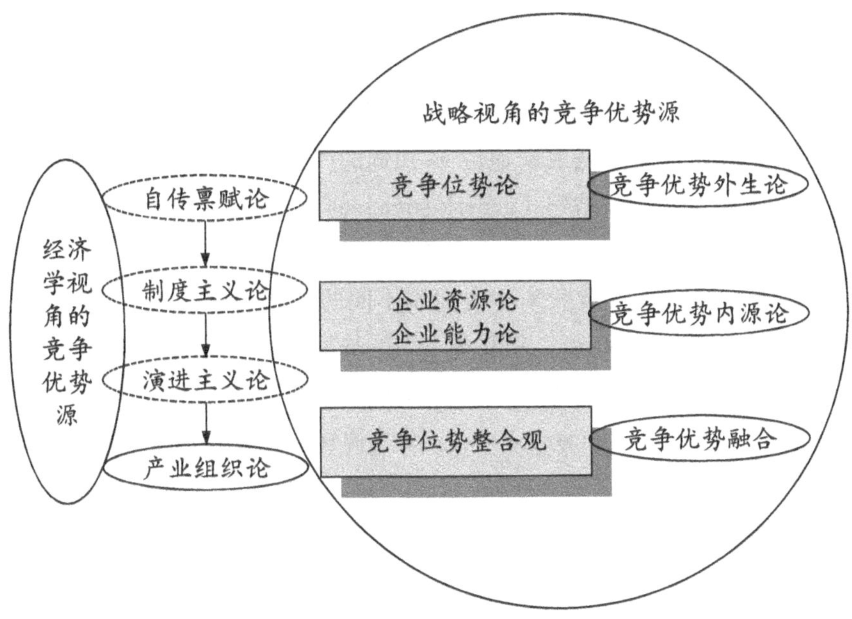

图 2.8　企业竞争优势研究成果

1. **竞争优势与竞争战略**

企业组织存在的目的不仅是为了生存，更重要的是透过竞争优势的取得以达成获利、成长与发展的目标。Barney（2002）认为，企业在产业或市场上执行其他企业未执行的价值创造策略时，即称此企业拥有竞争优势。拥有竞争优势的企业可以获得超常利润（above-normal profits）。Reed 和 DeFillipi（1990）认为，企业竞争优势来自于内部能力（competencies）的因果模糊性，因此以此为基础的竞争优势可以导致卓越的财务绩效。而 Porter（1985）则认为企业竞争优势来自所创造的顾客价值超过该价值的生产成本，经由成本领导与差异化策略可获得超平均绩效（above-average performance）。从以上分析可知，企业的竞争优势与超常绩效是相互连结的，因此企业为了获得竞争优势以产生卓越的经营绩效，必须发展适当的竞争策略。

有关过去被广为接受的企业竞争战略研究途径（approach）有三种。首先是 Miles 和 Snow（1978）以企业组织的创业（entrepreneurial）、管理（administrative）以及技术（technical）三个构面为基础，区分成三种成功的战略类型（strategy typology）：（1）防卫者（defender），即甚少或没有进行产品市场发展，主要的竞争基础是价格、品质、配送或服务；（2）前瞻者（prospector），即领先新产品或市场发展；（3）分析者（analyzer），即其创新较前瞻者少，但较防卫者具有动态性。此外，也确认出绩效较差的反应者（reactor），即未发展出稳定与一致的策略。

其次，Porter（1980）则以目标市场的范围（例如广范 vs 区隔集中）以及战略性竞争优势来源（例如低成本地位 vs 知觉的产品差异化）确认出可发展持续竞争优势的三种基本竞争战略（generic strategies），即成本领导（cost leadership）战略、差异化（differentiation）战略以及集中（focus）战略。

第三，Hunt（1972）及后来学者运用不同的战略构面，将产业划分成不同的战略群组（strategic groups），并发现不同的战略群组之间其绩效显著不同。具有竞争优势的战略群组由于受到移动障碍（mobility barriers）的保护，因此拥有较佳的绩效（McGee & Thomas，1986）。而此种移动障碍所代表的即是卓越战略型态的竞争优势来源。

以上这些竞争策略研究的焦点主要集中在如何经由竞争战略的制定与执行以创造出不完全竞争的产品/市场，从而获得超常报酬。但事实上，企业的绩效并非单凭其竞争战略即能获得竞争优势；资源基础理论认为更重要的是企业应审慎评估本身的资源与能力是否足以支持其竞争战略（Barney，1986；Grant，1991）。

虽然资源基础观点认为企业竞争优势是来自于拥有价值（valuable）、稀少（rare）、不可模仿（inimitable）以及不可取代（nonsubstitutable）的资源（resources）与能力（capabilities）（Amit & Schoemaker，1993；Barney，1991； Prahalad & Hamel，1990），但近年来，知识基础观点（Knowledge-Based View，以下简称KBV）学派却更进一步指出，这些资源与能力是建立在企业组织的知识资产上（Grant，1996）。此种战略管理新典范不仅视企业组织的知识为战略性资产与能力，同时也使得有关企业竞争优势与竞争战略的研究焦点随之移转至知识管理的相关议题上。

2. 竞争优势与企业创新

虽然竞争优势是一个较为抽象的概念，但创造或维持企业竞争优势的资源和能力确是存在的。企业的竞争优势必须依赖于这些条件，但是，仅仅拥有这些东西还是不够的，企业需要对这些资源和能力进行新的匹配，即创新。

在熊彼特提出了创造性毁灭的概念之后，许多学者认为，新型的市场竞争不再是价格的竞争，已经转移到了创新竞争上，尤其在动荡的市场环境中，企业的创新决定了企业产品的竞争力。而这种竞争力可以直接导致企业竞争优势的改变。

在激烈竞争的市场上，企业只有不断地创新，不断地否定自己，才能在面临竞争时积极开发新的产品，提供新的服务，优化竞争策略，开拓优质渠道，并突破现有的研发限制，这就能够占据处于相对优势的地位。因此，企业被动地回应竞争，必然会被竞争者打败。企业只有积极地创新，利用创新来保护自己，回应对手的挑战，才能在市场中取胜。

因此，我们可以看到，企业竞争优势的实质就是将内部的创新行为与外部环境的变化相结合，这才是竞争优势持续的基础。

3. 企业竞争优势的来源路径

（1）竞争优势外生论

在 20 世纪早期，古典经济学派的代表人物亚当·斯密、大卫·李嘉图等人从比较优势理论出发，认为通过建立比较优势来保证企业的竞争优势是一条保障本国经济发展的基本路径。

而产业结构理论的代表人物迈克尔·波特，从产业“五力”的角度提出了影响企业竞争优势的五个条件。这种观点认为，企业的竞争优势来源于外部环境，企业能否获得竞争优势完全取决于企业的战略与环境的匹配度，这种观点具有宿命论思想，将外因看做是竞争优势的决定性因素而忽视了内因的作用。

组织生态经济学将达尔文的自然选择学说引入企业的竞争分析，认为企业经过优胜劣汰，能够适应外部环境变化的企业就是竞争优势最强的企业。这种观点同时强调了企业之间的联合与合作。但是仍旧将企业竞争优势的来源看做是源于外部种群。

（2）竞争优势内源论

Barney（1991）从资源基础观的角度研究了企业竞争优势的来源，他认为完全将竞争优势的来源定位于外部是不对的，企业的内部资源才是企业竞争优势的来源。资源观也将寻找竞争优势的根源作为研究的第一要务。认为有价值的、稀缺的、不可替代和不可模仿的资源才是企业竞争优势的来源，尤其是一些重要的异质性资源。企业可以利用这些资源生产出低成本或异质性的产品以满足顾客的需求，这是企业利润的源泉。资源观认为，企业的竞争优势来源于企业内部所控制的资源，外部的市场环境虽然会对竞争优势产生一定影响，但它只是辅助因素，并不是决定竞争优势的因素。同样，能力观认为，企业的能力才是企业竞争优势的来源，它从企业内部能力演变的角度分析了竞争优势的演进。

由此可见，企业的竞争优势既受外部因素的影响，又有内部因素在起作用，它是内外部因素的结合体。因此，我们不能简单地将企业的竞争优势的形成完全取决于外部环境的影响，也不能仅仅将其归结为受企业内部资源、能力以及创新等的影响。因此，企业竞争优势既有内生性来源，又有外生性来源，如图2.9所示。

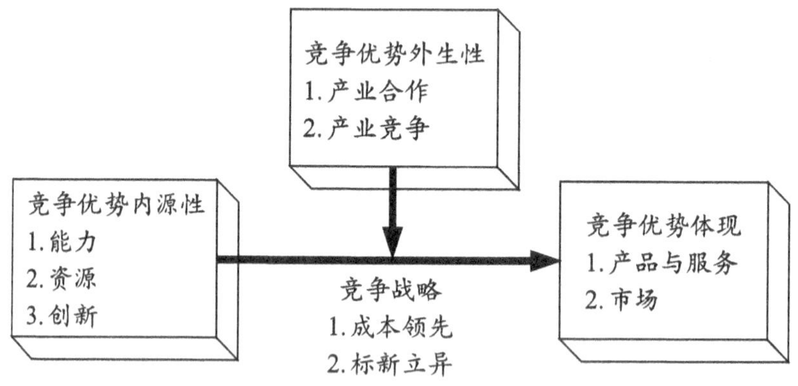

图 2.9　企业竞争优势的来源

4. 企业竞争优势的形成路径

企业竞争优势的形成路径主要经过以下几个基本步骤：愿景的形成与战略的制定、资源整合与能力的配合、流程的设计与运用、产品与市场的开发。通过这些步骤，企业的竞争优势才能最终形成。

（1）基于愿景与战略的企业竞争优势

企业的愿景是企业构想的在多少年之后希望达到的状态，这指导着企业的发展和战略的指导。企业战略是企业根据市场的发展和企业的实际，在远景的基础上制定的计划或策略。企业竞争优势的形成都离不开企业的愿景和企业的战略。这也是竞争优势形成的第一步

（2）基于资源与能力的企业竞争优势

基于资源与能力的企业竞争优势决定了企业竞争优势的持续性和可维持性。作为企业生存与发展基础的资源是企业经营的必备物质，更是企业能力的来源和能力发挥作用的基础。企业控制的异质性资源和战略资源是企业竞争优势的来源。而企业能力是企业深层次的战略资源，它是无形的，但是这种无形资产决定了企业竞争优势的持久性。只有把企业的资源进行整合，加以利用，才能够完善企业的能力。资源与能力紧密结合才能构成企业竞争优势的来源。

（3）基于过程的企业竞争优势

企业的经营必然要经过一定的过程，而企业独特的过程能够成为企业竞争

优势的来源之一。一些企业建立了增值性的运营过程，这种过程帮助企业整合了各类优质资源，将各类能力一体化到企业的生产中。基于过程的企业竞争优势是可以被竞争对手模仿的，但是，通过过程将独特的资源与能力整合在一起的行为却是无法模仿的。因此，基于过程的企业竞争优势是企业维持其市场地位的有效工具。

（4）基于产品市场的企业竞争优势

产品与市场层面上的竞争优势不是竞争优势的来源，而是竞争优势的结果。产品在生产和销售过程中所形成的独特的能力，是企业实现其价值的基础，也是企业获取高额利润的前提。在此过程中所形成的差异虽具有模仿性，但却是对手很难在短时间内模仿和学习的。因此，基于产品市场所形成的竞争优势虽然不具持久性，但是它能够为企业带来短暂的优势。

总之，根据企业竞争优势形成的四个步骤，我们可以看出，企业竞争优势的形成是这四个步骤一体化的过程，这四个步骤缺一不可。由此形成的竞争优势就有稳定性和持续性。其基本的逻辑图如 2.10 所示。

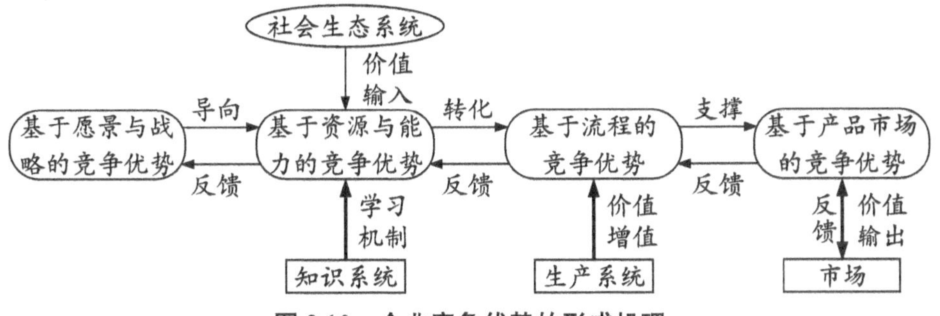

图 2.10　企业竞争优势的形成机理

5. **竞争优势综合观**

如前所述，理论界从不同的角度、不同的层面对企业竞争优势源进行了阐述，并形成了诸多观点。但这些观点具有交叉性。从战略管理的角度，从内外因素结合的视角探讨竞争优势的培育和塑造并不是一个新话题，安德鲁斯早在 20 世纪 60 年代就提出了内部优势和外部机会相结合的 SWOT 分析框图。遵循这种逻辑，一些研究人员试图将企业能力与产业环境研究相结合，探讨内外源力量的共同作用对企业竞争优势的影响。这种融合的观点认为，企业的竞争优势应该是企业各项能力的整合，其目的是形成企业组织内部和外部的良好沟通和交流。企业内部各种资源的协调配置形成了竞争优势的基础，但这种内源优势必须与产业环境相结合来发挥效力。Teece 等（1997）的动态能力理论，虽然被认为是能力理论的一个分支，但其观点中已经体现出了内外部力量的结合。该理论兼顾企业的内部和外部来考察企业的战略问题，认为动态能力的组织过程是重组资源的过程，即根据环境的变化重新在企业内分配和使用内外部资源，企业还可以通过学习获得和使用外部能力，这种观点对现实的战略联盟趋势给予了解释。

6. 不确定环境下企业竞争优势差异分析

上述企业竞争优势的诸多观点都不能完整地解释企业竞争优势差异的成因，也无法独立解决不确定环境下企业如何营造和保持竞争优势的问题，但并不说明他们对企业竞争优势差异的形成没有解释力。实际上，如何通过调整利益关系和培育核心能力来帮助企业在竞争中赢得优势一直备受理论界和企业界的关注。问题在于，企业经营环境发生着巨大的变化，而这种变化的速度越来越快。不确定环境客观上要求企业在战略上具有相应的动态化的响应核心竞争优势的源泉。因此，影响企业竞争优势的并不是是否拥有某种核心能力或者合理的利益关系，而是对市场趋势的预测和其使用的战略能否迅速地将核心能力与变化的环境相结合，是否能够使其内部系统作出最快的调试以支持核心能力作用的发挥。而企业动态能力具有的快速反应性、灵活性和内部系统动态性将会使企业具备动态行为特征。能在环境与自身优势之间寻求到一种从资源、网络、能力制度到内部系统的动态适应性，超越了大规模生产所带来的传统竞争优势，不断寻求和获取新的竞争优势，保持对环境的快速适应性，从而实现企业优势绩效的营造，实现企业的持续成长，这就是企业拥有动态能力的最基本的要求。

2.2.4 资源、能力与竞争优势

作为战略管理重要理论的资源观、能力观是 20 世纪 50—90 年代兴起的主要理论，它不仅被认为是竞争优势的来源，也被认为是企业竞争力提升的关键要素，指导着企业战略的制定与实施。上世纪 80 年代末 90 年代初兴起的战略资源学派认为，企业战略的主要内容是如何培育独特的、专属的战略资源以及最大限度地优化配置这种战略资源的能力，使企业获取持续竞争优势，提升企业竞争力。在企业竞争实践中，每个企业的主要资源和能力是各不相同的，同一行业中的企业也不一定拥有相同的资源和能力。这样企业战略资源和运用这种资源的能力方面的差异，就成为企业竞争优势的源泉。20 世纪 80 年代，Cool 和 Schendel 通过对制药行业许多企业的研究，进一步确定了企业的特殊能力是

造成它们技术差异的重要原因。1990 年，Plahalad 和 Hamel 在对世界上众多优秀公司进行研究的基础上提出：竞争优势的真正源泉在于“管理层将公司范围内的技术和生产技能合并为使各业务可以迅速适应变化机会的能力”。战略资源学派认为，每个组织都是资源和能力的结合体，这一结合体形成了企业竞争战略的基础。因此，企业竞争战略的选择必须最大限度地有利于培植和发展企业的战略资源，战略管理的主要工作就是培植和发展企业对自身拥有的战略资源的独特的运用能力，即核心能力。核心能力的形成需要企业不断地积累战略制定所需要的各种资源，需要企业不断地学习、不断地创新、不断地超越。只有在核心能力达到一定水平后，企业才能通过一系列组合和整合形成自己独特的、不易被人模仿和替代的战略资源，才能获得和保持长久的竞争优势，以保证企业竞争战略顺利而有效的实施。但是核心能力也出现了一定的局限性，Teece 等（1997）年提出了动态能力的概念，弥补了这一不足。总之，企业资源、能力、竞争优势和企业战略的关系可用图 2.11 表示。

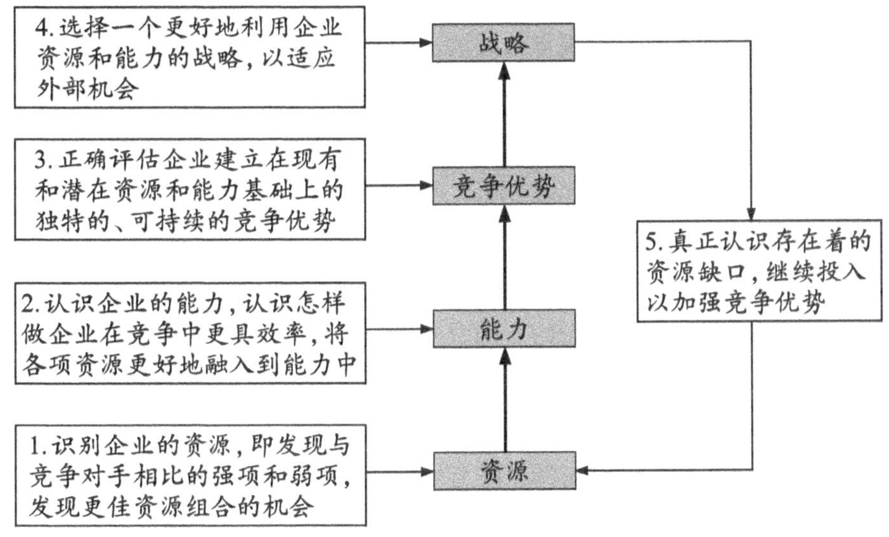

图 2.11 资源、能力、竞争优势与战略关系图

通过梳理过去近三十年的战略管理相关理论，尤其是资源基础观和能力观，本书发现，从内生视角探讨企业竞争优势的研究视角主要有资源基础观、能力基础观以及动态能力观三种。这三种研究视角互相关联，呈现一种递进式演进关系，后者的出现在一定程度上是为了弥补前者的不足，既是对前者的继承，更是对前者的延伸与拓展。下面对基于上述三种视角的竞争优势研究进行脉络梳理。

（一）基于资源基础观的竞争优势研究

最早关注资源与竞争优势关系的学者是 Penrose（1959），因此，Penrose 是资源基础观的奠基人。但是，Barney（1991）对资源与竞争优势两者之间的关系进行了深入的阐述。Penrose 提出了“资源——能力——成长”的分析范式，揭示了企业成长的源泉与动力。在 Penrose 看来，企业成长的决定性因素在企业内部，企业成长的原动力在于企业资源所形成的“生产性服务能力”，企业对这些能力的充分利用与开发是促进企业成长的最重要原因。由于能力只能产生于资源的使用过程，因此，每家企业的能力都是每家企业特有的、异质的，并且能为企业带来成长机会。由此可见，在 Penrose 的内生成长理论中，企业成长的源泉是企业的能力，而能力来源于企业的资源。Penrose 的企业成长理论最具革命性的贡献在于把“资源”与“能力”区分开来，并明确地将能力界定为企业成长与竞争优势的源泉。Penrose 对企业成长源泉的探寻为日后研究资源与竞争优势的关系指明了方向，但同时也导致了观点分歧：资源与能力何者才是企业竞争优势的源泉。造成这种观点分歧的原因在于 Penrose 把资源与能力区分开来。这种资源—能力二分法造成了这样一种错觉：资源与能力可以分别独立存在，资源是能力的基础，能力是依靠资源而形成的。

基于 Penrose 的研究，Barney（1991）把企业看作异质性资源组合，并且认为有价值、稀缺、不可模仿和不可替代（valuable，rare，inimitable & non-substitutable，以下简称 VRIN）的资源能够为企业带来竞争优势。在 Barney（1991）看来，资源在企业之间的分布是不均匀的，而且不能完全流动，因而，企业具有异质性（Wernerfelt，1984）。企业所拥有资源的特性（即 VRIN）决定企业应该进入哪个市场、企业最终能够获得什么样的竞争优势以及竞争优势能够持续多久。而能力只是企业的一种独特资源而已，资源与能力都是企业的战略性资源（strategic resource），对企业战略的有效实施起到极其重要的作用。在战略实施的过程中，企业应该通过培育和开发这些战略性资源来改善运营效率和效果。

凡是基于资源基础观点探讨竞争优势的学者（如 Penrose，1959；Barney，2001；Wang & Ahmed，2007）都把竞争优势视为一种独特且差异化的能力，企业只有拥有这种优势才能在激烈的竞争中击败对手。而成功的企业之所以能够取得成功，就是因为它们拥有某种位势，即某种竞争对手所没有的某些独特资源与能力的组合，这种组合是促进企业成长并占领市场地位的基础（Wernerfelt，1984），更是企业获取竞争优势乃至持续竞争优势的关键。

上世纪九十年代末，随着全球产业结构的调整和竞争的不断加剧，RBV 因缺乏动态性且忽略了市场动态变化对企业成长的影响而饱受质疑。有学者（Eisenhardt & Martin，2000；Priem & Butler，2001）认为，单靠资源是无法维系持续竞争优势的，企业应该不断提升能力来利用资源。能力理论因其解释了企业资源的演化特性而逐渐受到学者们的关注（Teece et al.，1997；Eisenhardt & artin，2000；Zahra & George，2002）。在企业竞争优势研究中，资源观开始向能力观转化，同时两者也出现了合流之势。

（二）基于能力基础观的竞争优势研究

上世纪九十年代，一些学者（Prahalad & Hamel，1990；Lynskey，1999）提出了企业能力观。他们认为，企业能力就是竞争优势的组成与来源。能力观着重强调核心能力和竞争能力这两种能力是竞争优势的基础。核心能力根置于集体学习（collective learning）过程，是企业通过不断学习而形成的一种能力，并且通过企业的生产活动和流程呈现出来（Prahalad & Hamel，1990）。企业利用核心能力这种独特的能力，可以培育自己的能力体系，而企业基于内部资源和核心能力组合而成的能力体系不仅是异质的，更是企业特有的，往往能为企业带来持续的竞争优势。而竞争能力之所以能够成为竞争优势的来源和组成部分，主要在于这种面向外部的能力能够确保企业窥视竞争对手的战略全貌，为企业应对竞争赢得时间（Runyan et al.，2009），这也是获得竞争优势的外部基础。通过整合面向内部和外部的不同能力，企业才可能构建并维系持续竞争优势，才能在市场上展示与众不同的竞争力。与资源基础观相比，能力基础观更加强调培育和保持与企业长期成长相关的能力的重要性，更关注集合（collective）能力。

（三）基于动态能力观的竞争优势研究

能力基础观虽然在一定程度上也体现了能力的动态性，但没有结合外部环境来分析企业竞争优势的来源。外部环境的急剧变化迫切需要新的理论来解释竞争优势的来源和持续性问题。在 RBV 和核心能力理论的启发下，Teece 和 Pisano 于 1994 年在 *The Dynamic Capability of the Firm：An Introduction* 一文中提出了动态能力概念，随后动态能力观就为越来越多的学者所关注，它与竞争优势的关系也引起了学者们的重视（Eisenhardt & Martin，2000；董保宝等，2011；焦豪，2011），关于动态能力与竞争优势关系的研究逐渐形成了基于“3P”的动态能力与竞争优势关系、基于“过程论”的动态能力与竞争优势关系以及基于“知识创新论”的动态能力与竞争优势关系等三大视角。

1. **基于"3P"的动态能力与竞争优势关系。**

根据 Teece 等（1997）提出的"3P"动态能力观，动态能力是建立差异化的、难以复制的竞争优势的基础，具体包含三种类型（过程、位势、路径，简称为"3P"）：（1）组织和管理过程（processes），即企业内部处理事务的方式、惯例、当前实践和学习模式；（2）位势（position），即当前技术与知识产权方面的禀赋、顾客基数、与上游供应商的关系等；（3）路径（paths），即有利于企业做出战略选择及认知未来机会吸引力的方式。其中，过程和位势两个维度包括其他学者所说的能力或胜任力。在 Teece 等界定的动态能力中，"动态"强调企业在外部市场变化、技术生命周期不断缩短以及未来竞争和市场难以预测的情况下应该如何通过提升内部核心能力来应对这些动态变化，进而实现内外部环境的适应与匹配；而"能力"（capability）不仅强调了组织对内部资源和能力的重构性整合，更为重要的是强调能力对外部环境的适应。因此，"动态"与"能力"的组合便成为企业持续竞争优势的来源。表 2.9 展示了"3P"与竞争优势的关系。

表 2.9 "3P"动态能力与竞争优势的关系

类型	内　容	与竞争优势的关系
过程	协调与整合(对外部活动和内部技术进行综合)	协调外部活动与内部技术、资源和知识，以应对外部环境变化
	学习(个体学习与组织学习的整合)	通过个人学习来提升组织能力，由个人学习向集体学习转变；通过学习把组织惯例内化于员工的行动中，通过内部学习来构筑竞争优势
	变革与更新（加强警觉性，监察市场）	加强企业内部柔性与变革，重构与整合资源和能力，提升企业市场敏感性，夯实企业构筑竞争优势的外部基础
位势	技术资产（专利等）、财务、声誉、机构和制度，互补性资产	这些资产的战略意义在于它们的企业特有性，即内生性，是企业长期积累的产物，一些特定资产难以商业化，不能或几乎不能在市场上交易和流通，可以成为竞争优势甚至是持续竞争优势的来源
路径	学习是局部性的、试错性的和不断反馈的，技术机会的影响	企业的发展受限于其当下的位势和前进的路径，当下位势又由以前的路径决定，因此竞争优势具有路径依赖性，取决于企业原有的位势基础

资料来源：作者根据 Teece 等（1997）的资料整理。

2. 基于“过程论”的动态能力与竞争优势的关系。

Eisenhardt 和 Martin（2000）提出了动态能力“过程论”，并且探讨了作为过程的动态能力与竞争优势之间的关系。他们认为，动态能力涉及企业业已形成的常规过程。动态能力包括整合资源、配置资源、获取资源和让渡资源的过程能力，这四种过程能力构成企业的系统能力，这种系统能力是企业构建竞争优势的基础。在一定时期内，每家企业都能通过模仿学习来改变、选择和保持一种独特的资源配置方式，以保证日常活动的正常进行。此时，动态能力就是一系列主导企业资源重构和演化的常规程序或范式，是融入主导企业资源重构、演进和运营常规中的日常组织过程。这就是动态能力的“过程论”，企业的这种动态能力要求企业不断学习，吸收外部资源和有效信息，以构建持续竞争优势。

3. 基于“知识创新论”的动态能力与竞争优势的关系。

SubbaNarasimha（2001）提出了基于动态能力“知识创新论”的竞争优势。他认为，动态能力具有产生多样化业务知识的特性。这种动态能力使企业能够根据环境的动态变化进行研发和产品/服务创新，即夯实其竞争优势基础。企业改变能力的过程就是企业追寻新知识、追求创新的过程，企业的这种动态能力要求企业不断地研发与创新，提升企业的竞争优势。

通过上述分析，我们发现，动态能力视角的竞争优势研究已经将企业内部（如资源和能力）和外部（产业环境与市场需求）环境因素整合在了一起，出现了融合的趋势（Newbert，2007；Newbert & Tornikoski，2011）。根据这种融合的观点，企业的竞争优势应该是企业各项能力的整合，其目的是形成企业组织内部和外部的良好沟通和交流。企业内部各种资源的协调配置是企业构建竞争优势的基础，但这种内源优势必须与产业环境相结合来发挥效力。Teece 等（1997）的动态能力理论虽然更多地被认为是能力理论的一个分支，但已经体现了内外部因素相结合的观点。该理论兼顾企业的内部和外部来考察企业竞争优势的持续性问题，认为动态能力的组织过程是重组资源的过程，即根据环境的变化重新在企业内配置和使用内外部资源，企业还可以通过学习来获得和使用外部能力，这种观点解释了现实的竞争优势持续性问题。

RBV 不足以解释竞争优势来源问题而引致了 CBV（Competence-Based View）的出现。根据 CBV，通过学习构建的能力体系能够为企业构建竞争优势提供系统的能力支撑，而竞争优势的持续要靠整合内外部动态能力来保障。最后，能力整合与知识和市场进行双向反馈，通过反馈来提高资源与能力的匹配程度，并持续不断地夯实竞争优势的基础。

通过上述分析，我们也发现，企业资源基础理论和企业能力基础理论的逻辑演进，源于企业竞争优势外生论到竞争优势内生论的转变（见图 2.12 所示）。围绕企业竞争优势研究的深入，企业资源基础理论和能力基础理论在对立统一的基础上，其理论的发展呈现出一条螺旋式深入的逻辑轨迹：前者以企业资源基础理论的研究为起点，逐渐演进至企业知识基础论、企业社会资本论；后者以企业能力基础理论为起点，逐渐演进至企业核心能力理论和企业动态能力理论。

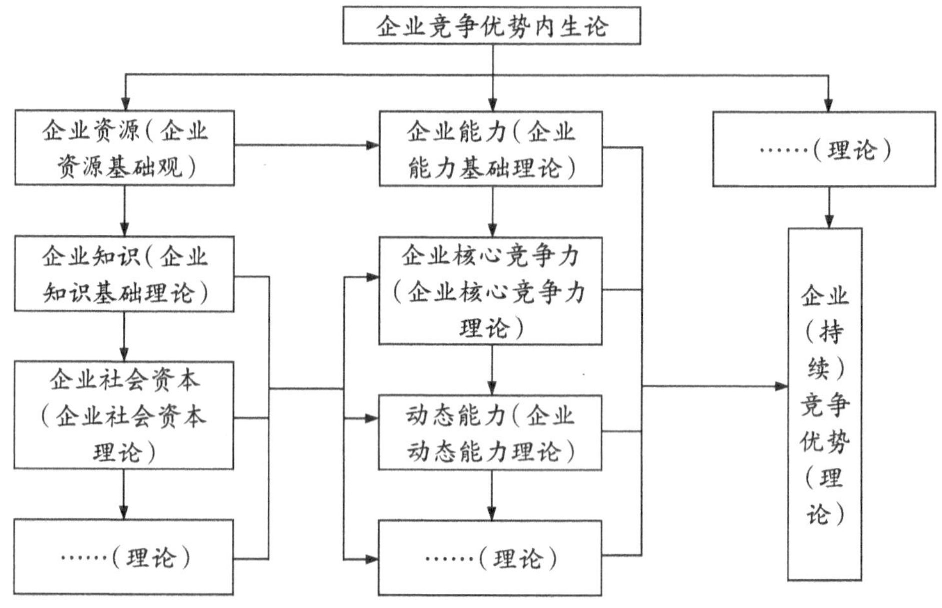

图 2.12　企业资源基础理论与能力基础理论辨析及其逻辑演进模型

企业资源基础理论和企业能力基础理论及其逻辑演进历程还具有内在统一性（如图 2.13 所示）。二者各具有清晰的内涵和外延，又具有不可分割的内在互动关系，具体表现在：其一，提高企业能力及其动态能力的终极目标是为了增强企业的持续竞争优势；反之，企业的竞争优势的增强又必将促进企业能力的提高；其二，企业能力理论及其深入研究将进一步深化企业持续竞争优势理论；反之，企业持续竞争优势理论的深化也必将促进企业能力基础理论的进一步丰富。

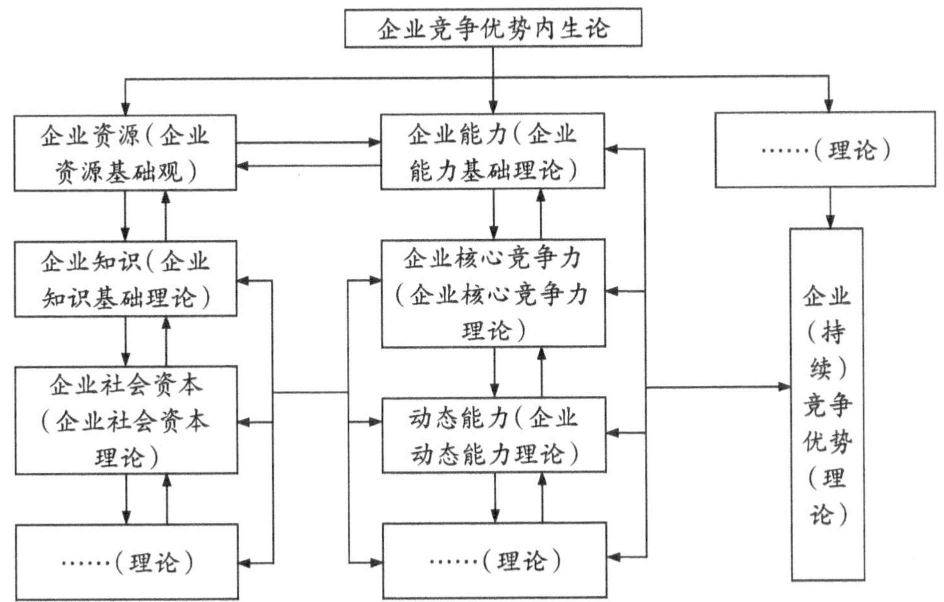

图 2.13 企业资源基础理论与能力基础理论辨析及其双向逻辑演进模型

根据上述脉络梳理，本书对基于 RBV 和 CBV 的竞争优势研究进行了比较（参见表 2.10）。

2.2.5 竞争优势研究整合框架

（一）竞争优势研究层面——整合[①]资源的价值性、能力的集合性与动态能力的动态性

如前所述，Schulte（1999）从效率、功能和持续性三个维度分析了竞争优势的持续性问题，其中功能和持续性维度主要从资源和能力角度来分析。本书在对 RBV、CBV 与 DCV（Dynamic Capability View）进行整合后发现，企业竞争优势应该是有价值的资源、集合性能力与动态能力的组合及其整体表现，它们才是企业竞争优势的根本来源，因此很难用它们中的某一项来完整地解释竞争优势来源和持续性问题。本研究认为，从竞争优势组成来辨析什么是企业的

① 本文中，涉及资源等的"整合"包括识别、获取、配置、融合与利用等过程，例如，资源整合就包含企业对内部资源的识别、甄选。并根据某一战略目标获取外部资源为企业所有，然后通过合理配置不同的资源来实现对资源的有效利用；能力整合是指企业为实现某一目标而对内部能力进行选择、匹配与利用；动态整合主要是指资源整合，也包含上述识别、获取、配置和利用四个过程，但这里的"动态"旨在强调资源对能力形成和动态能力形成与演化的影响。

竞争优势，这样能够比较完整地解释竞争优势来源和持续性问题。

表 2.10　基于资源和能力的竞争优势研究比较

观点 层面	资源基础观（20 世纪 80 年代～90 年代）	能力观（20 世纪 90 年代）	动态能力观（20 世纪 90 年代）
企业组成	战略性的异质性资源的组合(包括资源和能力)，具有价值性、稀缺性、不可替代性和不可模仿性的特征，且具有静态特征	基于企业学习过程的渐进式能力系统，具有动静结合的特征	经由持续地重构资源组合和例行程序所形成的动态系统，具有动态的特征
环境	企业内部环境	企业内部环境，并且开始重视外部环境	整合了企业内外部环境
竞争优势组成	由资源和能力所组成	由资产和能力组成的集合	动态能力
竞争优势属性	有价值，但容易被模仿和复制	在价值性与独特性前提下，强调集合性，不易被模仿	具有不可模仿和不可替代性，强调动态性，且具有持续性
竞争优势手段	部署、控制和开发战略性资源	发展和应用能力及能力体系	逐渐发展嵌入内外部环境的动态能力，以适应改变
对竞争优势解释的不足之处	资源观从静态视角提出资源时竞争优势的来源，忽略了资源整合过程和能力对竞争优势的影响，这种竞争优势的持续性受到了质疑	能力观从资源整合视角和动态学习视角探讨了能力与竞争优势的关系，在一定程度上体现了企业内部能力的集合演变对竞争优势的作用，虽开始关注外部环境，但却未将外部环境因素与内部能力进行整合来解释竞争优势及其持续性	无

资料来源：作者根据资料整理。

1. **企业资源——强调价值性。**

资源是企业有形和无形资源的总称，资源对于企业而言必须要有价值（Barney，1991），它是分析竞争优势的基本单位。关于资源的分类，不同学者有不同的观点。Marino（1996）认为，资源可以分为有形资源（如原料、设备和人力等）和

无形资源（声誉、流程和例行程序等）；而 Wang 和 Ahmed（2007）则认为，企业内部的资源可由企业随意支配，但员工的技能企业未必就能充分利用，企业外部的资源需要企业花费一定的成本来获取并利用。企业必须对处于自己边界之外的资源进行整合，尤其是新创企业在成立之初要依靠关系网络来动员外部资源。因此，Wang 和 Ahmed（2007）把资源分为实物资源、知识型技术资源与网络关系资源三类。而从上述资源分类也可看出，资源的价值性及其对竞争优势的作用不能单靠资源本身，而是要通过对资源的识别、获取、整合、利用才能真正体现出来。

2. **企业能力——强调集合性**。

许多研究认为能力是企业资源的一部分（Penrose，1959；Prahalad & Hamel，1990），但本书认为企业能力并不是资源的一部分，因为能力本身具有集合特性（Barney，1991），包括稀缺性、不可模仿性、不可替代性，而且是资源整合和过程匹配的结果。换句话说，能力源于资源但又高于资源，比资源更加复杂和独特。所以，能力是影响整合资源执行某些任务或活动的特殊变量。此外，能力的发展是一个渐进过程，通常伴随着企业的成长，集经验和学习于一体，并能够推动企业的竞争优势不断地发展演进。资源能够独自存在，而能力却深深嵌入在企业的资源和流程中，通过整合资源形成的各种能力，如研发能力、制造能力、营销能力和运营能力等，也要根据企业的战略需要来进行整合并形成新的集合性能力来维系企业的竞争优势。这种经由资源、各类活动及业务流程的协调与整合所形成的集合性能力，不仅是集体学习的产物（Prahalad & Hamel，1990），而且也是企业内部多种业务和产品的发展平台，更是企业跨职能流程最重要的组成部分，它既是维系企业既有业务持续的重要保证，又是发展新业务的驱动引擎。企业的多元化经营和开拓新市场也可能会受到集合性能力的影响（Prahalad & Hamel，1990），因为这种能力的集合性以及能力体系内部各种能力的匹配性能帮助企业构建新的竞争优势，为企业创造持续开发产品的机会。

3. **动态能力——强调动态性**。

随着外部环境的变化，一些企业逐渐丧失竞争优势，昔日的竞争优势变成了今天的竞争劣势，甚至成为阻碍企业发展的瓶颈。因此，Teece 等（1997）指出，集合性能力并不足以确保企业在动态变化的环境中竞争优势的持续。Barney（1991）也指出，在产业结构发生不可预测的变化以后，原来的竞争优势组成会逐渐失去价值，静态的竞争优势将来有可能因僵化不变而变成竞争劣势。可见，这些学者都认为，竞争优势必须具备持续升级和持续发展的潜能，而动态能力能够保证竞争优势具备这种潜能。George（2005）也指出，能够动态、有效率地重新配置资源和重构能力的企业会根据市场变化来重新安排业务流程以提升自己的竞争优势，这样的企业会动态性地调整资源配置和能力组合，增强自身的环境适应能力、资源整合能力，并通过不断地学习来提升自己的柔性能力，抑制组织惯性对企业竞争优势可能产生的负面影响，依靠组织弹性来重新构筑竞争优势的基础。

如前所述，企业资源是分析企业竞争优势的基本单位，有价值的资源是竞争优势的基础；企业的能力能够确保资源的整合与利用效率。用资源和能力构成的企业经营平台能够使企业培育集合能力与整合利用资源，并将它们应用到更多的产品领域。然而，经营环境的变化会侵蚀企业的竞争优势基础，因此，竞争优势的持续性必然要求企业加强对动态能力的培育并促其发展，在上述经营平台上重新配置资源和重新建构能力。由此可见，企业的竞争优势应该像竞争优势构成基础一样，具有价值性、独特性、集合性和动态性，这样才能确保其持续性。

（二）整合研究框架分析

本书根据 RBV、CBV 和 DCV 关于竞争优势及其持续性的观点，从资源和能力视角分析了企业竞争优势构成因素的各种属性或特性，并且讨论了它们与竞争优势之间的关系。依据上述分析，本书认为，构建竞争优势整合研究框架应体现上述三性，即价值性、集合性以及动态性。具体见图 2.14 所示。

在图 2.14 中，企业有价值的资源能够成为竞争优势的来源，但这只是企业赖以战胜竞争对手的基本要素。本书认为，仅用资源及其价值性不能完全阐释竞争优势对企业的价值，因为资源的使用效果才是决定企业竞争优势的关键因素。因此，静态的资源必须经过动态的资源识别、获取、配置和利用等整合过程才能提升资源的使用效果，而具有集合性特征的企业能力才能保证资源的使用效果。企业一旦具备资源与能力，就可能成为产业内比较有竞争优势的厂商。但如前所述，我们希望这是一个经过整合过程而形成的经营平台，而企业的任务便是思考如何在这平台上调配资源与能力的比重，也即如何通过资源整合过程来构建能力体系，确保企业竞争优势的不断更新和持续。至此，企业竞争优势的构建体系已经基本完成，一阶能力已经能够确保企业拥有竞争优势。但是其能否持续，还需要二阶能力（即动态能力）来支撑。Collins 和 Porras（2006）在《基业长青》一书中曾经指出，任何企业均是以永续经营为其存在的基本前提，而永续经营必须确保其拥有不断持续的竞争优势。在环境变化过程中，企业应该思考如何去适应环境变化，这与企业过去的发展有关，企业原来拥有的

资源和能力体系会影响企业开始下一阶段竞争的思考逻辑①。此外，企业本身的资源与应用资源能力的优劣，也是影响企业重新建构竞争优势的根本因素。本书沿着“资源——能力——优势”与“过程——能力——优势”两大视角构建了竞争优势和研究框架，也正是出于资源、能力和过程对竞争优势持续性的作用的考虑。

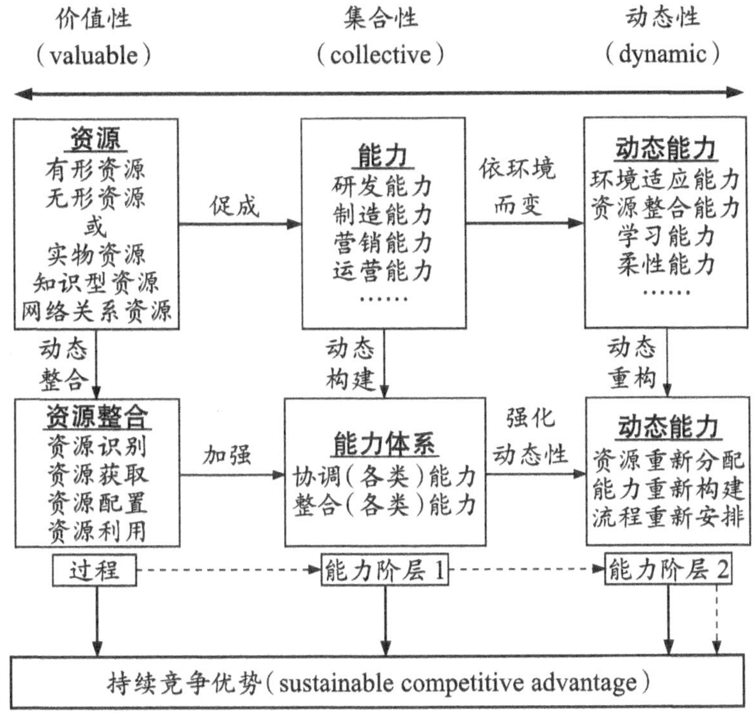

资料来源：本书作者绘制。

图 2.14 基于资源与能力视角的竞争优势整合研究框架分析

但必须特别强调的是，图 2.14 中各箭头表示演化和累积的关系，而不是完全的因果关系。各部分内容具有联动性，如资源的价值性会影响企业能力的高低，而能力高低也会影响资源整合使用的效果。上述表征资源、能力与动态能力特征的价值性、集合性与动态性是一些相对而非绝对的概念②。

---

① Collins 和 Porras（2006）认为，企业既有的资源和能力决定企业的竞争态势。企业在依据发展逻辑考量市场竞争时，必然会根据市场需求来调整资源组合和能力构成，并对某种能力产生“偏爱”。

② 所谓的相对性，主要是指相对于产业内其他企业的相同资源和能力而言的。个别企业具有某一方面的优势，并不代表它们就具有竞争优势。只有在资源、能力和动态能力等方面具有完全的优势且各部分合理适配，企业才真正具有竞争优势（Ambrosini & Bowman，2009）。

2.3 我国的研究

上世纪 90 年代，在 Prahalad 和 Hamel 提出核心竞争能力理论之后，国内学者也开始关注企业的核心能力，并以此产生了对核心竞争力的探讨。此后学者们开始关注企业的竞争优势研究，并出现了大批成果，这些成果极大地丰富了竞争优势相关研究。基本的研究成果如表 2.11 所示。

表 2.11 国内关于动态能力、竞争优势的相关研究(时间顺序)

作　者	研　究　内　容	方法与样本
蔦宝山和董保宝(2009)	从动态能力中介效应视角研究了资源整合与企业绩效的关系	153 份问卷
彭维刚等(2008)	研究了产业动态、资源能力和制度变迁等方面因素对我国企业经营的规模和范围的影响	上市公司 2004–2009 年的数据
焦豪等(2008)	探究了基于创业导向和组织学习视角的企业动态能力构建路径	实证研究
吴结兵等(2008)	研究了网络密度与集群竞争优势的关系	2001–2004 年 9 个浙江纺织业集群
刘巨钦(2007)	从资源的角度探寻企业集群竞争优势的源泉，深入探究创新资源、交易资源、集群客户资源如何形成企业集群竞争优势的作用机理	定性
王毅和吴贵生(2007)	研究企业动态核心能力增长机理、更迭模型以及阶跃变化	案例
吴海平和宣国良(2007)	研究了网络组织中企业竞争优势的本源：核心知识与能力及其协同互补	定量
杜世海等(2006)	供应链竞争优势来源的租金贡献分析与评价方法	定性
胡汉辉和潘安成(2006)	知识转移可以为组织带来比较竞争优势，分析了重叠知识与组织知识转移以及与组织学习的关系并构建了它们之间的关系模型	定性
韵江和刘立(2006)	研究创新变迁与能力演化的关系	中国路明集团案例
贺小刚等(2006)	研究动态能力的测量与功效	实证研究

续表

作　者	研　究　内　容	方法与样本
中国企业家调查系统(2006)	研究了企业学习对创新和竞争优势的影响	社会调查
毛蕴诗和汪建成(2005)	研究日本在华跨国公司取得有利竞争地位的决定因素	230 家日本在华投资母公司
耿帅(2005)	分析了共享性资源与集群企业竞争优势的关联性	实证研究
董俊武等(2004)	研究动态能力演化的知识模型	湖北京山轻工机械股份有限公司案例
王高(2004)	研究顾客价值与企业竞争优势的关系	实证研究
董大海和金玉芳(2004)	采用两阶段论证法研究顾客价值是竞争优势的源泉的观点	实证研究
毛蕴诗等(2004)	家电业的竞争优势	格兰仕案例
肖海林等(2004)	研究了基于可持续竞争优势的企业持续发展生产机理	海尔案例
路风和慕玲(2003)	研究本土创新、能力发展与竞争优势的关系	中国激光视盘播放机行业的研究
林毅夫和李永军(2003)	研究比较优势和竞争优势的关系	韩国的三星电子和台湾积体电路制造公司的案例
余晖和朱彤(2003)	研究了互联网企业的梯度竞争优势	联众网络游戏案例

资料来源：《管理世界》《管理科学学报》《科研管理》《科学学研究》各期，经作者整理。

葛宝山和董保宝（2009）认为，在动态的环境中，有价值的资源对企业绩效的贡献越来越大，但资源开发如何为企业带来高额的绩效，已成为学术界和企业界关注的焦点。他们从动态能力入手，打开了资源开发过程到绩效的黑箱。他们的实证研究表明：动态能力在资源开发过程到新创企业绩效的转化过程中起到了一定的中介桥梁作用。

彭维刚等（2008）分析了产业动态、资源能力和制度变迁等方面因素对我国企业经营的规模和范围的影响，并提出相应假设。他们试图找到与国际化程度相关联的专业化战略或多元化战略与中国企业绩效之间的关系，并基于我国上市公司 2002 年至 2004 年共 2189 个样本数据，进行了实证研究，结果发现，在我国，专业化企业比多元化企业具有更大的竞争优势，并且获得更好的经济绩效。这可能是由于国内市场日益激烈的竞争和开放政策下全球化的压力决定了企业选择规模竞争。

吴结兵等（2008）基于 2001-2004 年浙江 9 个纺织业集群的实证，研究了网络密度与集群竞争优势的关系。文章整合了有关产业集群 3 种不同的理论观点——社会网络理论、集聚经济理论与集体学习理论，提出网络密度与集群效率和集群效益两面性作用关系的假设，并构建网络密度与产业集群竞争优势的作用机制模型。在实证研究中，论文使用国税数据库系统和问卷调查取得的数据对模型做了检验。实证分析结果表明：网络密度显著促进了集群效率的提高，但不利于集群效益的提升，其中网络密度通过集聚经济对集群效率产生正面影响，通过集体学习对集群效益产生负面影响。

吴海平和宣国良（2007）探讨了网络组织中企业竞争优势的本源：核心知识与能力及其协同互补。在此基础上建立了企业结网合作的能力依赖模型，通过模型推演了企业核心知识与能力增长的异质性及目标网络能力互补协同系数如何影响企业结网合作的策略选择。从中得到两点启示：首先，内部继承积累和组织间学习占主导地位的企业具有结网合作的迫切感，倾向于通过加快结网合作获取其他成员的知识；强调自我创新的企业更愿意通过企业自身的创新活动积累核心知识与能力；其次，网络组织中企业面临的学习与自主创新的矛盾将使具有弹性特点的网络组织在动态中演进。

武亚军（2007）在回顾企业正式战略规划理论的基础上，对联想公司 2000 年的 3 年战略规划系统的特征进行了描述，分析了其失误的深层原因，并探讨了其新一轮战略规划中的改进行动及对竞争优势的影响。在此基础上，他提出了一个中国转型经济中本土企业战略规划体系设计的改进框架。他的研究表明，转型经济中战略规划体系的组织改进和能力强化是大中型本土企业发展的关键要素之一，企业战略规划体系设计需要在高管直接领导下使战略规划侧重点与创新性与企业业务的战略情境相匹配，并选择合适的规划工具与模型，同时在规划流程中发挥直线管理者和公司规划人员各自不同的作用，才能使战略规划成为本土企业的一种竞争优势。

贺小刚等（2006）通过理论分析初步界定了测量动态能力的 6 个维度。为了验证此评测体系的科学性和实用性，他们对国内 29 家企业的高层管理者进行

了半结构性访谈，并在探测性检的基础上将动态能力的测量维度调整为市场潜力、组织柔性、战略隔绝、组织学习与组织变革 5 个方面。最后通过大规模的问卷调查，基于 363 份有效样本，对我国企业动态能力的制约性因素，以及它对企业绩效的贡献进行了检验，结果表明，动态能力在一定程度上受到经济结构的影响，在动态能力对企业绩效的有限的贡献中，不同能力因子的作用存在一定的差异性。

肖海林等（2004）针对传统理论的缺憾，基于系统、动态和多元的视角和企业经营管理的实践，通过研究海尔的案例，解释了可持续竞争优势生产发展的模型。

更多关于动态能力与竞争优势的研究见表 2.11 所示。

上述研究表明：

（1）关于网络对动态能力以及竞争优势的影响研究的成果很少，而且没有一篇文献从网络结构角度对动态能力和企业竞争优势进行分析，这就为本书的研究提供了空间。

（2）关于网络结构、动态能力以及竞争优势的实证研究很少，有些文献只是探究某个变量的测度问题，如动态能力；而关于竞争优势的研究，许多研究将竞争优势与企业绩效等同，用绩效的测量指标来测度竞争优势。实际上，企业竞争优势是企业绩效的前因变量，它影响企业的绩效（Newbert，2008）。

（3）上述研究案例居多（如海尔、格兰仕等），这为本书后面的案例研究提供了研究基础与借鉴。

2.4 本章小结

本书根据研究需要，回顾了相关的理论基础以及网络结构、动态能力和竞争优势的相关研究。主要的基本理论有战略管理理论、网络理论、资源基础理论、能力理论、组织学习理论和进化理论。这些理论从不同的视角研究了企业的竞争优势。接着本书从社会网络的维度和给予网络的竞争优势两个方面对网络相关研究进行了分析介绍，而后从“3P”动态能力及传统动态能力与新动态能力的区别分析了动态能力的发展现状，并对国外的研究做出了总结。接着分析了竞争优势的相关研究，包括竞争优势的来源、竞争优势的整合以及资源、能力与竞争优势的关系。最后对我国的相关研究进行了分析与评述。

第3章
研究模型与假设

在第二章基础理论的基础上，本章将对网络结构、动态能力以及竞争优势等三个变量进行内涵的界定和维度的划分，最后提出研究要素之间的相关假设，为下面章节的实证研究奠定基础。

3.1 网络结构及其测量维度

3.1.1 网络结构的内涵及特征

3.1.1.1 网络结构的界定

不同的网络在企业的发展中扮演不同的角色，同样，企业在不同的网络联系中其获益状态也不同（Hite，2000），关键在于企业处于何种网络中，其网络的结构如何。这说明了企业的网络结构对企业发展的影响。在第二章的理论部分，本书已经介绍了社会网络有三个维度，即结构维度、关系维度和认知维度。结构维度是群体中人与人或组织与组织之间联系的程度，重点在于网络联系和网络结构的特点、联系的强弱程度、联系的密度等。而 Hoang 和 Antoncic（2003）认为，根据社会网络的理论和经验研究，社会网络可以被分为三个维度，即网络结构、网络治理和网络内容。网络结构最早是考虑网络中个体连接差异带来的结果，也就是说社会网络成员通过互动而接近信息，同时被连接起来，连接的特征将影响信息的可得性、时效性和质量，而最为系统阐述该观点的是 Burt（1992）的结构洞理论。由此可见，作为网络理论研究的焦点，网络结构解释了人与人之间、人与组织之间以及组织与组织之间是如何联系的。因此，本书认为，网络结构就是指网络参与者之间直接或间接的联系模式。

网络结构主要用一个节点的方法进行分析，关注社会化网络的拓扑结构，体现的是关系网络的整体特性。其重点在于企业中普遍存在联系的特性，如联接或无联接（接触网络资源的机会是否存在）、网络联系和网络结构的特点或者形态、联系的强弱程度、联系的密切度等，关心的是企业网络联系是否存在以及联系的多少问题，描述的是联系的结构类型和特征。

3.1.1.2 网络结构的特征

网络结构作为一种独特的网络联系方式，是由许多紧密连接的节点组成的、纵横交织的组织体系，有利于协同效应的发挥。网络结构的特点如下：

（1）可渗透性。由于企业间网络组织结构是由许多个活性节点组成的组织系统，各个网络企业可以自由地参与到网络节点的联系中，并从中获取有价值的信息。同时，外部的企业组织也可以通过节点成员了解这一网络体系的结构，加强对网络组织内企业成员的渗透，参与网络发展。

（2）组织独立性。网络中的各个参与企业都具有自主性，他们自主经营，自负盈亏，独立地掌握本企业的运行状态。网络中其他成员不能干涉其他企业的发展，企业在网络联系中虽通过一定的结构建立了联系，但是他们仍自我管理、自我组织。

（3）网络结构内沟通高效化。网络中节点的特点表明了网络中的企业是平等的，在平等基础上建立起来的沟通机制是十分有效的，能够提高企业的网络运作效率，有利于企业间实现信息共享。而高效的沟通为知识、技能等资源在企业间的转移和企业能力的培育与整合提供了重要渠道。

（4）动态性。动态性有两种含义，一是随着全球化的发展，企业所处的外部环境变幻莫测，动态性增强，同时市场的变迁、客户需求的改变以及产品生命周期的缩短，都要求企业具有洞察力，敏锐察觉市场变化，以最快的速度推出新产品、新服务，而且网络结构的动态性特点，确保了企业对市场的了解和回应，企业能够迅速地开发新产品来满足客户的偏好。二是网络结构的内部节点也会随着环境的变化而不断演变，企业的网络结构是不稳固的，它会随着企业的需要而不断地变化，这种动态性源于网络中的企业。

以上表明，企业间网络组织中包含的独特节点本身就是不断变化的，节点之间也需要协作、协调，这样才能保证企业的正常运作。这种结构能动态地适应外部环境变化，提高内部的沟通效率，促进企业的发展。

3.1.2 网络结构的测量维度

关于网络结构的维度，大量的学者进行了研究。Nanapiet 与 Ghoshal（1998）

认为，网络结构是指网络参与者之间联系的总体模式，即与谁联系及联系的强度（Burt，1992）。至于结构资本的构成，Nanapiet 与 Ghoshal（1998）认为包括网络联系的属性（network ties）、网络密度（network density）、网络连通性（network connectivity）、网络层次性（network hierarchy），其中网络联结的属性是结构资本的最基本构成，通常包括强联系和弱联系两个方面。Inkpen 和 Tsang（2005）认为结构资本包括网络联系的属性、网络密度等方面。Singh 等（1999）认为结构资本包括网络联系的属性、网络密度及网络专用性。通过分析发现，几位学者都提到网络联系的属性，但具体分析时，都涉及强联系及弱联系的数量及其影响，因此其与网络密度是重复的。而强联系与弱联系的划分是依据网络强度。网络层次性主要针对集团企业社会资本分析。因此，可以将上述学者的划分整合为二个方面：网络密度和网络强度。其中网络密度指网络中结点的数量，网络强度是指网络成员间联系的频繁程度。

Siu 等（2008）认为，网络结构的维度有两个，即网络规模（Network size）和网络中心度（Network centrality）。规模是指网络联系的数量（number）（Hansen，1995；Jenssen，2001；Singh et al.，1999）。而网络中心性是指企业通过直接或间接联系获得资源的能力（Johannisson，1998；Krackhardt，1992；Powell，Koput & Smith-Doerr，1996）。虽然网络规模和网络中心度在一定程度上识别了企业能够获得哪些资源，但是它们却没有解释企业如何通过网络获取不同的资源（Hoang & Antoncic，2003）。从结构导向来看，Ma 等（2000）认为，社会网络中心度代表了某个人与网络中其他人之间的关系或者企业在整个网络联系中的地位。

由于网络结构的微观特征非常复杂，精确地描述每个企业间网络中的所有成员与连接的详细情况对企业战略研究来说并不是绝对必要的，因此，网络分析家们设计出一些能够反映网络微观结构的参数去描述网络结构的整体特征，如网络规模、网络密度、网络位置、网络强度、中心度、网络异质性、网络顶端、网络范围、资源构成（合成资源、平均资源或典型资源）、网络多样性和网络稳定性等等（Burt，2000；Lin，2001 a，b；Lin & Dumin，1986）。在结构主义视角下，社会资本的整体分析就是将网络整体结构形成的原因，通过设计网络结构参数，来研究企业所拥有网络的不同结构形态对各种功能在绩效上的影响。在所有结构参数中，网络规模是所有其他参数的基础和统计起点。已有很多研究表明这些网络的结构参数在水平上的变化能够带来绩效水平上的相应变化，同时，又有很多学者对造成这些网络整体结构差异的原因进行过分析。

节点在网络结构中通过与其他节点取得某些特定资源，从而赢得某种优势

（Dodd & Patra，2002；Tsai & Ghoshal，1998）。

综合上述分析，本书将网络结构的维度总结如表 3.1 所示。

表 3.1 网络结构维度指标

指 标	文 献 来 源
网络规模	Adler 和 Kwon, 2002; Bourdieu, 1986; Burt, 2000; Burt, Hogarth 和 Michaud, 2000; Gomes-Casseres, 1996; Kinder, 2003; Lu, 2001; Tsai 和 Ghoshal, 1998
网络强度	Arranz 和 Arroyabe, 2006; Kinder, 2003; Lee 和 Cavusgil, 2006; Lu, 2001; McFadyen 和 Cannella Jr, 2004
网络密度	Burt, 1992; Tsai 和 Ghoshal, 19998; Lin 和 Dumin, 1986; Zhao 和 Aham, 1995
网络位置	Johannisson, 1998; Krackhardt, 1992; Powell, Koput 和 Smith-Doerr, 1996
网络中心度	Hansen, 1995; Jenssen, 2001; Singh et al., 1999; Sparrowe et al., 2001; Siu et al., 2008; Hoang 和 Antoncic, 2003
网络多样性	Adler 和 Kwon, 2002; Burt, Hogarth 和 Michaud, 2000; Lu, 2001; Reagans 和 McEvily, 2003; Tsai 和 Ghoshal, 1998
网络稳定性	Burt, Hogarth 和 Michaud, 2000; Inkpen 和 Tsang, 2005; Lee 和 Cavusgil, 2006

资料来源：作者根据资料整理。

在本研究中选取企业间网络的网络强度、网络密度和网络中心度等三项指标来对企业的网络结构进行衡量，而且后续的研究也将沿用这一分类。网络结构具体维度的指标说明见表 3.2 所示。

表 3.2 网络结构维度指标说明

维度	说明	代表文献
网络密度	网络所包含的主体数量及其连接数	Burt(1992)以及 Zhao 和 Aram(1995)
网络强度	主体之间联系的密切程度	Burt（1992）以及 Liming Zhao 和 John Aram(1995); Arranz 和 Arroyabe(2006)
网络中心度	企业在网络中的地位	Hansen（1995）; Hoang 和 Antoncic (2003), Siu 等(2008)

3.2 动态能力及其测量维度

3.2.1 动态能力内涵及其特性

3.2.1.1 动态能力的界定

自Teece和Pisano于1994年在*The dynamic capability of the firm:An introduction*一文中提出动态能力以来，动态能力理论越来越多地被学者们所关注（Teece et al., 1992, 1997; Eisenhardt & Martin, 2000）。学者们各自从不同的角度对动态能力理论进行了逐步深入的研究，取得了比较丰富的研究成果，研究的范围从动态能力的内涵、特征扩大到动态能力对企业绩效的影响和动态能力的形成过程。

但关于动态能力的内涵，基于不同的研究目的，不同的学者对它的定义也各不相同。Teece等（1997）认为动态能力是整合、建立和再配置内外部资源和能力的能力。在全球市场上，盈利的企业能够有效协调、配置内外部资源，并显示出及时、快速与灵活的产品创新能力。为了说明企业如何在快速变化的市场环境下利用资源以形成竞争优势，Teece等提出了“动态能力”理论来解释企业的发展路径。动态能力理论是在动态环境下挖掘企业持续竞争优势新来源的一种独特性的理论。这里的“动态”指的是与外部环境变化保持一致而更新企业的能力，而“能力”则强调整合和配置内部和外部资源的能力，以此来使企业适应环境变化的需要。因此，动态能力是企业整合、建立和再配置内外部能力以适应环境快速变化的能力，是加速企业能力不断更新的能力。这就是动态能力的“环境论”，企业的这种动态能力要求企业不断适应外部环境的变化。

Eisenhardt和Martin（2000）则认为动态能力是一种可识别的常规惯例和过程（identified routines process）。动态能力包括整合资源的动态能力，配置资源的动态能力以及获取和让渡与资源有关的动态能力，这四个过程形成了企业的一个整体能力。在一段时期内每个企业都通过模仿学习来改变、选择和保持一个独特的资源配置形式，以维持日常活动的正常进行。他们认为动态能力是一系列指导公司资源结构发展和演化的常规程序或范式，是融入在指导企业资源重构、演进和运营常规中的日常组织过程。这就是动态能力的“过程论”，企业的这种动态能力要求企业不断地学习，吸收外部的资源和有效信息。

SubbaNarasimha（2001）根据生物学中免疫系统原理，即免疫系统可根据外界环境的变化在需要时产生相应抗体的能力，从而使人体有能力应对生物环境，提出动态能力是产生多样化业务的知识的特性。知识的有用性来源于头脑的想象力，这种想象力源于知识，而又高于知识，是一种独特的创新力。这种动态能力使企业能够根据动态环境的变化进行研发和产品（包括服务）的创新，即增强其竞争优势基础。企业改变能力的过程就是企业追寻新知识、追求创新的过程。这就是动态能力的“创新论”，企业的这种动态能力要求企业不断地创新，提升企业的竞争优势和价值。

而 Wang 和 Ahmed（2007）根据以上三种对动态能力的内涵分析，认为动态能力是指企业不断地整合、再配置、更新和再创造资源和能力的行为导向，更重要的是，它能够利用独特的资源升级并重构核心能力以回应日益变化的市场来获得并维持持续竞争优势。根据此定义，我们知道，动态能力不是过程，而是植根于过程中。过程是外在的，是资源的整合并且能够在企业内部和企业间传递。能力是指企业配置资源的能力，尤其是整合资源，将外在的过程与内在的要素进行组合。因此，能力是特别的，并通过企业内部资源之间的相互作用随时间的变迁而发展（Amit & Schoemaker，1993）。

综合上述分析，本书认为，动态能力是企业不断地对企业的资源以及能力进行整合、配置以及根据外部环境的变化对它们进行重组的能力，它是企业应用其在长期的发展历程中形成和积累起来的资源、能力、知识体系，适应和利用环境变化，有效整合企业内外部资源，不断推出适应市场发展需要的优质产品和服务，给客户带来价值增值的特有的能力，它能够为企业提供较大的发展潜力，支撑企业在多个产品和服务市场中获得持续的竞争优势。因此，动态能力的定义可以分解为以下四点：一是某个经济主体所拥有的经营管理资源、知识、组织程序等体系的能力；二是这种能力是该企业所特有的；三是其他企业无法简单模仿（具有长期优势）的东西；四是从结果来看，这种能力能够提高组织的竞争优势、竞争力和生存能力，并维持企业的市场地位。

3.2.1.2 动态能力的特性

借鉴国内外学者的分析，本书认为，动态能力的特性可以分为两大类：一类是关键特性，是使动态能力区别于其他能力的根本特性；另一类是一般特性，即动态能力所呈现出的但是其他能力也可能不同程度所具有的特性。

1. 关键特性

（1）延展性。动态能力能够应用于多种产品或服务领域，而不是局限于某一产品或服务。通过动态能力在新领域的积极运用，可以为企业不断地创造新的利润点。因此，动态能力是企业“通用的技术专长”，而不是对应于某一两种产品本身。

（2）独特性。本企业的动态能力与对手的能力相比具有显著的独特性，表现在：首先，动态能力是本企业所特有的；其次，不易被竞争对手模仿；第三，能够较大程度满足客户的需要，不仅包括当前的而且包括未来潜在的需要。如果竞争对手能够模仿或获得这种能力，那么它就无法给企业带来持续竞争优势。

（3）整合性。动态能力是企业许多单个技能的整合。企业的这些技能、技术以及其他能力只有相互匹配形成一个有机的能力整体，并在向客户提供产品和服务时表现出强于对手的竞争优势，这种能力才不易被模仿或复制（Chen，2007）。

（4）开拓性。动态能力是改变企业能力的能力，是一种开拓性的能力，其将焦点放在创新的开拓性动力上。创新的动力可能是再生性的或开拓性的。再生性动力能够使企业的能力和资源在有限的边界内和相对短促的时间内重新产生或只是得到增值性开发。再生性动力对企业在稳定的环境中短时间保持已有的竞争优势具有重要的指导作用。再生性动力具有可复制性，可复制性意味着竞争优势隔绝机制的消失，这样的竞争优势显然是短暂的。所以倾向于以具有强烈路径依赖的经验性学识为基础的再生性动力，并不能改变能力中的惯性，动态能力只有放在创新的开拓性动力上，才能克服能力中的惯性。开拓性学习能力并不是为了特定的生产目的，而是为了在长时间内向企业提供新的战略观念而进行的侧重于变革的学习。开拓性学习显示了对路径的较少依赖，而且相对要混乱得多，也显示了以试错法为基础和以建立新能力、新规则为特征的研究过程。

2. **一般特性**

（1）相对性。动态能力的提出便是基于环境的变化，因此，动态能力的演进是一个连续的过程。动态能力的独特性是一个相对的概念，即相对于竞争对手而言的。一个企业在本地区市场引起独特的动态能力而具有竞争优势，但是，随着企业的发展和竞争地域的扩大，企业动态能力的相对水平也会逐渐得到提升，否则企业将会被超越。

（2）时间性。具有领先地位的企业其暂时不易被竞争对手模仿，但是这并不意味着永远能够不被模仿，企业若想保持动态能力的独特性，就必须对动态能力持续不断地进行创新、发展和培育，以维持和扩大动态能力与竞争对手的差距。否则，随着时间的推移和对手动态能力的增强，企业的竞争优势会消失。

（3）优势局部性。动态能力存在于企业发展的某个过程或者企业向客户提供服务和产品过程的某几个环节或方面，而不是在每个环节都优于对手，这在一般情况下也是难以做到的。另外就是虽然每个环节都不优于对手，但是各个环节集成的业务流程其综合效率优于竞争对手，这其实是企业在管理技能上具有特别优势。

（4）不可交易性。构成动态能力的资源或奇特能力是企业在长期的竞争中积累的，是不可交易的。动态能力本身必须通过管理整合将企业内部的技能、能力与外部获得的能力协调统一成有机的整体而获得，动态能力是不可能从外部的市场交易中获得的。

3.2.2 动态能力测量维度

不少学者对动态能力的维度进行了研究。

首先，Wang 和 Ahmed（2007）同时对前文所述三种定义进行了分析，并结合前人的实证研究（例如 Noda & Collis，2001；D’Este，2002；George，2005），提出了动态能力的三要素：适应能力（Adaptive Capability）、吸收能力（Absorptive Capability）和创新能力（Innovative Capability）。

（1）适应能力（Adaptive Capability）

适应能力是指企业根据外部市场环境变化识别并利用市场机会的能力（Chakravarthy，1982；Miles & Snow，1978），这一能力强调对外部环境的适应性。Chakravarthy（1982）将适应能力与适应性区别开来。后者描述了企业生存的最佳状态，而适应能力更加关注战略与环境间的平衡（Staber & Sydow，2002）。这种平衡行为主要基于战略视角并和资源相关，适应能力通过企业战略柔性来表达——企业资源的内部柔性和使用这些资源的柔性（Sanchez，1995）。组织柔性的演进伴随着适应能力的发展。适应外部环境变化的能力与整合内部资源满足外部需求的能力对于企业在行业中的演进和生存十分关键。

（2）吸收能力（Absorptive Capability）

吸收能力也叫学习能力，是企业认识外部新信息的价值、学习并吸收新信息、新知识并将之运用到商业活动中的能力（Cohen & Levinthal，1990），评价并利用外部知识的能力在很大程度上是先验知识的功能体现。拥有高度的吸收能力，表明企业就有较强的向合作者学习的能力，整合外部信息并将之转化为企业内部知识的能力。企业获得外部新知识、用现有知识融合新知识并创造新知识的能力是动态能力的一个重要因素。

（3）创新能力（Innovative Capability）

创新能力是指企业通过创新行为和过程，通过调整战略创新导向开发新产品和市场的能力。企业的成功依赖于开发专有的能力和内部创新能力。在一些行业里，在面临外部竞争和市场变化时，企业的创新能力对于企业的演化和生存至关重要（Deeds et al.，1999；Delmas，1999；Lazonick & Prencipe，2005）。

从概念上讲，适应能力、吸收能力和创新能力是动态能力最重要的三个组成部分，支撑着企业根据外部变化来整合、再配置、更新和再创造资源和能力的能力，这三个因素相互关联，但在概念上却不同，每种能力各有侧重。适应能力强调企业通过资源柔性并整合资源和能力来适应环境变化的能力，即环境适应性能力，因此，适应能力的焦点就是将内部组织因素和外部环境因素结合起来。吸收能力强调吸收外部知识、将之与内部知识整合并将之吸收为内部所用的重要性。即发展中的学习能力。创新能力有效地将企业内部创新与市场优势结合起来开发新产品，因此，创新能力解释了企业资源和能力与产品市场的关系。

其次，台湾学者 Wu（2007）根据 Teece 等（1997）关于动态能力的定义，将动态能力分为资源整合能力、资源再配置能力以及学习能力。

（1）资源整合能力（Resource Integration Capability）

企业资源理论和企业能力理论指出，通过整合企业的资源，能够形成独特的竞争优势（Barney，2001；Hitt，2001），使本企业区别于其他企业。一个企业技术方面的资源（专利）和社会方面的资源（资源整合过程）都是发挥资源整合的竞争优势的特殊资源，这些资源的综合使用形成了企业的资源整合能力。因此，资源整合能力是指企业通过获取、配置企业所拥有的内外部资源以提升企业竞争优势并为企业创造价值的能力。每个企业所具有的独特资源是复杂而难以获取和模仿的，因此利用这些资源所形成的资源整合能力也是其他企业所难以模仿的。例如，当具有一定技术资源的企业，能够有效推动企业的资源整合过程，进而带来竞争优势，那么这种能力将成为一种潜在的组织能力。同样，如果企业在某一特定领域具有较高的管理能力，就能够对竞争者的战略活动做出快速反应，采取针对性的战略活动以超越竞争对手获得竞争优势。与组织的其他资源类似，有效的资源整合会建立起组织的管理能力，并对组织绩效的不同方面有所贡献。特别是通过不断学习，随着时间的推移企业会获得更多创造价值的能力。

（2）资源再配置能力（Resource Reconfiguration）

资源再配置能力是指企业经过不断地资源整合将已有资源和新获取的资源

根据企业的战略需求进行再次匹配的能力，这种能力是企业其他能力再造的基础。资源的再配置能力主要是基于企业的战略思考，通过二次配置，将企业的各类资源盘活，利用资源之间的拟合关系，创造新的财富。资源再配置能力因为其复杂性和因果模糊性是很难被替代和模仿的（Lippman & Rumelt，1982）。由于其复杂的演变路径，资源再配置能力也很难转移，这种特质使得它成为竞争优势潜在的来源之一。这与 Henderson 与他的同事的研究结论即动态能力是持续竞争优势的来源之一是一致的。

（3）学习能力（Learning Ability）

Wu（2007）所提出的学习能力与 Wang 和 Ahmed（2007）的吸收能力相近，也是企业学习外部知识并进行知识整合的能力。本书不再详述。

再次，Teece 等人（1997）根据其他学者的研究，从三个方面提出了动态能力的新内容：过程、位势和路径。首先，过程（processes）是指企业处事的方式或惯例及其学习模式；其次，位势（position）是指企业对技术的拥有情况、所占有的客户的情况以及与供应商之间的关系；最后是路径（paths）），即企业如何选择战略来提升战略机会的吸引力。此后诸多学者沿着这一路径开展研究，进一步丰富了 Teece 等人（1997）提出的动态能力的概念。

而国内学者贺小刚等（2006）理论上从六个方面研究了动态能力的维度，即客户价值导向、技术及其支持系统、组织机构支持系统、制度支持机制、更新的动力以及战略隔绝机制，通过对中国企业的实证研究，他们发现，动态能力包含以下维度，即市场潜力、组织柔性、战略隔绝、组织学习以及组织变革等五个方面，因为这些方面的研究比较符合中国企业的实际。他们的维度划分与上述研究有相同之处。

焦豪等人（2008）认为企业动态能力可以由环境洞察能力（Prahalad & Hamel，1990；Lawson & Samson，2001；李兴旺，2006）、变革更新能力（Collis，1994；Teece et al.，1997；Zollo & Winter，2002；Helfat & Peteraf，2003；Zahra et al.，2006）、技术柔性能力（Ianisti & Clark，1994；Collis，1994）、组织柔性能力（Chandler，1962；Nelson & Winter，1982；Zollo & Winter，1999）4 个维度组成，分别指对所处产业变化敏感并识别的能力、在企业内部进行创新与变革的能力、企业技术的柔韧度和企业组织柔性。

基于以上国内外学者对动态能力维度的分析，本书将动态能力划分为以下 5 大维度，即环境适应能力、组织变革能力、组织柔性、学习能力和战略隔绝机制。

3.2.2.1 环境适应能力（Environment Adaptability）

动态能力提出的前提就是基于环境的动态性特征，企业必须动态地适应环境的变化（Teece et al.，1997）。几乎所有的关于动态能力的研究都强调企业对环境的适应性，即适应能力，这种能力包括发起或适应竞争性变革的能力、企业自由度（Sanchez et al.，1996）或自由选择（Sanchez，1995）。这种能力要求组织能够掌控反应力度，能够根据市场的变化迅速做出回应。当组织面临不连续性的环境变革时，管理层应该果断地或谨慎地采取行动，以适应外部的变化，这是企业动态能力的关键要素，也是动态能力的基本表现。战略管理学家安索夫（Ansoff）支出：企业要适应环境，一个很重要的方面就是要能够对身处的环境以及未来的变化趋势有所认识，特别是对环境中不确定事件的分析和应付能力尤为重要。企业必须具有灵活性，加强环境适应能力，这样才不会丧失竞争优势，实现企业绩效优势的持续经营。

3.2.2.2 组织变革能力（Organization Renovation）

组织变革能力反映了企业对创新的态度。组织变革反映了一种企业家精神，提倡组织的创新精神，鼓励员工去冒险创新、树立首创意识，加快对内部资源的整合与利用。本质上讲，组织刚性是组织变革的阻力，企业影响迅速发展，实现变革，就必须克服组织刚性和能力刚性，创造一种持续学习的动力。只有实现组织的不断变革，才能为企业注入新的血液，企业内部才有活力，企业的发展才会更加健康。因此，企业要想具有较高的变革能力，就需要在企业内部培育创新文化，创造创新氛围，鼓励创新与变革，给员工以充分的空间去创新，并投入必要的资金和设备促进企业内部的变革，以适应外部环境的变化。

3.2.2.3 组织柔性能力（Strategic Flexibility）

• 组织柔性的定义

柔性不仅体现了组织的独特性，更展现了组织应对环境变化的动态性，它对动态能力的构建和竞争优势的维持具有特殊意义。因此，本书认为有必要对柔性进行详尽的分析与解读。

柔性在过去的文献中广泛地被提及，但因着眼点和观察视觉的差异而对柔性有着不同的定义，有的学者是以一般性的角度来谈论企业应建立柔性能力，其他学者更将柔性加以细分至功能性或角色性，例如战略柔性、结构柔性以及柔性制造能力与管理者的角色等。但综合过去各家说法仍可归纳出一个大方向，包括企业被动地降低环境不确定性所带来的伤害和威胁，以及主动地预测并适

应环境变动的能力。

在一般性的柔性方面，Ansoff（1965）认为，企业应具有外部与内部柔性来应对不确定的环境。内部柔性是指企业为适应环境需求的管理能力；外部柔性则为企业影响环境的管理能力，这样企业才能在环境变动下变得较不脆弱。Eppink（1978）认为柔性可视为组织的一项特征，可使得组织不因环境变动而容易受伤，或是在变动之时替组织争取到更好的竞争位置；Medalbaum（1978）则将柔性定义为企业迅速且有效地反应环境变化的能力；Upton（1994）也进一步认为柔性是企业为了适应环境变化，在花费较少时间、成本或绩效损失下，所能改变的能力。

在战略柔性方面，Garud 和 Kotha（1994）以及 Sanchez（1995）将战略柔性定义为企业回应动态竞争环境需求的能力；Bierly 和 Chakrabarti（1996）则将战略柔性定义为企业改变其战略制定的能力以回应内部或外部的环境改变；Hitt、Keats 和 Demarie（1998）认为，战略柔性是企业有能力去快速地预测及反应正在改变的竞争情势，而且能培养和维持竞争优势。

在组织柔性方面，Volberda 和 Rutges（1999）认为其意义为创造一个具有柔性的管理能力的组织结构和组织资源，以回应紧急战略；Hatum 和 Pettigrew（2004）则更进一步认为，组织柔性的观点与 Teece 等人（1997）所提出的观念相似，指出组织柔性结合了组织功能与管理能力使组织能迅速适应环境变化。最后本研究将上述学者对于柔性的定义整理如表 3.3（见下页）所示。

• **组织柔性的类型**

Volberda（1996）认为，柔性并非为静态的情境，而是一种动态的程序，因此速度成为组织柔性的根本因素，且动态能力赋予企业具有混合柔性（flexibility mix）。混合柔性如同能力的层级，Volberda 参考 Ansoff 和 Brandenburg（1971）的研究，依据能力的多样性及速度将混合柔性分为四大类，分别为稳定柔性（steady-state flexibility）、运营柔性（operational flexibility）、结构柔性（structural flexibility）及战略柔性（strategic flexibility），见图 3.1 所示，并再依据 Ansoff（1965）研究再将后面三大类分为内部柔性和外部柔性，其中的内涵见表 3.4。

1. **稳定柔性**

由静态的程序所组成，当产出水准与产出本质随着时间仍相当稳定时，稳定柔性能最优化企业的绩效。它几乎不能算是一种柔性类型，因为在稳定的情况下仅有微小的改变，且回应外在情况变动的速度很慢，其并无较高的价值。

表 3.3　柔性定义的汇总表

学者	柔性维度	柔性的定义
Ansoff（1965）	内部柔性、外部柔性	对于内部柔性的定义为去适应环境需求的管理能力；外部柔性的定义则为去影响环境的管理能力，这样企业才能在环境变动下变得较不脆弱。
Madelbaum（1978）	柔性	指企业迅速且有效地反应环境变化的能力。
Eppink（1978）	柔性	柔性可视为组织的一项特征，可使得组织不因环境变动而容易受伤，或是在环境变动之时替组织争取到更好的竞争位置。
Upton（1994）	柔性	企业为了适应环境变化，在花费较少时间、成本或绩效损失下，所能改变的能力。
Garud 和 Kotha（1994）与 Sanchez（1995）	战略柔性	定义战略柔性为企业回应动态竞争环境需求的能力。
Bierly 和 Chakrabarti（1996）	战略柔性	定义战略柔性为企业改变其战略制定的能力以回应内部或外部的环境改变。
Hitt，Keats 和 DeMarie（1998）	战略柔性	战略柔性是企业有能力去快速地预测及反应正在改变的竞争情势，而且能培养和维持竞争优势。
Volberda 和 Rutges（1999）	组织柔性	从战略观点来看组织柔性，其意义为创造一个具有柔性的管理能力的组织结构和组织资源，以回应紧急战略。
Hatum 和 Pettigrew（2004）	组织柔性	组织柔性结合了组织功能与管理能力使组织能够适应迅速变化的环境。

资料来源：作者根据资料整理。

多样性	慢	高
低	结构柔性（Structural Flexibility）	战略柔性（Strategic Flexibility）
高	稳定柔性（Steady-state Flexibility）	运营柔性（Operational Flexibility）

速度

图 3.1　柔性的分类

资料来源：Volberda（1996）。

表 3.4　内、外部柔性能力的内涵

	内　部	外　部
例规操作能力 (Routine Maneuvering Capacity)	内部营运柔性	外部营运柔性
	产能的调整 建立存货 使用紧急团队	使用临时劳工 多元的资源 预留供应商的产能
适应操作能力 (Adaptive Maneuvering Capacity)	内部结构柔性	外部结构柔性
	设立跨功能的团队 改变管理规则 改变控制系统 水平或垂直工作扩大 改变组织的权责关系 功能团队转换到市场导向团队	向供应商购买的零件 需要很短的时间运送 与供应商共同发展零件
战略操纵能力 (Strategic Maneuvering Capacity)	内部战略柔性	外部战略柔性
	舍弃现行战略 采用新技术 根本地更新产品	创造新的产品—市场组合 使用市场力量阻绝并控制竞争者 从事政治性活动以解除管制

资料来源：作者根据 Volberda（1996）资料整理。

2. **运营柔性**

由目前的组织结构或目标为基础所组成的例规能力。例规主要直接被使用在运营的活动与反应上，而变动往往只是短期或暂时性的。环境可能具有高度的多样性，但其变化仍是管理当局可以预测的，并能以经验法则或推断来发展例规以减少环境的不确定性。例如内部的运营柔性为组织生产量的变化，可以通过存货的建立以及在财务资源上维持超额的产能来适应环境的变化，而外部的运营柔性则可以通过退出次要的活动、使用临时劳力来调整生产力以达到产品的需求或从更多供应商处获取资源以适应环境的改变。

3. **结构柔性**

为了适应组织结构以及决策与沟通程序所组成的管理能力，以演进的方式来适应改变的情境（Krijnen，1979）。当组织面临变革时管理当局需要强大的内部结构柔性来促使组织更新或转换现存的结构与程序。例如，内部结构柔性为水平的或垂直的工作扩大化、在生产线内设立小的生产单位、改变组织的权责关系、变更控制系统、使用项目团队以及可交换人员和设备的方式转换功能性团队至市场导向团队。外部结构柔性也能够支持与保护新技术或发展新产品或新市场，例如，包含各种 JIT（准时制生产，Just In Time，以下简称 JIT）的采购方式、共同制造、共同设计或合资以及其他的战略联盟。通过增加与外界组织的合作关系，组织能更容易从事新的发展。

4. 战略柔性

由组织目标与环境与环境所组成的管理能力（Aaker & Masarenhas，1984）。此为最激进的柔性类型，牵涉组织活动本质上的改变。当组织面临影响深远的不熟悉变动时，需要战略柔性来快速反应。由于组织通常没有特殊的经验与例规来应付这样的变化，因此，企业组织必须改变他的游戏规则，拆解目前的战略、采用新的技术或彻底地更新产品本身。在外部的战略柔性方面，则通过广告与促销来影响消费者（Mascarenhas，1982）、创新新产品的市场组合（Krijnen，1979）、使用市场力量来威慑潜在竞争者的进入与控制现有的竞争者（Porter，1980），或从事政治行为来避免贸易法规的管制。新价值与规范是必然的，因为过去经验可能已无法提供任何优势（Newman et al.，1972）。因此，在新的情势下创造新的活动是相当重要的。

由于稳定柔性几乎不能算是一种柔性类型，此柔性类型仅在稳定的情况下做些微的改变，且回应外在情况变动的速度与其他类型相较之下并无较大优势。而营运柔性是由组织目前的架构或目标为基础的例规能力所组成，其所面对的环境变动通常是相似且短暂的，且建立运营柔性并不会改变组织与环境之间的关系。再者，并非所有的公司都具备运营柔性，因运营柔性的内容是以产能的调整、外包、建立存货等方式来应变产品的需求，因此若欲研究的公司并非制造业而为一般的服务业，则在运营柔性的分析上极可能出现无法衡量的问题。

基于上述原因，组织柔性（结构柔性）与战略柔性更能体现柔性能力的内涵，且依据动态能力所强调的动态性，是指组织的更新能力与环境变化一致。而战略柔性所面临的变化多是动态、不相似且紧急的，必须立刻回应以免组织遭受重大伤害，组织柔性（结构柔性）则为当组织面临革新的改变，管理当局需要相当大的内部结构柔性与组织间的合作以利现行结构与程序的更新或转换。因此，企业为了能快速地适应环境的剧烈变动，除了战略的规划外，还必须建立适合的组织结构与管理能力，即为战略柔性与组织柔性之配合。

在信息时代，在高强度的市场竞争中，企业组织必须具有较高的柔性，对外部的变化迅速作出反应，并及时进行战略调整。企业内部刚性已经无法满足

企业发展的需要，企业内部为了实现柔性管理应该打破陈规，改变工作模式，以保持组织的柔性和弹性，因时、因地制宜转变策略（贺小刚，2006）。组织的柔性管理可以促进员工自我改善意识的形成，自觉完善自己的工作，提高工作能力。同时，员工素质的提高还能够带来产品质量的提高、工作效率的提高和企业整体竞争力的增强。因此，组织柔性能够有助于企业做到人尽其才，通过给员工一定的自主权，使企业的决策迅速准确，从而在激烈的市场中取胜。

内外环境不确定性的增加和资源价值的变化属性改变了传统战略管理的作用基础，而战略柔性在其基本内容里更多地考虑了环境的变化和企业的资源置换能力。在动态的环境下，能够主动适应变化、利用变化和制造变化，制定可选择的行动规则及相应方案以增强自身的竞争力。因此，战略柔性具有三层含义：一是企业必须能够及时地认识到环境的变化并作出恰当的回应；二是企业必须拥有参与新竞争所需的资源，主要是人力资源；三是企业的内部体系必须具有较强的可调整性，以保证有能力重组资源。本书所说的战略柔性既强调了竞争环境对企业的重要性，也没有忽视企业为了适应环境而加强内部系统的可变革性以增强必要的资源和能力。

3.2.2.4 学习能力（Learning Capabicity）

如前所述，学习能力是企业认识外部新信息的价值、学习并吸收新信息、新知识并将之运用到商业活动中的能力（Cohen & Levinthal，1990），评价并利用外部知识的能力在很大程度上是先验知识的功能体现。拥有高度的吸收能力，表明企业有较强的向合作者学习的能力，整合外部信息并将之转化为企业内部知识的能力。企业获得外部新知识、用现有知识融合新知识并创造新知识的能力是动态能力的一个重要因素。这种能力要求管理者必须不断地忘却传统的实践、流程和战略，并接受新的实践、流程和战略，因此企业必须有一个学习型导向的心智。学习能力可以帮助企业提升集体式知识的积累和相互吸收，将生产技术和各类知识相结合，这是提高绩效和竞争优势的关键（Prahalad & Hamel，1990）。所以，企业必须不断地学习，保持动态能力的更新。

3.2.2.5 战略隔绝（Strategic Isolation）

战略隔绝，即资源、能力的不可模仿性、不完全移动性，这是动态能力成为持续竞争优势基础的关键之一（Barney，1991；Rumelt，1984），是维持租金流的重要机制。战略隔绝机制的建立可以通过多种方式实现，如对稀有资源的产权占有，因为所有权的保护和使用本身就具有一定的排他性（Teece，2007）；也可以通过其他各种阻止模仿竞争的准权利（quasi-rights）而得以实现，如原因不明（Lippman & Rumelt, 1982）、拥有难以模仿的知识资产的创造能力等（Teece, 2007）。正因为如此，企业如果要在相当长的时间内确保有价值的知识、能力不外流，就必须在企业内部建立相应的制度，包括但不限于以下几方面：（1）激励安排，如通过给予剩余权利及相关的回报而控制知识的转移；（2）雇员指导规程，如控制个体的活动范围，减少雇员流动和知识流动；（3）雇员工作设计，限制员工随意与外界交流获取其他企业兼职等。所以，一般而言，相对于昙花一现的企业，那些在市场上取得成功的企业往往具有更强、更完备的能力保护机制。

3.3 竞争优势及其测量维度

3.3.1 竞争优势的内涵及特性

英国经济学家张伯伦（E · Chamberlin）在 1939 年的著作《垄断竞争理论》中首次提出了竞争优势的概念，在此之后，竞争优势便成为一个热门词汇，不断地被学者们引用、研究，出现了许多成果。但是，尽管企业竞争优势理论经过长期的发展和深入的研究其基本理论体系已经形成，然而关于企业竞争优势的概念，至今仍没有形成较为一致的认同，也没有一个系统的定义来对竞争优势进行界定。还有学者常常将竞争力与竞争优势相混淆，而忽略了二者之间的差异，这种将二者等同的做法缺乏严谨性和规范性，同时也不利于学术研究的进行和企业对竞争优势的了解。

而且，绝大多数研究对竞争优势概念本身却很少系统涉及，至今，仍然缺乏对竞争优势的完善界定（Ma，2000），竞争优势是否导致了企业卓越的绩效也受到了质疑（Powell，2001；Ma，2000）。虽然，Ma（2000）针对 Powell（2001）的研究，同样从逻辑推理中验证了企业竞争优势与卓越绩效的相关关系，但其仍没有给出竞争优势的概念界定。在以竞争优势为对象的研究中，根据研究的问题对企业竞争优势进行适当的界定是完全必要的。

实际上，在众多涉及竞争优势的研究中，Noboa 对竞争优势的概念、对持续竞争优势的概念，分别进行了较为系统的论述。其他相关研究也都或多或少地对企业竞争优势的概念界定有所提及，各种提法虽然细节上各有侧重，但本质上却大体相同。这为本书综合各种有关竞争优势概念的观点，基于自身的研究目的，对企业竞争优势做出较为完善的界定奠定了基础。

Porter（1985）认为，企业竞争优势产生的基本前提在于，企业利用各种手段所创造的价值超过了为创造这些价值所付出的成本。由于观察角度和切入点不同，不同学者对于竞争优势的定义也各不相同，本研究将其他学者的看法整理如表 3.5 所示。

表 3.5　竞争优势的不同内涵

学　者	内涵及观点
Chamberlin(1933,1939)	企业比对手在市场上的表现更好
Alderson(1965)	企业的竞争优势来源于外部环境和内部资源的组合
Hofer 和 Schenedel(1978)	组织由其资源的配置型态而得与竞争者不同的地位
Porter (1980,1985)	指企业在产业中相对竞争者而言,长期拥有独特且优越的竞争地位,此种独特且优越的竞争优势表现在外,就是高于平均水准的市场占有率与获利率。其中三个一般性策略为:成本领导、差异化与集化中
Aaker(1984)	较主要竞争者占有优势地位的一项或多项的资产或技术领域
Day(1984)	较佳的技术、资源及定位上的优势,产生较佳的获利表现
Bakos 和 Treacy (1986)	信息科技的运用可产生四项竞争优势的来源:1.改善作业的效率与效能。2.开发组织间高效发展跨组织合作。3.利用资讯科技帮助产品创新。4.获得议价优势
Bamberger(1989)	竞争优势是指企业在产业与市场上所发展出的独特优越地位,其中包含:低成本与价格、较佳服务、快速运送、良好形象等
Barney (1986,1991)	有价值的、奇缺的、不可模仿和不可替代的资源是竞争优势的来源
Hall(1993)	企业在市场上由于对手的表现和市场行为
Hill 和 Jones (1995)	竞争优势是指一个企业利润高于产业中其他企业,优于其他竞争者的能力。建构竞争优势的四个一般性基础:1.较佳的品质;2.较佳的效率;3.较佳的创新;4.较佳的顾客响应
Becsanko 等(1995)	竞争优势源于企业独特的市场地位
Oster(1999)	确保企业比对手更容易获利的能力就是企业的竞争优势
Ma(2000)	企业可持续竞争优势就是企业比对手更容易实现低成本、增加产品的附加值和创新力度

续表

学　者	内涵及观点
贺小刚(2002)	竞争优势就是具有比对手更强的盈利能力,能够取得高于行业平均水平的利润
周晓东和项保华(2003)	竞争优势本质上是一种竞争地位优势和竞争能力优势
刘巨钦(2007)	企业的竞争优势是指企业通过创新和吸收信息与人才资源而产生的一种位势,对手无法模仿
武亚军(2007)	企业的竞争优势源于战略的改进

资料来源：作者根据资料整理。

竞争优势源于企业在一定时期优于其他企业的能力，如果这种能力能够长时间得到维持，那么，这就确保了竞争优势的持续性（James，1997）。虽然张伯伦提出了竞争优势的概念，但是他对竞争优势的研究却比较浅显，并没有完全解释竞争优势的具体含义。直到 1957 年 Selznick 首次将能力与竞争优势联系在一起，并认为二者之间存在因果关系，他也首次提出了详细的竞争优势的概念，即所谓竞争优势，就是企业在市场竞争过程中所表现出来的超越或胜过其他竞争对手并且能够在一定时期之内创造超额利润或获取高于本行业平均盈利水平的属性或能力。这种定义解释了竞争优势的来源，即企业能力，但是却将绩效与竞争优势完全混同。Peteraf（1993）根据资源观的基本观点，认为企业竞争优势就是能够更好地满足市场客户的需求，较竞争对手更有效地实现生产。

综上所述，本书认为，企业竞争优势是指企业利用所控制的资源和内部培育的能力，在市场上获取高额绩效并占得领先地位，并以此循环往复维持这种优势持续发展的属性。它包含以下内容：

（1）企业竞争优势来源于其拥有的独特的资源和能力。这里的“资源”既包括企业自身拥有资源（如有形资源和无形资源），也包括企业能够从外部获取的资源（如网络资源）。而“能力”则是指企业通过获取外部资源，经过内部加工利用以适应外部环境变化的经验与技能。资源和能力只有与外部环境相互匹配才能成为竞争优势的源泉。

（2）企业竞争优势的基本表现是企业在市场上的表现较竞争对手要好，获得了高于行业平均水平的利润。

（3）企业竞争优势会导致企业市场绩效的提高，但是它与绩效仍有差异，它不能完全用绩效指标来衡量，它有自己的度量指标。具体度量见下一节。

3.3.2　竞争优势测量维度

竞争优势来源于资源、能力、效力、资产以及过程在内的所有能够为企业提供绩效来源的东西。这些东西能够为企业提供优于对手的竞争力以及吸引客户。企业必须依靠自身的优势才能吸引并留住客户。竞争优势决定了企业客户的价值导向和企业的市场地位。

Bloodgood（1997）在其博士论文《持续竞争优势：基于资源观的企业隐形知识的作用》中对竞争优势的维度进行了划分，一是企业的市场份额，二是企业的总体绩效（主要是财务绩效）。这种划分将竞争优势与企业绩效混为一谈，缺乏科学性（Lawrence，2004），而且，这种维度划分更像是在度量企业绩效。

表 3.6　竞争优势维度的划分及内涵

维　度	内涵及意义
效率	接受、存储企业生产投入物的成本
	将投入变为产出的成本
	将产品营销给客户的成本
	培训、发展与补偿员工的成本
	管理活动的总成本
	协调采购、加工、营销等活动的成本
功能	监控资源使用的影响
	更新资源的影响
	转换或处理资源的影响
	评价资源效率和效能的影响
	获取资源的影响
	核实资源效用的影响
持续性	评价供应商与选择供应商
	整合客户资源的能力
	评价客户行为并作出反应
	企业信息技术系统的作用
	企业专利技术的保护
	技术标准的开发

Schulte（1999）在其博士论文《国际企业战略与信息流对企业竞争优势和绩效的影响》中对竞争优势的维度进行了详尽的划分。他以竞争优势发展序列的方式将竞争优势分为三个维度，即效率、功能和持续性。效率主要从成本角度考虑企业的行为；功能主要从资源的角度研究资源对竞争优势的影响；而持续性主要从客户、供应商和企业专有知识（know-how）角度研究企业竞争优势的持续问题。具体的研究指标见表 3.6 所示。

Ma（2000）首次提出了竞争优势的维度，认为竞争优势可以从竞争力和企业的市场地位来衡量，但是这种分类方法混淆了竞争优势和竞争力的差别。

Vogel（2005）在其博士论文《利用信息技术与能力为企业取得竞争优势》中，根据竞争优势在 IT 企业中的表现，将竞争优势分为以下 6 个维度：一是低成本维度，即企业能够以较低的成本为客户提供产品或服务；二是价值增值服务，即企业能够为客户提供多功能、高性能的产品或服务；三是速度，即企业以快速、有效的方式执行操作流程；四是灵活性，即企业需要灵活地适应快速变化的市场并比对手更快地作出反应；五是创新，即企业要持续不断地为客户提供创新性产品；六是客户服务，即企业要重视客户的需求。Vogel 的关于竞争优势的划分比较全面地说明了竞争优势的具体内容，但是在他的研究中却仍将竞争优势看做一个单一维度，并用上述六个方面来度量竞争优势。

结合上述分析，本书将企业竞争优势看作是单一维度，不对其维度做详细的划分。

3.4 网络结构、动态能力与竞争优势关系模型及假设

基于上述分析，本书就网络结构、动态能力和竞争优势之间的关系进行分析，提出相关研究假设。基本假设主要有：网络结构对动态能力的影响假设；动态能力对竞争优势的影响假设以及动态能力对网络结构—竞争优势关系的中介作用假设。本书下面就对变量之间的基本研究假设以及提出假设的依据进行论证分析。

3.4.1 网络结构对动态能力的影响

3.4.1.1 网络强度对动态能力的影响

Granovetter（1973）把网络强度定义为“时间、情感、亲密度（互相信任）

以及互惠服务的集合体”，网络成员联系的时间越久、情感指数越大、信任度越高、互惠服务能够为双方带来的利益越多，他们的关系就越紧密，网络强度就越大，此时企业通过网络可以轻易地提高其动态能力，并可以根据网络中其他成员对市场的反应行为来做出决策判断，迅速回应市场的变化，加强企业对市场环境的适应能力。

Tsai和Ghoshal（1998）认为，网络关系越强，越能促使网络成员间有共同的远景，能够促进成员间资源的交流与整合，企业不仅能够获得自己所需的资源，而且还能够合理地利用从其他网络成员那里获得的资源，同时提高资源获取的能力和效率，加强企业变革所需的资源需求。

Ahuja（2000）认为网络成员联系越紧密，无形的资源就能够以最快的速度在成员之间实现共享，企业也就能够获取必要的无形资源，提高资源获取的能力和效率，企业可以利用这些资源来实施创新，有利于降低企业的创新成本。

Jenssen和Koenig（2002）认为，网络联系越紧密，越能促进成员间的信任，减少成员间的非道德行为（unethical behavior），这样就能够使各种资源在成员间互换，企业就能够获得所需的资源，提高资源获取的能力，同时通过外部信息获取，提升企业的学习能力。网络密度对企业学习能力的贡献就在于企业通过网络获取了信息，经过吸收、加工和利用，使得企业内部的整体学习能力得到提升（Uzzi，1996）。

Lu和Meyer（2006）认为，网络强度体现了企业间网络中各成员企业联系的频繁程度、密切程度和互惠程度。在制造企业与供应商、分销商的纵向网络关系中，我们把生产企业作为核心节点，联接着上下游的节点企业，频繁、密切和高互惠度的较强联系是维系网络的基础。密集的网络和较强的关系促进了信任，可以节省长期合作企业之间谈判、交易和管理的费用，降低了信息、技术、资源的获取成本，促进了行动者之间信息的传播，尤其是隐含及敏感信息的传播，增加了信息的准确程度，增强了技术的转移和吸收，增进了彼此的合作，同时也加强了彼此的学习能力和吸收能力。

网络中各成员企业频繁的联系，较多的交互行为和互惠活动，传递的主要是影响力和信任感，它提供了网络伙伴之间彼此信任的基础（Croom & Watt，2000；Hongseok，Labianca & Myung-Ho，2006；Inkpen & Tsang，2005；Krackhardt & Stern，1985），有利于组织之间信任关系的加强和影响力的增大，相应地促进成员企业间的协作和资源共享，对于企业适应环境的变迁和不确定性、增强处理危机的能力和在现今高动荡的环境下避免市场风险是至关重要的，尤其是对于企业应对危机的柔性能力的提升有着很大的优势和益处（Dyer & Chu，2003）。

需要指出的是，企业必须了解在任何一种关系类型中，由于赋予关系的时间和精力不同，可能出现不同程度的关系。企业应该注意不同的关系程度可能耗费的成本和带来的收益，在建立关系之后应该对关系给予评估。可以花费不同的时间和精力（或者成本）与供应商和分销商发展不同程度的关系，获取不同的利益。但是企业的网络强度越强，企业之间的相关专有知识和专利等便容易被网络中的其他成员模仿，在一定程度上不利于企业的发展。但是，企业为了维护自身的市场地位，为了保护企业的知识产权和其他关键技术，在联系紧密的网络中，企业会更加维护自身的优势，会加强对企业关键知识的保护，企业的战略隔绝机制便会起到作用。因此，网络联系越紧密，企业的战略隔绝机制的效用便会越高（Lechner & Dowling，2003；Larson，1991）。

总之，企业间网络强度是影响成员企业获取信息资源的重要因素，对企业能力的提高产生影响。网络内成员企业间频繁的沟通、较深的社会情感和相互信任，大量的资源流动与共享的联接，会使企业获得自身发展所需而无法在市场上购买的异质性战略资源，有利于企业动态能力的发展和提升、竞争优势的获得。

因此，本书提出如下假设：

假设 1a：网络强度与环境适应能力正相关（H1a）；

假设 1b：网络强度与组织变革能力正相关（H1b）；

假设 1c：网络强度与组织柔性正相关（H1c）；

假设 1d：网络强度与组织学习能力正相关（H1d）；

假设 1e：网络强度与战略隔绝正相关（H1e）。

3.4.1.2 网络密度对动态能力的影响

通过网络所获取的资源的特征和种类取决于企业网络成员的类别，通过此行为有益于企业提高其动态能力。网络密度主要是指网络联系的多样性（即网络所包含的主体数量）或者连接数（Burt，1992）。外部网络联系的密度越大，企业就越能接近各种信息，便能根据企业的需要和市场的变化来对外部的环境作出反应（Burt，1992），因而企业的适应能力就会变强。网络的益处还包括能够减少创新的不确定性（Larson，1991）和信息的交流与协调（Elfring & Hulsink，2003），增加专门知识和技术的转移速度，这样就大大加快了无形资源的获取，强化企业的组织学习能力和组织柔性。Elfring 和 Hulsink（2003）认为通过大

量的网络联系，企业可以用最小的成本获得所需资源，同时利用这些资源实施创新战略。因此，网络密度越大，企业更加会加大对企业专有知识的保护，维护企业的市场地位和战略要素优势，为企业带来持续竞争优势（Liao & Welsch，2003）。

Premaratne（2002）认为，网络密度衡量的是网络的大小，或者说是网络连接的节点数量，从个体角度看，网络密度等同于与个体单元相关的关系数目。网络密度的大小决定了企业可以获取的资源的丰裕程度，如果网络中具有不同资源的企业数量愈多，网络中蕴藏的有利于企业成长的资源就越丰富，也就越可能对企业成长提供多方面的资源支持。但是，网络密度对动态能力的正向影响在近年来的实证研究中并未完全得到支持，网络规模与动态能力之间的关系还有待新的验证。

对国内外的研究进行梳理，可以发现实证研究的结论集中在两点上，其一是认可网络密度对组织柔性的正向作用，因为广泛的联系可以为企业的战略实施提供多视角的信息，企业可以根据外部信息调整内部的架构，增加柔性以回应市场；其二是认为网络密度对组织的变革能力有正向影响。事实上，大多数研究支持网络规模对动态能力的正向影响。例如，Powell、Koput 以及 Smith-Doerr（1996）以生物技术产业为例，证明通过加入多类别的研发联盟，高新技术企业可以获得不同的资源（例如新知识），进而会影响企业的创新能力。无独有偶，Liebeskind 等（1996）以生物技术企业为例对社会网络和企业学习进行了研究，其案例研究证明生物技术企业的研发人员把与其他企业研发人员建立合作研发关系作为获得新知识、新价值观的主要手段，并且证明这种研发合作关系促进了企业的发展。在 Deeds 和 Hill（1996）的研究中，企业通过广泛的网络联系提高了企业的创新和产品开发。Vanhees（2006）则以中小生物技术企业为样本，进一步证明了中小生物技术企业之间建立的研发联盟越多，企业的创新产出就越多，越有利于企业动态能力提升的结论。Eisenhardt 和 Schoonhoven（1996）在研究网络时，对企业的规模进行了划分，他们认为为了获得资源，企业必须拥有资源。这些资源包括金融资本、实物资本、人力资本和组织资本等四类。他们证明大规模企业比小规模企业拥有更大的网络，因为小企业（员工数少于 500 人的企业）拥有的资源更少，因此他们建立研发联盟的可能性更小，因此，这些企业的创新能力和学习能力相对较差，企业也缺乏相应的柔性。

从以上研究可以看出，网络密度也对动态能力的各个维度有重要的影响。基于以上分析，本书提出以下假设：

假设 2a：网络密度与环境适应能力正相关（H2a）；

假设 2b：网络密度与组织变革能力正相关（H2b）；

假设 2c：网络密度与组织柔性正相关（H2c）；

假设 2d：网络密度与组织学习能力正相关（H2d）；

假设 2e：网络密度与战略隔绝正相关（H2e）。

3.4.1.3　网络中心度对动态能力的影响

很多研究证明企业在网络中的位置会影响企业的能力提升。例如 Powell 等人 1996 年以生物技术产业为例的研究就证明企业在网络中的位置会影响企业的技术革新，通过显示企业在网络中的地位，企业可以吸引、集聚多种信息和资源，企业不仅可以通过这些信息资源来进行创新，还可以加强对外部环境的适应，提高企业的环境适应能力。在多数研究中，学者们都选择中心度（centrality）指标来衡量企业在网络中的位置。

网络中心度的研究表明，直接联系越多、程度中心度越高对企业越好。中心度是衡量节点在网络中的最佳位置，一般而言，如果节点处在两个重要群体之间，在网络中充当掮客的角色，那么节点在网络中的重要性越强。接近中心度衡量的是节点连接所有其他节点的最短路径，一般而言，如果节点所拥有的直接和间接联系能够使其更快地与网络其他节点取得联系，那么接近中心度就越高。这就表明，企业的中心度越高，企业越能快速地与其他企业加强联系，增强内部的柔性与反应力（Freeman，1980；Freeman & Barley，1990）。

Powell，Koput 和 Smith-Doerr（1996）发现，在生物技术产业，缺少组织间联系的企业更可能失败，因此生物技术企业不得不积极建立新的联系，企业需要通过这些联系产生有利于企业技术革新的结果，加强企业的内部变革，提高企业的创新度。而在网络中处于中心位置的最有效的办法就是参与、发展分工合作，除此之外的其他方法都是缺乏效率的。如果企业丧失了在网络中的中心位置，那么它就很难扩展或是更新它的网络，只有那些资源丰富的网络成员才有能力通过重组网络来改变他们在网络中的位置。与 Powell 等人的研究一样，Salman 和 Saives（2005）的研究也证实网络中心度与企业动态能力之间存在正相关关系。他们认为，企业需要知识和技术资源，而网络就是企业用来获得这些资源的途径，网络中心度是用来衡量企业在网络中所处位置的信息流动性的关键指标。其研究结果显示，越处于网络中心的企业越能接近更多种类的行为，从而越可能将自己置于信息丰富的位置。中心位置增加了企业专利的数量，同

时也增加了企业的非营业收入和销售收入，而企业为了维持这种获利的状态或者保护专有技术，会增加对这些资源的保护。另外，企业在网络中的位置越靠近中心，企业越能更加快速地获得新发展，也会更早地获得新信息。Ozcan（2007）经过对无线游戏市场上 6 个创业企业为期两年半的追踪调查后，于 2007 年发表了最新的研究成果，其研究结果显示，企业在联盟中是否处于中心地位决定了企业未来进入良性或是恶性循环，而企业成长的好坏会进一步的强化或削弱联盟。他还观察到，处于良性循环的企业会通过使用网络来使企业的动态能力获得进一步的提升。但是一些学者却并不认同二者的这种关系（Bell, 2005; Batjargal，2005）。

以上研究成果说明，关于网络中心度与企业动态能力的认识还没有形成定论。造成这一结果的原因可能是研究样本的差异，不同研究者选择了不同国家的不同产业作为实证检验的样本，但是各个国家、各个产业的情况不尽相同，这就可能引起网络中心位置对企业能力重要性的差别。但多数研究表明，网络中心度对企业动态能力的发展与提升是有促进作用的。

因此，本书提出如下假设：

假设 3a：网络中心度与环境适应能力正相关（H3a）；

假设 3b：网络中心度与组织变革能力正相关（H3b）；

假设 3c：网络中心度与组织柔性正相关（H3c）；

假设 3d：网络中心度与组织学习能力正相关（H3d）；

假设 3e：网络中心度与战略隔绝正相关（H3e）。

3.4.2　动态能力对竞争优势的影响

环境适应能力强调了企业对外部环境的反应能力。企业面临的外部环境是不确定的，企业无法准确预知环境中客观事件的发展和未来状态。外部环境的不确定性使得企业不断地加强对外部信息的获取以加强适应能力（霍春辉，2006）。企业的适应能力越强，企业便能够对外部环境作出比竞争对手更加迅速的反应，以此满足市场和客户的需求，建立竞争优势。随着企业间竞争的加剧和全球化的强劲趋势，企业必须要培养和提升整合、构建和重组内外部胜任以适应快速变化环境的能力（Teece et al.，1997），其通过作用于企业的运营操作能力来提高企业的竞争优势。

企业组织变革是适应外部环境变化而进行的，是以改善和提高组织效能为根本目的的管理活动。通过企业的组织变革与创新，企业加强了对外部环境的解读，因为外部环境的变化是企业组织变革的最大诱因。企业只有加强了组织变革能力，企业才能在激烈的竞争中迅速作出反应，提升企业的动态竞争优势（Zahra et al.，2006）。在一个不断变化的世界里，要取得成功，仅凭良好的管理和技术是不够的。今天，成功的关键是动员企业的员工，培养共同目标和职责，建立信任和认同，以及快速有力地行动以获取和保持竞争优势。组织变革的能力，是一个成功的企业必须具备的根本技能之一。企业面对环境变迁的敏感度与提前反应速度的能力，决定了组织的成功与失败。为了使组织具备快速反应的能力，大部分的企业会为组织的变革过程预先进行一连串计划性的系统改变，这种变化伴随着企业优势的跃迁。

一般而言，具备竞争优势的公司通常提前于竞争对手创造、界定、发现和开拓有利于企业的市场机会（Hamel & Prahalad，1994；Miller，1983）。这在一定程度上取决于企业的战略柔性。很多的研究显示了公司的柔性对公司的竞争优势有显著的正向关系（Zahra & Covin，1995）。Jantunen 等（2005）通过对 217 家制造型企业和服务型组织进行调查研究之后，对公司动态能力与竞争优势之间的关系进行了讨论分析，他们的研究发现公司因时制宜的工作模式、迅速对环境、企业目标的反映以及实现战略的转变等均对企业的竞争优势有显著的影响，同时也说明了柔性的战略对企业竞争优势的积极作用。另外，企业高层管理者的理念、对于变化的适应度以及实施变革的意愿和成功实施变革的能力会影响着企业内精英们对于适应环境变化的偏好（Penrose，1959）。比如，当丰田汽车公司在美国的销售量超越通用汽车后，通用便调整了战略，在丰田的精益生产系统基础上培育柔性制造能力，经过战略调整，通用汽车又重新获得了竞争优势，在销量上超过了丰田（藤本隆宏，2007）。

早在二十世纪六十年代，Penrose（1959）的企业增长理论就强调了内部资源、跨企业间的学习以及企业内外部环境动态的交互对于企业动态适应复杂环境的重要性。此外，Man（2001）认为组织是一个知识系统，并且研究了知识、学习与动态能力的关系。他认为，学习能力不仅提高了企业的动态能力，而且更为重要的是，企业通过学习，不仅积累了强大的知识库，而且还形成了强有力的知识链，这是其对手所不能够模仿的，这种链条能够为企业带来强有力的竞争优势。同时，通过动态能力理论的文献梳理可以知道，动态能力意味着创

造、接受和实施新想法、流程以及产品和服务。如果组织内部弥漫着学习的气氛，那么就能够促进组织创新，进而促使企业动态适应复杂变化的环境，这是十分明显的，许多学者强调了组织学习对这种动态适应环境能力的促进与提升作用（Zahra et al.，2006）。Zollo 和 Winter（2002）认为，动态能力的提升取决于三个相关的学习机制，这三个学习机制是隐性经验的积累过程、知识外在化过程和知识编码活动，后两者是学习的认知行为，企业通过它们提升自身的动态能力，并使其在企业内部更新与改善运营流程。通过这些把隐性知识外在化并把它们转化成编码工具（如蓝图、文件等）的活动，这需要企业有更多根本性变革的认知，而这种市场洞察力是企业在长期的过程中形成的，这对于企业的竞争优势而言其作用是很明显的。

战略隔绝、抵制模仿的作用在于维持占有 Richard 租金或者熊彼特租金的时间。企业除了通过开发出具备难以模仿的、不可移动的、原因不明的核心技术和能力（Prahalad & Hamel，1990）之外，另外还必须通过制定有效的能力保护机制，以尽可能地延长此租金占用的持续性（Liebeskind，1996）。所以，可以认为，企业的战略隔绝机制能力越强，这种能力将为企业带来的竞争优势越强。

因此，本书提出如下假设：

假设 4a：环境适应能力与企业竞争优势正相关（H4a）；

假设 4b：组织变革能力与企业竞争优势正相关（H4b）；

假设 4c：组织柔性与企业竞争优势正相关（H4c）；

假设 4d：组织学习能力与企业竞争优势正相关（H4d）；

假设 4e：战略隔绝与企业竞争优势正相关（H4e）。

3.4.3　动态能力对网络结构—竞争优势关系的中介作用

虽然现在出现了基于网络的竞争优势观点，但是关于网络与竞争优势之间的关系，至今没有引起学者的重视（Wu & Dong，2009）。因此，这就急需学者们对网络结构与竞争优势之间的关系进行研究。本书从动态能力的中介作用出发，研究网络结构对企业竞争优势的影响。Teece（2001）也认为，动态能力与竞争优势的关系是有前因变量（antecedents）的。网络因为其对动态能力有影响，因而本书将其作为前因变量之一。

Siu 等（2008）认为，网络强度能够加强动态能力，进而通过动态能力的发展来影响企业的竞争优势和绩效。Soetanto 和 Geenhuizen（2006）在对高校附属企业的研究中指出，来自不同环境的合作伙伴，若其联系紧密，则会为高校附属企业的发展提供更多样化的观点，同时也能使企业接触到更广泛的资源，提高企业的动态性，优化企业的结构，从内部构建企业的竞争优势。Owen-Smith和 Powell（1999）与 Beckman 等（2002）分析了网络密度对企业学习的不同影响，他们从反方向验证了企业学习能力对竞争优势的影响。他们使用了 1988 到1997 年 10 年间近 400 家生物技术企业的数据，建立了 3 种回归模型，分析了网络结构、专利数量以及不同层次的企业产出这三者之间的复杂关系。研究结果表明，分工合作决定了单个生物技术企业的竞争优势，同时也在整个产业演化过程中起到了关键作用。同时研究还发现，如果网络中企业间的学习行为受到限制，那么网络多样性和网络经验就会出现下降趋势，企业的学习能力便会受到影响，企业的竞争优势就变得不显著。很明显，这说明了动态能力在网络结构与竞争优势之间的中介作用。

2005 年，Batjargal 发现网络中心度对企业竞争优势的影响会随着企业动态能力的发展而发生改变，他对中国与俄罗斯软件企业进行了调查研究，研究结果显示，企业的网络地位（Network positioning）与企业动态能力之间存在正相关关系，同时发现网络中企业人员间知识的同质性加速了软件产品的发展以及企业动态能力的变迁。但是，从长期来看，紧密的和同质的网络会对企业的动态能力产生损害，进而影响到企业竞争优势。2007 年 Batjargal 再一次使用中国与俄罗斯软件企业的数据对网络中心度问题进行了研究，通过对中国与俄罗斯的对比，他发现不同国家网络中心度对企业动态能力的影响是有差别的，与俄罗斯的软件企业相比，中国软件企业专业网络的规模更小、密度更大、同质性更强，企业的中心度不突出，这就导致了企业的能力不强，动态性不足，企业的竞争优势比较弱。

因此，本书提出如下假设：

假设 5a：动态能力在网络强度—竞争优势之间起到了中介作用（H5a）；

假设 5b：动态能力在网络密度—竞争优势之间起到了中介作用（H5b）；

假设 5c：动态能力在网络中心度—竞争优势之间起到了中介作用（H5c）。

3.4.4 研究模型与假设总结

经过对上述变量之间的关系进行分析并提出假设，本书得出了变量之间清晰的框架，如图 3.2 所示。

具体的假设见表 3.7 所示。

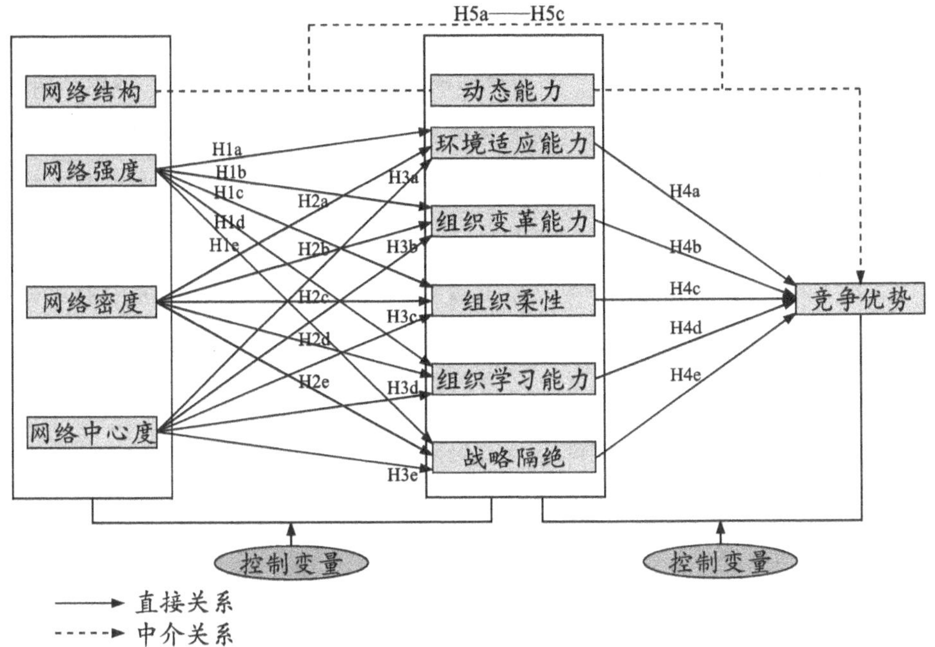

图 3.2　变量假设关系

3.5　本章小结

本章基于第二章的基础理论，在对变量内涵及维度进行分析的基础上，提出了变量之间的相关假设。

网络结构被定义为网络参与者之间直接或间接的联系模式。它被分为 3 个维度，即网络强度，是指主体之间联系的密切程度；网络密度，是指网络所包含的主体数量及其连接数；网络中心度，是指企业在网络中的地位。

动态能力被定义为企业不断地对企业的资源以及能力进行整合、配置以及根据外部环境的变化对它们进行重组的能力，它是企业应用其在长期的发展历程中形成和积累起来的资源、能力、知识体系，适应和利用环境变化，有效整合企业内外部资源，不断推出适应市场发展需要的优质产品和服务，给客户带来价值增值的特有的能力，它能够为企业提供较大的发展潜力，支撑企业在多个产品和服务市场中获得持续的竞争优势。它可分为 5 个维度，即环境适应能力、组织变革能力、组织柔性、组织学习能力和战略隔绝机制，并分别分析了各个维度的内涵。

表 3.7 假设总结

变量关系	假设描述	假设性质
网络强度与动态能力	网络强度与环境适应能力正相关	验证性假设
	网络强度与组织变革能力正相关	验证性假设
	网络强度与组织柔性正相关	验证性假设
	网络强度与组织学习能力正相关	验证性假设
	网络强度与战略隔绝正相关	开拓性假设
网络密度与动态能力	网络密度与环境适应能力正相关	验证性假设
	网络密度与组织变革能力正相关	验证性假设
	网络密度与组织柔性正相关	验证性假设
	网络密度与组织学习能力正相关	验证性假设
	网络密度与战略隔绝正相关	开拓性假设
动态能力与竞争优势	环境适应能力与企业竞争优势正相关	验证性假设
	组织变革能力与企业竞争优势正相关	验证性假设
	组织柔性与企业竞争优势正相关	验证性假设
	组织学习能力与企业竞争优势正相关	验证性假设
	战略隔绝与企业竞争优势正相关	开拓性假设
中介作用	动态能力在网络强度—竞争优势之间起到了中介作用	开拓性假设
	动态能力在网络密度—竞争优势之间起到了中介作用	开拓性假设
	动态能力在网络中心度—竞争优势之间起到了中介作用	开拓性假设

竞争优势被定义为企业因其拥有独特的资源和能力而在市场竞争中持续获得高于行业平均获利水平的市场表现，也是一个企业在向消费者提供具有某种价值的产品或服务的过程中所表现出来的超越或胜过其他竞争对手并且能够在一定时期之内创造超额利润或获取高于所在行业平均盈利率水平的属性。本书认为，竞争优势的维度是单一的。

在对变量进行了维度划分的基础上，提出了研究假设，具体的假设包括：网络强度与环境适应能力正相关、网络强度与组织变革能力正相关、网络强度与组织柔性正相关、网络强度与组织学习能力正相关、网络强度与战略隔绝正

相关、网络密度与环境适应能力正相关、网络密度与组织变革能力正相关、网络密度与组织柔性正相关、网络密度与组织学习能力正相关、网络密度与战略隔绝正相关、环境适应能力与企业竞争优势正相关、组织变革能力与企业竞争优势正相关、组织柔性与企业竞争优势正相关、组织学习能力与企业竞争优势正相关、战略隔绝与企业竞争优势正相关、动态能力在网络密度—竞争优势之间起到了中介作用、动态能力在网络强度—竞争优势之间起到了中介作用、动态能力在网络中心度—竞争优势之间起到了中介作用等共 23 条假设。

第4章
测量工具开发及检验

在以上章节，本书就变量的内涵以及维度进行了定性研究，并依托相关基础理论，对变量之间的关系进行了假设。本章的主要内容就是在上述定性研究的基础上，对网络结构、动态能力以及竞争优势的测量工具进行开发，以确保其可操作性，并通过初步的问卷调研，以进一步验证测量工具的有效性以及可信性，最终设计出一份可用于全国调研的问卷，进而验证理论模型中的各个假设。

4.1 问卷设计原则及流程

4.1.1 问卷设计原则

问卷的设计是一个严谨、科学的过程。但是，当前国内的研究多数均遵循、使用国外的问卷，对问卷加以修改的相关研究很少；而且，国外的许多指标并不太适合中国背景下的企业（Man，2001）。因此，有必要进一步开发出更加适合中国情境的问卷来度量中国特有的网络结构、动态能力以及竞争优势。本书认为，此过程应该以以下原则为指导：

（1）科学性原则。这是指标体系设置应遵循的基本原则。根据这一原则，指标与指标体系的设置应反映我国企业的运行机理。因此，指标的概念要准确，测量方法与测量内容要科学可行，应满足研究的目的，尤其是能力测项。动态能力具有很强的特殊性，而且“能力”本身就较难测量，因此，所抽取、提炼出来的测量指标应该能够为研究模型服务，即这些能力测项必须有一定的特殊性，而不能将一些与本研究相关性不大的测项也纳入研究框架。

（2）可操作性原则。指标与指标体系设置时应具有足够的灵活性，尽量采用定量指标，尽量采用国内学者已经使用过的测项，以使本研究能根据自己的特点以及实际情况，对指标灵活运用。

（3）全面性原则。评价指标体系必须全面反映我国企业目前的运行状态，既包括网络联系的建立，也要反映企业动态的运行过程，即如何适应环境、如何加强学习、如何增强组织柔性并实施战略隔绝措施等等。

（4）可比性原则。指标与指标体系设置时应使其在一定时期内，在涵义、范围、方法等方面保持相对的稳定性，还应考虑到易与国外相关研究指标体系相比较，以便于评价结果的可比性，从而确定企业自身在同行业中、同规模企业以及在国民经济中所处的水平和地位，以便找出差距，挖掘潜力，提升竞争优势。

（5）既精简又突出重点，确保研究的有效性。将所有的测项精简到可以直接作为测量工具，这是定量研究的必经过程。但是，精简过程并不意味着可以随意删减，而是要在尽可能保持原有信息量的前提下，抓住关键测项，既保留足够的信息以反映客观世界，又能为被调研者节约大量宝贵的时间，同时也能保证问卷的质量。

4.1.2　问卷设计流程

在定量研究之前，首先应该对相关变量进行测量，并开发出可行的测量工具，以便进行探测性研究（pilot study），之后才能采取有效的问卷调查以进一步验证各个假设是否成立。图 4.1 是问卷设计的基本流程。

首先，为确保问卷开发的准确性与可用性，必须对相关的重要文献进行研究，分析变量的内涵，对变量有充分的理解之后，开发的问卷会更加符合研究目的。在此基础上进行的书面案例研究会强化对变量概念的理解；而后对与本书相关的测项进行分析界定，并将之与相关变量进行匹配。接着从文献分析的角度检测问卷内容的有效性、架构的有效性以及规则的有效性，在此过程中，一个有效的方法就是参考其他学者的研究情况（Bird，1995），借鉴有用测项，修正不恰当的测项；在确定了初始问卷的基本内容之后，就要展开预调研，在收集到数据之后，需要对问卷进行统计分析与解释，并在此基础上增删个别测项，并以新的剩余测项作为基本内容，附加其他测项（如控制变量），并根据问卷的反馈情况，最终形成一份可用于全国调研的正式问卷。

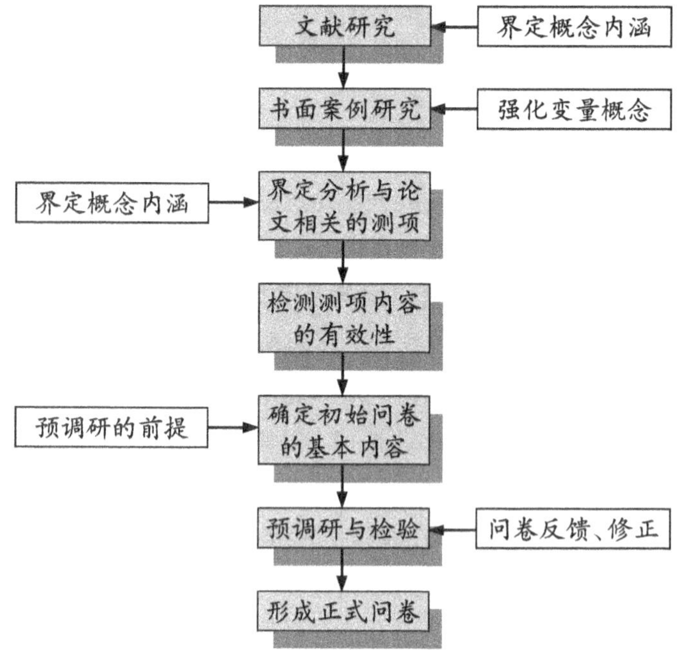

图 4.1　问卷设计流程

4.2　网络结构测量工具开发

Tsai（2001）认为，网络结构的维度具有较强的特殊性，不同情境下的网络结构，其特征不同，因此，网络结构各维度的度量也应相异。本书依据这一原则，结合中国的实践以及中国企业建立的所谓“关系”，对网络结构的三个维度，即网络强度、网络密度和网络中心度进行度量。

4.2.1　网络强度测量工具开发

关于网络强度的度量，已有的研究有多项指标（Marsden, 1993）。Granovetter（1973）将网络强度定义为“接触时间、情感联系、情感紧密度以及互惠服务的组合”，他同时也认为，从这四个方面来研究网络强度具有现实意义。Ahuja（2000）认为，网络联系的强度越大，企业越能够获取隐性知识，促进企业加强合作，这对于企业是有益的。Zhang 等（2005）依据上述研究，从三个方面度量了网络强度，在他们的研究中，他们采用了 250 家北京企业和 128 家新加坡企

业作为实证研究的数据来源，对网络强度的信度和效度进行了检验，其信度系数为 0.76。而且，在 Ge、Hisrich 和 Dong（2009）的研究中沿用了这一量表，并给予中国的情境对量表进行了验证。由于 Zhang 等人的研究主要是基于中国等发展中国家的实证所进行的研究，对本书的研究具有很大的参考价值，而且网络强度的量表也经过使用，而且信度和效度均通过检验。因此，本书将沿用这些度量题项，对网络强度进行度量。

根据以上分析，本书选用了三项最常用的指标来度量网络强度：（1）关系持续时间。度量的问题为“在交易行为之前，双方已经互相认识、了解了多长时间了”，1 表示少于 1 年，2 表示 1–2 年，3 表示 2–3 年，4 表示 3–5 年，5 表示 5 年以上；（2）关系密切程度。我们用 5 刻度 Likert 指标来回答下列问题“您在多大程度上同意你已和其他相关企业保持了紧密的联系”，1 表示“完全不同意”—5 表示“完全同意”；（3）接触频次。我们用 5 刻度 Likert 指标来回答下列问题“您在多大程度上同意你和其他相关企业每周都保持接触”，1 表示“完全不同意”—5 表示“完全同意”（Bian，1997）。本书在此用 NI1、NI2 和 NI3 表示这三项指标。这些指标经过罗志恒、葛宝山和董保宝（2009）的使用，显示出了较好的信度和效度。

4.2.2 网络密度测量工具开发

Burt（1992）认为，网络密度主要是说明企业网络联系的多样性。Zhao 和 Aram（1995）认为，网络密度也称之为网络范围（network range），企业通过网络联系获取的资源的特点和类别依赖于企业网络联系的种类，即不同的联系。网络联系的密度越大，企业就越能够从有限的联系中获益。他们根据企业联系的数量来度量企业的网络密度。Yli-Renko 等（2001）认为，企业的网络密度应该根据企业与外部的联系量来定，企业有时可以和科研机构建立联系，有时可以和供应商建立联系。Christian 和 Dowling（2003）认为，社会网络多样性在企业初始时非常重要的，因为它是交流的渠道，是机会识别的渠道，在此之后，商业关系被认为是更重要的网络关系，与其他企业、竞争者、客户、供应商之间的联系变得更加重要并成为这一时期的主导。一般的，社会网络包括家庭、朋友和熟人等企业家社会层面的关系。商业关系网络则是专业的或面向业务的网络，包括所有那些与商业有关的个人关系和组织关系。对于一个处在创建过程中的企业而言，与支持机构和其他企业的关系，特别是与其他企业的关系变得非常重要，因为这些关系是企业获得有关市场信息的途径。因此，与外部的不同联系就成为度量网络密度的前提。

本书参照 Burt（1992）及 Yli-Renko 等（2001）的研究，使用与竞争者、消费者、供应商、大学科研机构、政府机构、中介服务机构联系的范围程度度量网络密度。本书在此用 NR1、NR2、NR3、NR4、NR5、NR6 表示这 6 项指标。这些指标同样经过罗志恒、葛宝山和董保宝（2009）的使用，显示出了较好的信度和效度。

4.2.3 网络中心度测量工具开发

网络中心度（Network centrality）表明了企业在网络中的地位，它影响到了企业的行为与战略。而网络研究的主要前提就是，处在一定社会体系中的社会结构影响其成员的行为及其绩效。Granovetter（1985）认为，经济行为者之间的网络结构影响他们的行为结果。一些学者也认为，企业在网络联系中的地位影响了信息与资源的流动（Baker & Sinkula，1999；Burt，1992），这种结构类型与企业的地位既为企业提供了机会，也为企业带来了挑战，影响企业的行为与绩效，因此，从这些方面来度量网络中心度具有实际意义（Gulati，1999；Podolny & Baron，1997）。

网络文献经常将中心度看作是企业在网络中的地位的一个指标。当企业占据了网络中心地位之后，企业就具有了较对手更优的信息地位（Burt，1992；Gulati，1999），企业的中心地位不仅有利于企业获取有价值的资源，还能够加强其他企业对处于网络中心的企业的尊重和信任（Gulati，1999），降低企业寻求新合作伙伴的成本，此外，网络中心度能够帮助企业识别外部潜在的获利机会（Baum et al.，2000）。网络中心度直接表明了企业加入某种战略联盟的作用，即它是一种中心企业以其经验和能力加入网络联盟的信号（Gulati & Gargiulo，1999）。由于经验和能力能够促使企业间网络关系的建立和联盟的成功，因此，许多企业愿意与处于中心地位的企业建立联系。Chung、Singh 和 Lee（2000）认为，可以从中心企业的影响力着手来测量网络中心度，企业的中心度越强，企业就越能够控制更多的资源，便能够对网络中的其他成员施加影响。企业在网络联系中的影响力越大，它便更加能够为自己的产品和服务定高价，进而提高绩效（Baum et al.，2000），增加市场份额（Powell et al.，1996）。Podolny（1993）认为，度量网络中心度应该从网络为企业带来的益处着手，对于特定的企业，若其中心地位为企业带来了有益的产出，那么企业应该维持这种地位。

因此，基于上述分析，本书用以下指标来度量网络中心度：（1）企业在网

络中的中心地位明显；（2）企业在网络联系中较对手更易获取某些资源；（3）企业在网络中的地位促使其他网络成员加强与其合作；（4）企业在网络中的地位加强了其他企业对其的信任；（5）企业的网路中心地位为企业带来了正面效应而非负面效应。本书在此用 NC1－5 表示上述测量题项。

4.3　动态能力测量工具开发

4.3.1　环境适应能力测量工具开发

环境适应能力（Environment adaptability）是指企业识别并利用市场机会的能力（Chakravarthy，1982；Hooley et al.，1992；Miles & Snow，1978）。Chakravarthy（1982）将适应能力与适应性区别开来，后者描述了企业生存的最佳状态，而适应能力更加关注有效的探究以及在探究战略和开发战略间实现平衡（Staber & Sydow，2002）。这种平衡行为主要基于战略视角并和资源相关，适应能力通过战略柔性来表达，比如企业资源的内部柔性和使用这些资源的柔性（Sanchez，1995）。组织柔性的演进伴随着适应能力的发展。Rindova 和 Kotha（2001）形象地用案例描述了这一现象：Yahoo！和 Excite 通过改变自己的组织形式来使自己适应并开展竞争，企业经历了在产品、服务、资源、能力以及组织模型等全面的、持续的变化。这一案例说明在资源的战略柔性、资源的组合柔性、企业的组织形式和不断的战略需求方面，适应能力反应了动态能力（Rindova & Kotha，2001）。这些研究均在不同程度上解释了环境适应能力的测量问题。其他实证研究（Alvarez & Merino，2003；Forrant & Flynn，1999）也说明，适应外部环境变化的能力与整合内部资源满足外部需求的能力对于企业在行业中的演进和生存很关键。有高度适应能力的企业就展现出了动态能力（Teece et al.，1997）。因此，从内外部的结合角度来测量环境适应能力更加能够说明企业适应能力的演变（Teece et al.，1997）。

在当前文献中，适应能力的度量是多维度的，包括企业适应外部市场以回应外部机会的能力，观察市场、监察客户和竞争者并根据市场活动配置资源的能力以及迅速地对变化的市场做出回应的能力（Oktemgil & Gordon，1997）。而 Gibson 和 Brikinshaw（2004）通过以下几方面来度量适应能力：企业的管理系统是否鼓励人们挑战过时的传统和惯例、是否使企业能迅速地对市场变化做出回应、是否能够根据企业业务发展的优先性来进行系统演进。

因此，根据以上分析，本书用以下指标来度量环境适应能力：（1）本企业对所在产业发展运行规律了解非常深入；（2）本企业能充分认识到所处环境的变化与发展趋势并制定计划以使企业提前做好应对；（3）本企业和同行、顾客、供应商等利益相关者频繁交流，从他们那里及时获得对企业有用的信息；（4）本企业能够不断地观察市场、监察客户和竞争者并根据市场活动配置资源的能力；（5）本企业能够根据企业业务发展的优先性来进行企业内部系统演进。本书用 EA1－5 来表示上述测量题项。

4.3.2 组织变革能力测量工具开发

组织变革能力（Organization renovation）主要体现于员工的冒险精神，首创精神以及创新和创意等方面。而这种变革能力的形成将主要取决于组织是否给与员工充分的权利和空间；是否对创新成果给与充分的奖励（Lazonick & Prencipe，2005）；是否对革新活动投入足够的资金；是否建立了有效的流程和方法来考核这种革新的思想；是否在企业内部培育了鼓励创新、变革的企业文化等等。

因此，本书用以下指标来度量组织变革能力：（1）本企业非常支持员工的创新活动；（2）本企业鼓励具有创新精神的企业文化；（3）本企业对有创新能力的员工给予充分的激励和奖励；（4）本企业的员工经常提出有创意的设想和主意；（5）本企业的员工敢于冒险、富有首创精神；（6）本企业建立了有效的流程、方法以促进并考核员工的革新思想；（7）企业对革新活动投入了大量的资金（贺小刚，2006）。本书用 OR1－7 来表示上述测量题项。

4.3.3 组织柔性测量工具开发

企业的战略柔性（Strategic flexibility）与外部环境变化是息息相关的，没有组织的柔性，企业的战略应变能力以及适应能力将受到很大程度的制约。一个僵化的组织在面对环境的变化和企业的战略调整时将熟视无睹。与其他动态能力的维度的测项确定方法一样，一是应该考虑到组织柔性的结果；二是为了实现这一目标，就一般情况而言有哪些最为关键的方式。

如前所述，Volberda（1996）依据能力的多样性及速度将弹性能力分类为四大类，分别为稳定弹性（steady-state flexibility）、营运弹性（aperational flexibility）、结构弹性（structural flexibility）及战略弹性（strategic flexibility）。本研究基于研究目的的考量，仅选择较具动态变化的战略弹性与组织弹性（结构弹性）来作

为本研究弹性能力的衡量指标。依据前文文献回顾中各学者对于弹性的定义，本研究将弹性分为两方面来定义：（1）将战略弹性定义为企业改变其战略制定的能力以适应内部及外部的环境改变，（2）组织弹性则如同组织功能与管理能力的结合，能允许组织快速地适应环境的转变。

Hatum 和 Pettigrew（2004）借鉴上述研究，提出了战略弹性和组织弹性的测量指标，如表 4.1 所示。

表 4.1　“组织柔性”的衡量指标

变量	观察项	测度问题
组织柔性	战略弹性	1.为适应环境变化，贵公司会决定是否舍弃现行战略。 2.为适应环境变化，贵公司会采用新技术。 3 为适应环境变化，贵公司会进行产品更新。 4.为适应环境变化，贵公司会快速调整产品与市场之组合。 5.贵公司会运用本身市场的地位以控制竞争者或延迟竞争者的进入。
	组织弹性	1. 贵公司具有严格明确的层级分割，大家几乎都依此来行使职权。（反向题） 2. 贵公司内，小事也须向上级报告以进行最后裁决。（反向题） 3. 贵公司内，活动的协调整合大都通过主管来进行。（反向题） 4. 贵公司内具有许多规章规则。（反向题） 5. 贵公司内，并不需要太多规则，因为员工自己可以负责地把工作完成。

资料来源：Hatum 和 Pettigrew（2004），并经作者整理。

Long（2001）依据上述观点对柔性能力进行了测度，提出了组织弹性量表的 6 个问项，而且此量表在衡量组织弹性上具有良好的信效度，被后续诸多学者所采用。因此，本书用以下指标来度量组织柔性能力：（1）企业的部门与员工能够对环境的变化、战略的调整及时作出反应；（2）企业做出竞争转变的速度总是快于对手；（3）企业在实际运作过程中可以灵活地超越现有的权利架构；（4）企业没有限制各部门的管理自主权；（5）企业内部的工作模式因人而异、因时制宜；（6）企业允许各部门以及员工打破常规，保持工作灵活性。本书用 SF1－6 来示上述测量题项。

4.3.4　组织学习能力测量工具开发

学习能力也叫吸收能力（Absorbtive capability），是企业认识外部新信息的价值、吸收新信息并将之运用到商业活动中的能力，评价并利用外部知识的能力在很大程度上是先验知识的功能体现。拥有高度的吸收能力，表明企业就有较强的向合作者学习的能力，整合外部信息并将之转化为企业内部知识的能力。Woiceshyn 和 Daellenbach（2005）根据对加拿大的石油和天然气企业的研究，认为，企业的吸收能力可以用（1）学习不同的合作者，拥有科研和经验、（2）分析新的技术并在各个团队间共享、（3）开发并利用补充性知识和技术以及（4）在应用新技术方面拥有高层次的知识和技能并将之传播等 4 项指标来测量。Verona 和 Ravasi（2003）认为，企业的吸收能力可以从企业如何获得新知识、如何融合知识以及如何利用并创造新知识三个方面进行度量，等等。

以前大量的研究用 R & D（research and development）强度（销售占研发的比率）来度量吸收能力（Tsai，2001）。其他研究（Chen，2004）用多项指标来度量企业吸收并复制新知识能力的程度。Zahra 和 George（2002）认为吸收能力是多维度结构，并提出吸收能力的四项组成因素：知识获取、知识同化、知识转移和知识开发。但是，还没有实证研究来检验这些多维度结构的合理性以及吸收能力的这些测项。

根据以上分析，我们知道，学习能力强调吸收外部知识、将之与内部知识整合并将之吸收为内部所用的重要性。因此，本书用以下指标来度量吸收能力：（1）企业善于通过联盟、合作等形式向其他企业学习；（2）企业经常与供应商、客户等一起探讨问题的解决方案；（3）企业内部的沟通渠道畅通无阻；（4）企业实现了知识的内部共享；（5）企业能够对新知识进行加工、利用；（6）企业能够创造新的知识。本书用 AC1–6 表示上述测量题项。

4.3.5 战略隔绝测量工具开发

能力理论的一些学者虽然关注到了隔绝机制（Stategic isolation）的作用，即它是维持企业竞争优势的一个必要条件（Rumelt，1984），也对此提供了一些指导性意见，但并未在实证研究中具体运用，并且加以检验。本书经过定性研究发现，国内的企业家已经对战略隔绝机制予以了重视，并认为这一机制是企业摆脱共性，树立个性的重要机制。由于经营环境还不规范，企业家对各种不合法的模仿、侵犯专利权等问题无力应对，这也正反映了将战略隔绝机制纳入到企业动态能力体系中的合理性和必要性。本书根据定性研究的结果以及对国外文献的探讨，提出了战略隔绝的五个测项：（1）企业制订了关于技术、诀窍等知识产权保密制度，防止这些知识外泄；（2）企业制订了有效的雇员激励制度，

限制关键员工流失；（3）企业严格限制员工随意与外界交流，去其他企业兼职；（4）企业严格限制关键人员在离开企业后就去同行的企业就职；（5）企业拥有先进的、不易被模仿的技术（贺小刚，2006）。本书用 SI1－5 表示上述测量题项。

4.4　竞争优势测量工具开发

竞争优势（Competitive advantage）是本书的后果变量（outcome variable）。Leonardi（2007）从以下四个方面构建了竞争优势的度量指标：（1）企业愿意购买其他资产来改善竞争优势；（2）企业愿意付出溢价来获取竞争优势；（3）客户满意度情况；（4）客户忠诚度情况。而 Richardson（2006）在其博士论文《竞争优势：市场竞争对战略形成的影响》中从两个方面研究了竞争优势的测量问题。他认为，企业管理人员对相对市场份额的回答可以看作是第一个度量指标，计算方式为本企业的市场份额除以本企业最大竞争对手的市场份额，因为市场份额被看做是一个企业优于另一个企业的最基本的指标，经常被用作竞争状态分析（competitive status analysis）。第二个指标由本企业评价其在行业竞争中的地位，若企业是其他企业最大的竞争对手，其竞争地位明显，则赋值为"5"，若地位很低，竞争力不强，则赋值为"1"。

Ma（2000）首次提出了竞争优势的维度，认为竞争优势可以从竞争力和企业的市场地位来衡量，但是这种分类方法混淆了竞争优势和竞争力的差别。这更像是对竞争优势的测量，而非划分其维度。

Vogel（2005）在其博士论文《利用信息技术与能力为企业取得竞争优势》中，根据竞争优势在 IT 企业中的表现，将竞争优势分为以下 6 个维度：一是低成本维度，即企业能够以较低的成本为客户提供产品或服务；二是价值增值服务，即企业能够为客户提供多功能、高性能的产品或服务；三是速度，即企业以快速、有效的方式执行操作流程；四是灵活性，即企业需要灵活地适应快速变化的市场并比对手更快地作出反应；五是创新，即企业要持续不断地为客户提供创新性产品；六是客户服务，即企业要重视客户的需求。Vogel 的关于竞争优势的划分比较全面地说明了竞争优势的具体内容，但是在他的研究中却仍将竞争优势看做一个单一维度，并用上述六个方面来度量竞争优势。

关于竞争优势的测量，一些学者已经注意到了，可以用企业在市场中与其对手竞争的能力来表示（Hamel & Prahalad，1994；Peteraf，1993；Ma，2000）。企业可以让管理人员说明本企业在市场中是如何应对主要对手的挑战的，这种测量方法虽然主观性较大，但是相当准确（Vogel，2005）。而 Victor（2005）却认为，将竞争优势的测量与绩效联系起来，用企业客观绩效的增长情况（与竞争对手相比）来测量竞争优势也有一定的合理性。

Dunn（2006）从六个方面来度量企业竞争优势，即：（1）企业的竞争优势在不断增长；（2）企业绩效的增长度明显；（3）竞争者发现复制我们的战略很难；（4）本企业能够获取高于平均利润的超额利润；（5）本企业的财务绩效突出；（6）本企业的财务绩效超出了竞争对手的绩效。他要求经理人员对上述描述作出是否同意的说明。

上述文献均依据不同的研究目标，从不同的角度研究了不同行业的竞争优势，对本书关于竞争优势的测量具有参考价值。根据以上分析，本书用以下指标来度量企业的竞争优势：（1）与行业竞争对手相比，企业能够以较低的成本为客户提供产品或服务；（2）与行业竞争对手相比，企业能够为客户提供多功能、高性能的产品或服务；（3）与行业竞争对手相比，企业能以更加快速、有效的方式执行操作流程；（4）企业能灵活地适应快速变化的市场并比对手更快地作出反应；（5）与行业竞争对手相比，企业更加重视客户的需求；（6）与行业竞争对手相比，本企业的市场份额增长更快。本书使用 CA1－6 来表示上述测项。

4.5　控制变量

如前文所述，与竞争优势相关的网络结构和动态能力及企业背景特征等表现在诸多方面，但并非所有的因素都需要在量表中加以反映。本书立足于竞争优势的持续性，以探讨网络结构、动态能力与其之间的逻辑关系，所以，将一些或许是至关重要的因素作为研究模型中的控制变量，如企业的背景特征，是具有重要意义的。

本书的控制变量如下：

1. 企业寿命（age）。直接由填写者填写公司的成立年份，然后倒退计算。

2. 企业的股权性质（ownership）。本书将其分为：个人独资、民营企业、合资企业、国有独资或控股企业、外商独资企业等 5 类，并用分类变量表示。

3. 企业规模（size）。以员工数量来表示。
4. 企业是否为高科技企业（type）。以分类变量表示，即“是”或者“否”。

4.6　预调研及问卷修正

根据调研需要，本书将上述开发的问卷测项都安排在 4 页的 A4 纸上，在内容的安排上，将企业竞争优势测项放在第一项，这样容易引导企业家直接进入主题，其次是企业的基本情况，接着是企业的网络结构和动态能力测项，最后是容易填写的企业家个人资料。为了使企业家能够更好地理解测项，本问卷相对各个变量进行了解释。如在测量“环境适应能力”之前，先对“环境适应能力”进行解释说明，以便使企业家对“环境适应能力”有更好的理解，方便他们作答。

上述测项均采用 Likert−5 级量表来测量，从“完全不同意”到“完全同意”来反映企业家的意见。

4.6.1　预调研的开展与资料收集

预调研采取电子邮件的方式进行，以节约传统邮寄方式所产生的成本和时间。而且，企业家只需点击鼠标即可完成问卷的填写和反馈，后来的问卷回收情况证明了这是一个明智的选择，也是多数企业家喜欢和采用的主要方式。

在预调研之前，本书作者把问卷交给 7 位 MBA 学生以测试完成问卷所需的时间，结果是他们平均用时 13 分钟，最长的花费 27 分钟，最短的只需要 8 分钟。这说明完成问卷的时间是企业家可以接受的。最后，通过长春市开发区管委会的协助，随机选取了 21 家企业，将 172 份问卷发给他们，并让他们采取滚动取样法（Snowball sampling），将问卷发给他们熟悉的其他企业家。此次共回收问卷 139 份，除去 23 份无效问卷，最后还有 116 份有效问卷，问卷总有效率为 67.4%。问卷的具体情况见表 4.2 所示。

4.6.2　预调研问卷处理结果

对量表效果的评价包括信度和效度两个方面。前者在于检测不同的观察者在不同的时间得出观测的结果是否一致，即要求量表具有稳定性、可靠性、一致性；后者在于检测呈现出来的结果恰好就是所测对象的真正特征，一个测验所测得的结果必须符合该测验的目标，这样才能成为有效且正确的测量工具（吴明隆，2000）。本书先对这些测项进行探索性因子分析，主要是利用主成分分析（Principal component analysis）和方差极大旋转法（Varimax rotation）来实现，接着测算测项与分量表总分的相关性（corrected item-total correlation，简称 CITC），若相关系数太低，则可以考虑删除。而后进行信度分析，主要是通过 Cronbach' α 来实现。表 4.3 是变量的探索性因子分析结果以及信度分析。

表 4.2　预调研问卷回收情况

问卷来源	发放份数	回收份数	无效份数	有效份数
长春	21	19	2	17
沈阳	27	21	6	15
北京	35	30	5	25
汕头	39	22	5	17
上海	22	20	2	18
昆山	28	27	3	24
合计	172	139	23	116

表 4.3　变量的探索性因子分析与信度分析

竞争优势(Competitive advantage)a		
测项	因子载荷	Cronbach'α
CA1	0.779	0.747
CA2	0.742	
CA3	0.661	
CA4	0.901	
CA5	0.835	
CA6	0.630	

动态能力(Dynamic capability)					
测项	EA（α = 0.733）	OR（α = 0.701）	SF（α = 0.716）	AC（α = 0.794）	SI（α = 0.743）
EA1	0.677				
EA2	0.691				
EA3	0.875				
EA4	0.813				
EA5	0.742				

续表

OR1		0.752			
OR2		0.579			
OR3		0.663			
OR4		0.830			
OR5		0.797			
OR6		0.735			
OR7		0.554			
SF1	0.597		0.692		
SF2			0.792		
SF3			0.744		
SF4		0.561	0.573		
SF5			0.867		
SF6			0.767		
AC1				0.607	
AC2				0.912	
AC3				0.874	
AC4				0.818	
AC5				0.726	
AC6				0.659	
SI1					0.831
SI2					0.776
SI3					0.672
SI4					0.604
SI5					0.714
网络结构(Network structure)					
测项	NI（α = 0.847）		NR（α = 0.799）		NC（α = 0.757）
NI1	0.733				
NI2	0.804				
NI3	0.889				

续表

NR1		0.839	
NR2		0.641	
NR3		0.731	
NR4		0.693	
NR5		0.887	
NR6		0.825	
NC1			0.738
NC2			0.795
NC3			0.832
NC4			0.639
NC5			0.673

[a]对竞争优势实施了强制性因子分析

注：EA 表示环境适应能力；OR 表示组织变革能力；SF 表示战略柔性；AC 表示吸收能力；SI 表示战略隔绝；NI 表示网络强度；NR 表示网络密度；NC 表示网络中心度。

根据探索性因子分析的原则，由于 SF1 在环境适应能力和战略柔性两个因子上的负荷均超过了 0.5 的临界值，因此，将 SF1 删除；SF4 在组织变革能力和战略柔性两个因子上的负荷超过了 0.5，同样删除。因此，战略柔性的测项由 6 项变为 4 项。其他的量表基本满足分析的需要，也没有删减现象。删除过剩的或者有问题的测项后所进行的信度分析表明量表的信度很好（见表 4.4 所示）。

为了进一步检验变量各个维度之间的相关性，以便进一步检测量表的预测效度，本书做了相关性分析，见表 4.5 所示。从相关性统计中可以发现，动态能力各个维度之间的相关性从 0.377 到 0.679 不等，其相关性较高，网络维度亦是如此，但是动态能力与网络结构、竞争优势的相关性相对较小。这些结果表明，在以网络结构和动态能力预测去也竞争优势的时候，应该考虑到共线性问题（multi-linear）。

4.6.3 问卷修正

在上述初始问卷检验结果的基础上，最后对问卷进行了修改后形成了一份正式的问卷。其中网络结构、竞争优势的测项并未出现变化，动态能力中的战略柔性度量指标由 6 项减为 4 项。精简后的量表在获得充分信息的前提下可以节省问卷填写者的时间，有助于增加正式问卷的回收率和质量。在此次调研中

发现，虽然十几分钟的时间不长，但对于企业家来说也是十分宝贵的时间，这会导致较低的回收率和问卷质量的不高。因此，节省填写者的时间是一个至关重要的环节，这能够确保问卷的质量，也保证了调研的质量。

表 4.4 量表修正前后的有效性与可信度比较

	测项数		KMO 值		累计解释力（%）		Cronbach'α		测项中最小的 CITC 值	
	调整前	调整后	调整前	调整后	调整前	调整后	调整前	调整后	调整前	调整后
1.NS	14	14								
NI	3	未变化	0.833	未变化	67.33	未变化	0.847	未变化	0.697	未变化
NR	6	未变化	0.793	未变化	63.76	未变化	0.799	未变化	0.588	未变化
NC	5	未变化	0.748	未变化	63.32	未变化	0.757	未变化	0.654	未变化
2.DC	29	27								
EA	5	未变化	0.821	未变化	66.74	未变化	0.733	未变化	0.691	未变化
OR	7	未变化	0.679	未变化	61.95	未变化	0.701	未变化	0.554	未变化
SF	6	4	0.738	0.727	64.32	61.89	0.716	0.774	0.570	0.721
AC	6	未变化	0.729	未变化	60.37	未变化	0.794	未变化	0.598	未变化
SI	5	未变化	0.708	未变化	67.13	未变化	0.743	未变化	0.600	未变化
3.CA	6	未变化	0.677	未变化	60.92	未变化	0.747	未变化	0.623	未变化

表 4.5 变量间相关性分析

	NI	NR	NC	EA	OR	SF	AC	SI
NI	1							
NR	0.533*	1						
NC	0.470**	0.403*	1					
EA	0.107***	0.328*	0.279*	1				
OR	0.271*	0.307**	0.203*	0.377**	1			
SF	0.199*	0.309*	0.129*	0.306**	0.294**	1		
AC	0.341**	0.114**	0.146***	0.697*	0.165*	0.627*	1	
SI	0.259*	0.318*	0.213*	0.467**	0.187**	0.535**	0491*	1
CA	0.337**	0.203*	0.319**	0.172*	0.387*	0.478*	0.274*	0.108**

注：$^{*}p < 0.1$；$^{**}p < 0.05$；$^{***}p < 0.01$。

4.7 本章小结

本章首先对问卷设计的原则和过程进行了分析，基本原则包括：科学性原则、可操作性原则、全面性原则、可比性原则以及既精简又突出重点，确保研究的有效性等。接着，本章根据对文献的分析，对网络强度、网络密度以及网络中心度进行了测量，并分别开发了 3 项、6 项以及 5 项测量题项，对环境适应能力、组织变革能力、组织柔性、吸收能力以及战略隔绝进行了测量，并开发了各自的测量题项，接着对竞争优势的测项进行了开发，最后介绍了本书分析中所用的控制变量。

接着，为了验证问卷的可靠性以及合理性，本章对开发的问卷进行了预调研和分析，以确保后续研究的有效性。首先是与调研的展开与资料收集过程，通过滚动法收集了 116 份有效问卷，并对这些问卷进行了详尽分析，对问卷进行了修正，最后形成了一份完整的问卷，以便进行下一步的全国范围内的调研。

第5章 问卷调查及实证研究

经过上章的初步测试，本书得到了一份比较简洁且表述全面的问卷。下一步将是向全国范围内发放问卷，收集足够的资料和数据，并在此基础上进行实证研究。通过借助统计工具来验证前文提出的假设是否合理，最后讨论假设的验证情况。本章便是遵循此逻辑来展开研究。

5.1 样本确定与资料收集

5.1.1 确定调研对象

本书调研的对象包括高科技企业和传统企业。从竞争优势的角度来讲，我国的高科技企业发展迅速，其竞争优势正在显现，虽然相对于国外企业来说竞争优势有待提升；相对于国外的企业而言，我国的传统企业的竞争优势相对较弱。但是，传统企业在中国仍占有绝对的比重，并且在相当长的时间内，它们在中国仍将是主导产业。从动态能力角度来看，高科技企业的能力演进速度快，模式多，特点明显，而传统企业的能力演进速度缓慢，其表现的动态性不强。从网络联系来看，传统企业建立的所谓“关系”根深蒂固，而高科技企业的网络联系十分灵活。同时，高科技企业主要集中在信息技术（IT）、生物制药、电子行业等，而传统企业主要集中在汽车制造、纺织、房地产等行业。因此，选择高科技企业和传统企业作为样本来源，就可以控制由于产业差异性而导致外部环境变量对自变量和因变量的影响，从而可以集中研究网络结构、动态能力与竞争优势的关系。高科技企业与传统企业的区分点就在于生产过程中的技术含量以及生产环节的复杂性，具体的分类由企业负责人做出。

在抽样之前，本书需要先确定样本选择的标准，以便抽样的展开。具体标准如下：

（1）企业规模在 10 人以上以及企业寿命在 3 年以上。Man（2001）曾经在对中小企业进行实证研究时，将企业规模界定为 50 人或更少，企业寿命则在 3 年以上。但本书认为，本研究的抽样不仅包括中小企业，还包括大型企业，因而，企业规模过小无法反映企业的能力演进，竞争优势不突出。企业经过 3 年的运作，已经步入正轨，并且也有了市场绩效表现，其动态能力也凸显，经过三年的市场锻炼，企业的竞争优势开始出现。如果选择三年以下的企业，那么，由于企业刚刚建立不久，企业的各方面业务刚刚起步却还不稳固，很难展现出强有力的动态能力，企业的竞争优势也不能立刻显现出来。如网络型企业建立的初期，其现金流为负，很难说这样的企业就缺乏竞争力。

（2）问卷的填写人必须是总裁、总经理、营销总监、投资总监（项目负责人）或者首席运营官（Chief Operation Officers）等。因为这些人均为企业的高层管理人员，他们对企业的运作与管理有很好的了解，能够满足研究的需要（Simmons，1991）。

（3）本研究摒弃传统的邮寄问卷的方式，一律采用电子邮件方式进行，节约调研成本和企业家的时间。

5.1.2 确定抽样范围

本书调研样本主要集中在以下区域：

（1）1984 年国家建立的首批经济技术开发区。1984 年 5 月，中国正式决定开放大连、秦皇岛、天津、烟台、青岛、连云港、南通、上海、宁波、温州、福州、广州、湛江、北海等 14 个沿海港口城市，并在这些城市先后建立了 15 个经济技术开发区。位于这些经济开发区的企业发展较早，经过近 25 年的发展，这些开发区内企业经历了初建、发展、繁荣、衰退和消失等发展过程，其与外部的网络联系体系已经形成，动态能力的发展已经到了一定程度，企业的竞争优势特征也展现明显。各个开发区分别发放样本 80 份，一共 1200 份问卷。

（2）除了上述经济开发区外，还包括以下省（市）份，即北京、陕西、四川、辽宁、山东、江苏、浙江、广东和河南。若这些省份中包括了上述开发区，则在这些省份调研时将这些开发区城市排除在外。本书选取这些省份的原因如下：北京是中国的首都，中关村被称为中国的“硅谷”，高新产业发达；陕西是

中国西北部地区经济最发达的省份；四川是中国西南部最大的省份；辽宁是东北地区经济最为发达的省份；山东是环渤海湾的最大的经济区域；江苏和浙江两省是长三角最重要的经济发达区域；广东省是珠三角经济发展的龙头，其经济发展程度最高；而河南省是中国中部最主要的省份，也是中原地区的经济核心区域（李垣等，2008）。这 8 个省区分别发放样本 150 份，共计 1200 份。

（3）企业选择主要依据《中国高新技术产业年鉴》（2006、2007）以及各个省市的企业汇总名录。主要有《2007-2008 年中国企业收入规模前 100 家企业名单（东北企业）》、《长春高新技术企业名录》、《沈阳高新技术企业名录》、《哈尔滨高新技术企业名录》、《大连高新技术企业名录》、《长春经济技术开发区企业名录》、《沈阳经济技术开发区企业名录》、《哈尔滨经济技术开发区企业名录》、《大连经济技术开发区企业名录》、《河南省 2008 年火炬计划企业汇总》、《辽宁省 2008 年火炬计划企业汇总》、《四川省 2008 年火炬计划企业汇总》、《陕西省 2008 年火炬计划企业汇总》以及《广东省 2008 年火炬计划企业汇总》等，还有各市的工商企业名录（2006、2007）。根据黄页所提供的企业联系方式，进行随机抽样。或者利用企业名字作为关键词到谷歌（www.google.com）和百度（www.baidu.com）搜索，若搜索到 E -mail 地址则发送电子邮件问卷。

因此，本次调研一共发放问卷 2400 份。

5.1.3　资料收集与样本特征

5.1.3.1　资料收集

根据上一章的分析，本书将经过验证的量表重新整理，并将它们汇集到 4 页 A4 纸上，这对于企业家是可以接受的。在问卷的开头，先说明此次调研的目的，为引起企业家重视，还专门注明了这是国家自然科学基金的项目（下划线强调），并承诺了对问卷资料的保密，确保企业家的隐私不受侵犯。

在问卷的第一部分，安排了关于企业竞争优势的情况，为说明竞争优势，问卷还特意对竞争优势进行了解释，方便企业家更好地理解本书调研的目的。第二部分和第三部分分别是动态能力和企业的网络表现情况，接着安排了企业家较为敏感的个人信息情况。最后安排了自由问答部分，让企业家就中国企业如何改进能力，提高企业的竞争优势来提出自己的观点，使他们能够自由发挥。

问卷发出时间是 2009 年 8 月 1 日，问卷回收截止日期是 2009 年 11 月 1 日，企业家有近 3 个月的时间完成需要他们用 15 分钟完成的问卷。

此次调研共收回问卷 819 份，剔除内容填写不完整的问卷 147 份以及个人信息填写不完整的问卷 212 份，共收回有效问卷 480 份，平均有效回收率为 20%，这主要是因为一些企业使用了邮件过滤系统，我们发放的邮件被过滤了；此外，我们发放问卷的 E－mail 是一些企业的公共邮箱，这些地址不对或不存在。这些均导致了电子邮件问卷较低的回收率（Kirk，1996）。其中高科技企业问卷 312 份，传统企业问卷 168 份。本书下面对有效样本的基本情况进行分析。

5.1.3.2 样本特征分析

本部分主要以 SPSS13.0 为主要分析工具，首先将原始数据编码后输入到软件中，而后根据研究的需要分别执行不同的命令进行分析说明。

1. 行业分布情况

此次调研所涉及的行业达到 10 个，主要集中在 IT、汽车、机械制造、电子、生物医药等行业。具体的情况见表 5.1 所示。

2. 企业经营所在地

此次调研虽然涉及多个省市，但是本书根据企业所在的区域，将之分为东北地区、西北地区、长三角地区、珠三角地区以及中原地区等五个区域，具体的企业分布情况见表 5.2 所示。

3. 企业寿命

在此次调查中，为了获取企业寿命的数据，采取由填写人填写企业成立时间，进而进行倒推的方法，具体处理结果见表 5.3 所示。企业的平均寿命为 12.21 年，高科技企业与传统企业的年龄寿命相差约 4 年。

4. 企业规模

企业规模由企业的员工人数来衡量，由企业家自己填写。具体情况见表 5.4 所示。表中数据表明了高科技企业与传统企业之间在规模上存在较大差异。

5. 企业股权性质

企业所有制性质情况见表 5.5 所示。表中结果显示，除了个人独资企业之外，其他各类企业的分布较为均匀。在高科技企业中，合资企业和外商独资企业所占比例较高，分别为 26.46%和 30.83%，而在传统企业中，民营企业和外商独资企业占据了多数，分别为 44.295 和 22.55%。由此可见，无论是高科技企业还是传统企业，外商独资企业均有所涉及。

表 5.1　行业分布一览

行业分布		高科技产业	传统产业	总计
IT	样本量	177		177
	占所属产业样本量比重(%)	56.73%		36.88%
电子	样本量	76		76
	占所属产业样本量比重(%)	24.36%		15.83%
生物医药	样本量	34		34
	占所属产业样本量比重(%)	10.90%		7.08%
机械、仪表制造	样本量	15	26	41
	占所属产业样本量比重(%)	4.80%	15.48%	8.54%
批发零售	样本量		59	59
	占所属产业样本量比重(%)		35.12%	12.29%
纺织、服装	样本量		33	33
	占所属产业样本量比重(%)		19.64%	6.88%
金属加工	样本量	3	19	22
	占所属产业样本量比重(%)	0.96%	11.31%	4.58%
化纤	样本量	7	4	11
	占所属产业样本量比重(%)	2.24%	2.384%	2.29%
房地产	样本量		9	9
	占所属产业样本量比重(%)		5.36%	1.88%
汽车制造	样本量		18	18
	占所属产业样本量比重(%)		10.71%	3.76%
总计	样本量	312	168	480
	占所属产业样本量比重(%)	100%	100%	100%
Contingency coefficient = 0.417, Pearson Chi-Square = 125.67, DF = 35, Sig. = 0.000				

注：由于四舍五入，总计百分比可能略大或略小于100%。下同。

表 5.2　企业经营区域分布一览

区域分布		高科技产业	传统产业	总计
东北	样本量	36	26	62
	占所属产业样本量比重(%)	11.54%	26.09%	15.48%
西北	样本量	34	23	57
	占所属产业样本量比重(%)	10.89%	22.55%	11.88%
长三角	样本量	89	42	131
	占所属产业样本量比重(%)	18.54%	16.85%	27.29%
珠三角	样本量	97	36	133
	占所属产业样本量比重(%)	20.21%	12.50%	27.71%
中原	样本量	56	41	97
	占所属产业样本量比重(%)	11.67%	22.01%	20.21%
总计	样本量	312	168	780
	占所属产业样本量比重(%)	100%	100%	100%
Contingency coefficient = 0.583, Pearson Chi-Square = 117.67, DF = 28, Sig. = 0.000				

表 5.3　企业寿命

	高科技企业	传统企业	综合
均值	10.33	14.58	12.21
中位数	7	9	8
标准差	17.22	11.46	16.76
最大值	87	57	84
最小值	3	3	3
N	312	168	480

表 5.4　企业规模情况

	高科技企业	传统企业	综合
均值	1033.76	3766.37	1378.91
中位数	390	556	472
标准差	3244.67	3904.82	1637.89
最大值	10127	100000	36770
最小值	10	10	10
N	312	168	480

表 5.5　企业所有制性质一览

股权性质		高科技产业	传统产业	总计
个人独资	样本量	34	6	40
	占所属产业样本量比重(%)	10.90%	3.58%	8.33%
民营企业	样本量	41	93	134
	占所属产业样本量比重(%)	13.14%	55.36%	27.92%
合资企业	样本量	79	46	125
	占所属产业样本量比重(%)	25.32%	27.38%	26.04%
国有独资或控股企业	样本量	51	10	61
	占所属产业样本量比重(%)	16.35%	5.95%	12.71%
外商独资企业	样本量	107	23	130
	占所属产业样本量比重(%)	34.29%	13.69%	27.08%
总计	样本量	312	168	480
	占所属产业样本量比重(%)	100%	100%	100%
Contingency coefficient = 0.528, Pearson Chi-Square = 98.55, DF = 25, Sig. = 0.027				

5.2 实证研究

定量研究中最后的一个环节就是对理论模型和假设进行验证。本节的主要内容是在对上述资料进行初步处理的基础上，通过借助统计工具以进一步验证有关变量之间的关系。本书所使用的工具主要有 AMOS6.0 结构方程软件和 SPSS13.0 统计分析软件。

5.2.1 研究方法的确定——结构方程与多元线性回归

5.2.1.1 结构方程介绍

社会科学研究中，有许多现象或事件是无法直接进行测量的，这些尚无法测量的因素称为潜在变量，因此，一般只能通过对与之相关联的测量因素（这些因素可称为显在变量）进行间接评价。该如何分析潜在变量之间以及潜在变量与显在变量之间的关系呢？结构方程模型（Structure Equation Modeting，简称 SEM）为之提供了令人满意的研究方法，尤其是线性结构方程模型的深入研究和 AMOS 软件的开发使之广泛应用于心理学、管理学和社会统计学领域之中，本节文章首先就结构方程模型方法的应用作以简要介绍，然后利用 AMOS 方法对变量架构进行验证性因子分析。

管理学领域研究当中最常见的统计方法基本上可以分为两类，一是以回归为代表的第一代统计方法，二是以结构方程模型为代表的第二代统计模型。结构方程模型是应用线性方程系统表示观测变量与潜变量之间，以及潜变量之间关系的一种统计方法，是一种非常通用的、主要的线性统计建模技术。它将多元回归分析、路径分析（Path Analysis）和验证性因子分析（CFA）统一整合到一个模型框架体系内，根据变量的协方差矩阵来研究变量之间的相关关系，其中的验证性因子分析具有验证功能，可以验证模型的效度以及模型的拟合度，并对模型进行修正，从而证实先前的假设是否合理。这种方法弥补了传统统计方法的不足，它既可研究可观测变量，又可研究不能直接观测的变量（隐变量）；它不仅能研究变量间的直接作用，还可研究变量间的间接作用，通过路径图直观地显示变量间的关系。

在结果方程模型中存在以下变量：（1）显变量（manifest variable）：指可直接观测的或可度量的变量，如销售额、市场占有率、新产品开发数量等；（2）潜

变量（latent variable）：指无法直接观测到，但可以通过显在变量得以体现的变量，如企业能力、学习态度等；（3）外生变量（exogenous variable）：外生变量其变量值是由模型之外的因素决定的，相当于线性回归分析中的自变量；（4）内生变量（endogenous variable）：内生变量是指模型中可由其他变量解释的变量，相当于线性回归分析中的因变量。

结构方程式模型可用以下矩阵方程表示（Bollen，1989；Joreskog & Sorbom，1993）：

$$\eta = B\eta + \Gamma\xi + \xi$$

η—内生（因变）（endogenous，dependent）潜变量；

ξ—外生（自变）（exogenous，independent）潜变量；

B—内生潜在变量间的关系，既潜在内生变量对潜在内生变量效应的系数矩阵（m × m），其对角线元素均为 0；

Γ—表示潜在外生变量对潜在内生变量的效应的系数矩阵（m × n）；

ξ—表示残差项构成的向量（m × 1），即模式内所包含的变量及变量间关系所未能解释部分）。

在典型分析过程中，我们输入各指标变量的协方差矩阵（covariance matrix）、总受试人数、指标与潜在变量的从属关系（指标如何归属于各潜在变量），结构方程式会估计指标与潜伏、潜伏与潜伏、模式未能解释部份、指标测量上误差等指定参数，其数值亦反映各关系的强弱。

结构方程模型的应用可分为 4 个步骤（侯杰泰，温忠麟和成子娟，2004），首先要进行模型的构建，即根据以往的理论推导出研究的基本模型，而后使用结构方程来验证变量的关系。接着是对模型进行评估，结构方程参数估计常用的方法主要是最小二乘法和极大似然法。再次是检验方程的收敛性、参数估计的值的范围是否合理等；最后是对模型进行修正，这主要是当数据和模型不能很好拟合时使用，此时需要对模型进行修正，而后通过参数的再设定可以增加模型的拟合程度。

根据 AMOS 的特征，其具体的拟合指标包括绝对拟合指标和相对拟合指标（侯杰泰、温忠麟和成子娟，2004；温忠麟，侯杰泰和马什赫伯特，2004）。本书将依据这些指标对模型拟合程度进行评定。这些评价模型拟合程度的指标又有一定的标准，满足此标准的拟合，才是比较好的拟合模型。这几个主要指标及其准则如表 5.6 所示。

表 5.6　结构方程拟合指标的相关标准

指标＼标准	拟合较好	拟合很好
χ^2/df	$3 < \chi^2/df < 5$	$\chi^2/df < 3$
RMSEA	$0.05 < RMSEA < 0.08$	$RMSEA < 0.05$
NFI	$0.90 < NFI < 0.95$	$0.95 < NFI \leqslant 1$
CFI	$0.90 < CFI < 0.95$	$0.95 < CFI \leqslant 1$
IFT	$0.90 < NNFI < 0.95$	$0.95 < IFI \leqslant 1$
GFI	$0.90 < GFI < 0.95$	$0.95 < GFI \leqslant 1$
RFI	$0.90 < RFI < 0.95$	$0.95 < RFI \leqslant 1$

注：χ^2 为卡方，df 为自由度，RMSEA（Root Mean Square Eerror of Approximation）为估计误差均方根；NFI（Normed Fit Index）为标准拟合指数；CFI（Comparative Fit Index）为比较拟合指数；IFI（Incremental Fit Index）为渐进拟合指数；GFI（Goodness-of-Fit Index）为拟合优度指数；RFI（Relative Fit Index）为相对拟合优度指数。

5.2.1.2　多元线性回归方法介绍

回归分析主要研究因变量与自变量的关系，因变量是随机变量，自变量是因素变量，是可以加以控制的变量。多元回归分析一般解决以下问题：第一，确定因变量与多个因素变量之间联系的定量表达式，通常称为回归方程式或数学模型，并确定它们联系的密切程度；第二，通过控制可控变量的数值，借助于求出的数学模型来预测或控制因变量的取值和精度；第三，进行因素分析，从影响因变量变化的因素中寻找出哪些因素对因变量的影响最为显著，哪些因素不显著，以区别主要因素和次要因素。

在操作过程中，需要列出影响 Y 的多个因素与 Y 之间的关系方程。一般地，设因变量 Y 于 k 个自变量 X_1，X_2，…，X_k 线性相关：

$$Y = B_0 + B_1X_1 + B_2X_2 + \cdots + B_kX_k + \varepsilon \tag{1}$$

其中 Y 为可观察的随机变量，X_1，X_2，…，X_k 为可观察的一般变量，B_0，B_1，B_2，…，B_k 为待定模型参数，其中 B_0 为截距，ε 为不可观测的随机误差。有 n 组独立观察的样本数据（y_i，x_{i1}，…，x_{ik}），$i = 1, 2, \cdots, n$，带入方程（1）中，有：

$$y_i = b_0 + b_1x_{i1} + b_2x_{i2} + \cdots + b_kx_{ik} + e_i \quad i = 1, 2, \cdots, n$$

其中 n 个随机变量 e_i 相互独立且服从同一正态分布 Nor（0，σ^2）。根据最小

二乘原则，求 B_0，B_1，B_2，…，B_k 的估计值 b_0，b_1，…，b_k，使上式的误差平方和 $\sum(e_i)^2=\sum\left[y_i-(b_0+b_1x_{i1}+b_2x_{i2}+\cdots+b_kx_{ik})\right]^2$ 最小，为此，分别将上式对 b_0，b_1，…，b_k 求偏导数，令其等于 0，当 x_1，x_2，…，x_k 相互独立时，由极值原理，可求出总体回归系数矩阵 $B_{总体}=[B_0, B_1, B_2, \cdots, B_k]^T$ 的估计值矩阵 $B_{样本}=[b_0, b_1, \cdots, b_k]^T$：$B_{样本}=(X^TX)^{-1}X^TX$ 进而得到回归方程：

$$y=b_0+b_1x_1+b_2x_2+\cdots+b_kx_k$$

本书将依据上述原理对后面的变量关系进行回归分析。

5.2.2　数据质量分析

在验证假设之前，很有必要对测量工具的有效性和可信性进行检验，包括探索性因子分析、数据可靠性分析和相关分析等。

5.2.2.1　探索性因子分析

为了明确变量之间的关系，有必要根据现有数据对变量进行探索性因子分析。本次调研所得的 480 份问卷足以进行一次探索性因子分析。

首先，对网络结构进行一次探索性因子分析，经过采取主成分分析法（最大变异转轴法），发现衡量取样适当性的 KMO 值为 0.883，大于 KMO 值为 0.5 的标准（吴明隆，2003），表示变量间的共同因素很多，适合做因子分析，并且 Bartlett 球体检验的 χ^2 值为 788.93，自由度为 254，且达到了显著性水平。累计解释变异数达到 67.88%。因子分析结果见表 5.7 所示。

其次，对动态能力进行探索性因子分析，采取主成分分析法，发现衡量取样适当性的 KMO 值为 0.739，大于 KMO 值为 0.5 的标准（吴明隆，2003），表示变量间的共同因素很多，适合做因子分析，并且 Bartlett 球体检验的 χ^2 值为 629.918，自由度为 349，且达到了显著性水平。累计解释变异数达到 63.17%。因子分析结果见表 5.8 所示。

表 5.8 的结果显示，EA1 分别在环境适应能力和组织柔性两个维度上的载荷值均超过了 0.5 的标准，OR7 在组织变革和战略柔性上也是如此，AC1 同样如此。但是，是否将它们在后续的研究中删除取决于后面的验证性因子分析结果。

第三，对企业竞争优势，也同样采取主成分分析法，但本书对其实施强制性因子分析，将测项归为单一因子：竞争优势。因子分析结果见表 5.9 所示。

表 5.7　网络结构的探索性因子分析结果(N = 480)

测项	NI	NR	NC
NI1	0.791		
NI2	0.775		
NI3	0.816		
NR1		0.847	
NR2		0.719	
NR3		0.740	
NR4		0.697	
NR5		0.846	
NR6		0.803	
NC1			0.791
NC2			0.757
NC3			0.804
NC4			0.633
NC5			0.681
特征值	11.274	1.470	1.049
可解释信息量(%)	27.27	23.21	17.40
累计解释量(%)	27.27	50.48	67.88

表 5.8　动态能力的探索性因子分析结果(N = 780)

测项	EA	OR	SF	AC	SI
EA1	0.633		0.592		
EA2	0.658				
EA3	0.818				
EA4	0.887				
EA5	0.792				
OR1		0.779			
OR2		0.692			
OR3		0.617			
OR4		0.892			

续表

测项	EA	OR	SF	AC	SI
OR5		0.727			
OR6		0.765			
OR7		0.563	0.581		
SF2			0.744		
SF3			0.791		
SF5			0.848		
SF6			0.739		
AC1	0.524			0.631	
AC2				0.884	
AC3				0.869	
AC4				0.804	
AC5				0.737	
AC6				0.648	
SI1					0.827
SI2					0.715
SI3					0.692
SI4					0.658
SI5					0.773
特征值	11.337	2.571	1.723	1.149	1.007
可解释信息量(%)	15.639	14.221	12.897	10.926	9.487
累计解释量(%)	15.639	29.860	42.757	53.683	63.170

表 5.9　竞争优势的探索性因子分析结果(N = 780)

测项	因子载荷
CA1	0.727
CA2	0.798
CA3	0.730
CA4	0.897
CA5	0.854
CA6	0.617

最后，本书对网络结构、动态能力以及竞争优势分别实施一阶和二阶验证性因子分析，具体结果见图 5.1、图 5.2 和图 5.3 以及表 5.10 所示。结果表明，竞争优势和网络结构的拟合情况很好，而动态能力的指标需要进行调整，在分别依次删除 EA1、OR7 和 AC1 中的一个、两个或三个指标之后，模型的拟合出现了不同的情况。在删除这三项指标之后，模型拟合的结果最好。因此，本书将在后续的研究中剔除这三项指标。

因此，参与后续分析的指标为：网络强度 3 项，网络密度 6 项，网络中心度 5 项，环境适应能力 4 项，组织变革能力 6 项，战略柔性 4 项，吸收能力 5 项，战略隔绝 5 项，竞争优势 6 项。

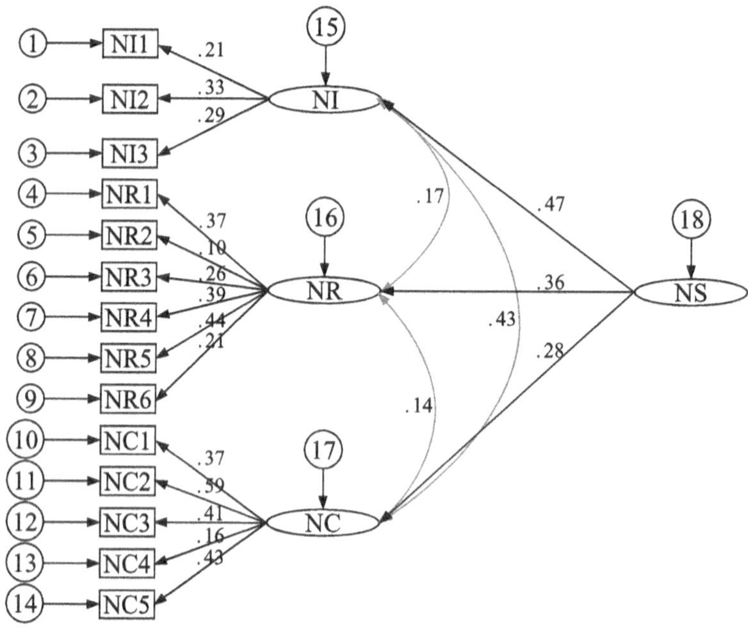

图 5.1　网络结构的验证性因子分析

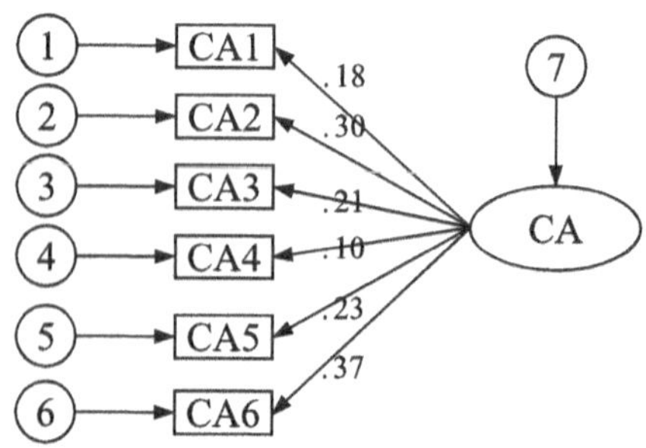

图 5.2　竞争优势的验证性因子分析

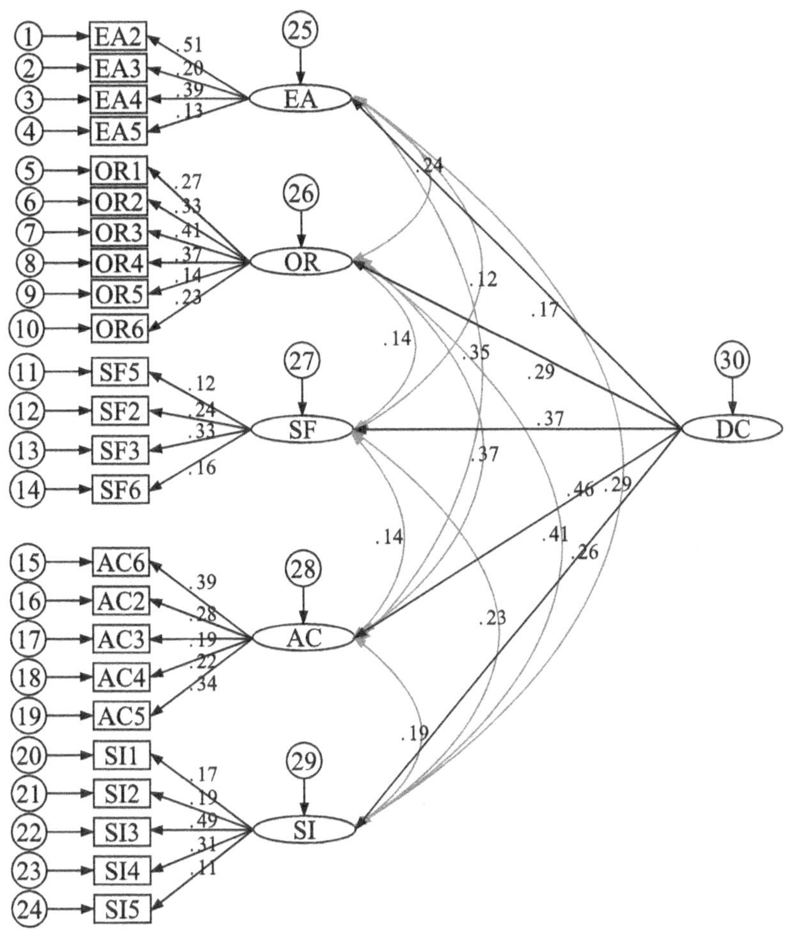

图 5.3　动态能力的验证性因子分析

表 5.10　结构方程拟合指标

	χ^2/df	*CFI*	*RMSEA*	*AGFI*	*GFI*	*NFI*
网络结构指标	2.57	0.998	0.057	0.972	0.991	1.000
动态能力指标(调整前)	4.76	0.897	1.037	0.947	0.876	0.907
动态能力指标(调整后)	1.833	0.929	0.059	1.000	1.000	1.000
竞争优势指标	2.677	0.942	0.981	0.995	1.000	1.000

5.2.2.2　可靠性与效度分析

数据可靠性检验也称为信度检验（reliability test），是指不同测量者使用同一测量工具的一致性水平，用以反映相同条件下重复测量结果的近似程度，即一组项目是否在测量同一概念。可靠性一般可通过检验测量工具的内部一致性（Internal Consistency）来实现（Zikmund，2002）。本研究主要通过 Cronbach's alpha 来检验测量工具的内部一致性，该指标已经被证实是检验多维度量表可靠性的有效指标。笔者分别对网络结构、动态能力以及竞争优势分别进行了可靠性分析，结果见表 5.11 所示。从可信度分析的数据来看，Cronbach's α的最小值为 0.713，最大为 0.819，可以认为本研究的数据以及量表具有较好的可靠性和稳定性，完全达到了美国统计学家 Hair 等（1995）认为的 Cronbach's α大于 0.7 的标准。

表 5.11　量表可信度分析(N = 480)

变　量	测　项	Cronbach's α
网络强度	NI1－3	0.781
网络密度	NR1－6	0.774
网络中心度	NC1－5	0.732
环境适应能力	EA2－5	0.788
组织变革能力	OR1－6	0.713
组织柔性	SF2、3、5、6	0.765
吸收(学习)能力	AC2－6	0.819
战略隔绝	SI1－5	0.737
竞争优势	CA1－6	0.751

效度检验（Validity test）主要包括内容效度检验（content validity）和架构效度检验（construct validity）。

内容有效性即表面有效性（face validity），是指量表逻辑上能够清晰反映出研究中所要测量的概念的内容，一般可以通过主观进行判断。在题项选择阶段，本研究紧紧围绕相关理论基础和前人研究，力求全面地覆盖测量内容。在问卷初稿完成之后，笔者分别与知识管理学者、管理领域专家、组织中的从业人员就问卷的内容和形式进行了深入的讨论，补充遗漏题项，剔除重复项，调整问卷结构，以保证题目分布的合理性。通过以上过程，可以保证问卷的内容有效性。

架构有效性表示测量工具证明理论假设的程度，即测量得到的实证数据与要测量概念的理论逻辑相一致的程度，一般包括收敛有效性和区别有效性。在前面讨论中，通过验证性因子分析，已经初步说明测量四个过程的量表具有收敛有效性和区别有效性。

收敛有效性（convergent validity）是指对一个理论概念进行测量，当它与相同架构的不同测量工具高度相关时，说明该测量工具具有收敛有效性。按照 Steenkamp 和 Trijp 的方法，该有效性可以通过计算标准化的因子负载（Factor Loadings）及其显著性来判断，如果各个维度下的因子负载值均显著大于 0.5，则符合收敛有效性。表 5.7、表 5.8 和表 5.9 已经证实变量测量题项的因子负载都大于 0.5，且在 $p < 0.01$ 水平下显著，这证明该量表具有较好的收敛有效性。

区别有效性（discriminate validity）是指量表区别不同维度或概念的程度，量表的测项分别负载到不同的因子上，表明了量表的区分效度明显。

5.2.2.3　相关分析

在对数据进行可靠性和有效性进行分析的基础上，本书对因子之间的额相关性进行了分析，见表 5.12 所示。结果表明，分别在网络结构、动态能力内部，各个维度的相关性比较高，而不同维度结构之间的相关性比较小。如网络强度和网络密度的相关性达到 0.633，环境适应能力与战略柔性具有 0.691 的相关性。这一方面说明了各变量维度结构中具有结构有效性，但同时也意味着在进行多元回归分析时存在多重共线性问题，即不同因子所反映的信息存在一定程度的重合。因此，为解决这一问题，在假设检验中，在适当时候应对数据进行重新整合，尽可能减少因子之间的相互影响，以减少共线性，而对数据进行均值中心化（mean-centered）是解决共线性问题的最好途径。

表 5.12　变量相关性矩阵（N = 480）

	NI	NR	NC	EA	OR	SF	AC	SI	CA
NI	1								
NR	0.633**	1							
NC	0.611*	0.213*	1						
EA	0.159**	0.274*	0.177*	1					
OR	0.241*	0.307**	0.214*	0.337**	1				
SF	0.109*	0.309*	0.139**	0.691**	0.224*	1			
AC	0.336**	0.291**	0.157*	0.542*	0.135*	0.461*	1		
SI	0.212*	0.194*	0.232**	0.367*	0.266**	0.352**	0.403*	1	
CA	0.336*	0.301**	0.306*	0.184*	0.339*	0.414*	0.226**	0.193*	1
Mean	3.77	4.21	3.22	3.48	2.95	2.33	3.19	3.40	3.07
S.D	0.229	0.374	0.918	0.129	0.577	0.928	0.883	0.784	0.611

注：$^{*}p < 0.1$；$^{**}p < 0.05$.

5.2.3　假设检验与结果

本节将通过利用多元线性回归模型，借助 SPSS13.0 统计软件，对数据进行处理。在正式进行数据处理之前，先将有关控制变量转化为虚拟变量，之后，选用层级回归（Hierarchial regression analysis）的方法，因为该方法更加有利于对变量的控制，实现研究的目的。

5.2.3.1　网络结构与动态能力的关系检验

假设 1–3 试图说明网络结构（网络强度、网络密度、网络中心性）与动态能力的关系。这三个假设被分解为 15 个子假设。为了验证这些假设，本书分别以环境适应能力、组织变革能力、战略柔性、吸收能力与战略隔绝作为因变量，构建以下关系模型：

$$DC（EA、OR、SF、AC、SI）= \alpha + \beta_1 NI + \beta_2 NR + \beta_3 NC + \varepsilon \qquad (1)$$

其中：DC 表示动态能力，α为常数项，β_{1-3} 回归系数，NI、NR 和 NC 分别为网络强度、网络密度和网络中心度，ε为残差。本书借助层级普通最小二乘法（Hierarchial ordinary least square，简称 OLS）来检验假设。

表 5.13　环境适应能力多元回归结果

变量	因变量(环境适应能力)			
	模型 1		模型 2	
	β	t	β	t
控制变量				
企业寿命			0.126*	1.392
企业规模			0.292**	3.861
所有权			0.146*	4.294
企业类型			−0.257	2.247
自变量				
网络强度	0.129***	1.639	0.132**	1.652
网络密度	0.311*	3.962	0.262**	3.276
网络中心度	0.104*	4.129	0.180*	3.393
R^2	0.252		0.331	
ΔR^2			0.079	
$Adj.R^2$	0.239		0.304	
F	38.667***		25.954***	
N = 480;*p < 0.10;**p < 0.05;p < 0.01.截距未加以列示。				

首先，将环境适应能力作为因变量，其具体检验结果见表 5.13 所示。

就网络结构与环境适应能力的关系而言，从解释或预测方程的效率指标，即确定性系数 R^2 来看，网络结构对环境适应能力的解释力达到了 0.252（相应的调整后的 R^2 为 0.239），随着控制变量加入方程，解释力达到了 0.331（相应的调整后的 R^2 为 0.304），这表明控制变量的解释力也不容忽视。在网络结构中，对环境适应能力影响最大的始终是网络密度（最小的系数为 0.262，t 值为 3.276，最大的系数为 0.311，t 值为 3.962），虽然加入控制变量后其影响变低了。检验结果还表明，企业类型与环境适应能力不具相关性，但是企业寿命、规模和企业所有权结构均对环境适应能力有正影响。同时，在加入控制变量之后，网络强度和网络中心度对环境适应能力的影响得到加强（$\Delta\beta$ = 0.003 和 0.076）。检验结果表明，假设 1a、2a 和 3a 均得到支持，即网络强度、网络密度以及网络中心度均与环境适应能力成正相关关系。

其次，将组织变革能力作为因变量，其具体检验结果见表 5.14 所示。

表 5.14　组织变革能力多元回归结果

变量	因变量(组织变革能力)			
	模型 1		模型 2	
	β	t	β	t
控制变量				
企业寿命			0.145*	1.489
企业规模			0.232**	3.832
所有权			0.308*	2.923
企业类型			0.255***	2.114
自变量				
网络强度	0.133***	2.779	0.169**	1.335
网络密度	0.214*	4.296	0.279***	2.765
网络中心度	0.207***	1.330	0.317*	3.007
R^2	0.163		0.277	
ΔR^2			0.114	
$Adj.R^2$	0.158		0.239	
F	11.272***		8.337***	
N = 480; $*p < 0.10$; $**p < 0.05$; $p < 0.01$. 截距未加以列示。				

就网络结构与组织变革能力的关系而言，从解释或预测方程的效率指标，即确定性系数 R^2 来看，网络结构对组织变革能力的解释力达到了 0.163（相应的调整后的 R^2 为 0.158），随着控制变量加入方程，解释力达到了 0.277（相应的调整后的 R^2 为 0.239），这表明控制变量的解释力也不容忽视，企业寿命、规模、所有权结构以及企业类型均与组织变革能力存在正相关系；而且，在加入控制变量前，网络强度、网络密度和网络中心度均与动态能力中的组织变革能力正相关。在加入控制变量之后，三者对组织变革能力的影响力得到增强（$\Delta\beta$ 分别为 0.036、0.065 和 0.110）。检验结果表明，假设 1b、2b 和 3b 均得到支持，即网络强度、网络密度以及网络中心度均与组织变革能力成正相关关系。

再次，将组织柔性作为因变量，其具体检验结果见表 5.15 所示。

表 5.15　组织变革能力多元回归结果

变量	因变量(组织柔性)			
	模型 1		模型 2	
	β	t	β	t
控制变量				
企业寿命			0.192**	1.238
企业规模			0.197*	2.774
所有权			0.319	4.520
企业类型			−0.076	−0.461
自变量				
网络强度	0.317**	3.715	0.288***	1.322
网络密度	0.278*	1.897	0.401**	2.576
网络中心度	0.441**	2.307	0.411**	2.228
R^2	0.145		0.181	
ΔR^2			0.036	
$Adj.R^2$	0.127		0.154	
F	7.905***		7.987***	
N = 480;*p < 0.10;**p < 0.05;p < 0.01.截距未加以列示。				

就网络结构与组织柔性的关系而言，从解释或预测方程的效率指标，即确定性系数 R^2 来看，网络结构对组织柔性的解释力达到了 0.145（相应的调整后

的 R^2 为 0.127)，随着控制变量加入方程，解释力达到了 0.181（相应的调整后的 R^2 为 0.154)，这表明控制变量的解释力不容忽视，企业寿命、规模与组织柔性存在正相关系，但是企业所有权和类型与组织柔性的关系不显著；在加入控制变量前，网络强度、网络密度和网络中心度均与动态能力中的组织柔性正相关。在加入控制变量之后，只有网络密度对组织柔性的影响力得到增强($\Delta\beta = 0.123$)，网络强度和网络中心度对组织柔性的影响力减弱了($\Delta\beta = -0.029$ 和 -0.030)，但其关系仍然显著。因此，检验结果表明，假设 1c、2c 和 3c 均得到支持，即网络强度、网络密度以及网络中心度均与组织柔性成正相关关系。

接着，本书将组织学习能力作为因变量，其具体检验结果见表 5.16 所示。

表 5.16　组织学习能力多元回归结果

变量	因变量(组织柔性)			
	模型 1		模型 2	
	β	t	β	t
控制变量				
企业寿命			0.039	0.417
企业规模			0.122*	2.209
所有权			−0.115	−0.752
企业类型			0.044	0.588
自变量				
网络强度	0.271*	2.035	0.247**	1.257
网络密度	0.168*	3.093	0.105**	2.342
网络中心度	0.129**	0.898	0.185*	1.186
R^2	0.201		0.214	
ΔR^2			0.013	
$Adj.R^2$	0.167		0.177	
F	17.330***		12.547***	
N = 480;*$p < 0.10$;**$p < 0.05$;$p < 0.01$.截距未加以列示。				

就网络结构与组织学习能力的关系而言，从解释或预测方程的效率指标，即确定性系数 R^2 来看，网络结构对组织学习能力的解释力达到了 0.201（相应的调整后的 R^2 为 0.167)，随着控制变量加入方程，解释力达到了 0.214（相应的调

整后的 R^2 为 0.177)，这表明控制变量的解释力不容忽视，但在控制变量中，只有企业规模与组织学习能力存在正相关，企业寿命、所有权结构和企业类型与组织学习能力的关系不显著；在加入控制变量前，网络强度、网络密度和网络中心度均与动态能力中的组织学习能力正相关。在加入控制变量之后，只有网络中心度对组织学习能力的影响力得到增强（$\Delta\beta$ = 0.056)，网络强度和网络密度对组织学习能力的影响力减弱了（$\Delta\beta$ = −0.024 和 −0.063)，但其关系仍然显著（ΔR^2 = 0.013)。因此，检验结果表明，假设 1d、2d 和 3d 均得到支持，即网络强度、网络密度以及网络中心度均与组织学习能力成正相关关系。

最后，本书将战略隔绝作为因变量，其具体检验结果见表 5.17 所示。

表 5.17　战略隔绝多元回归结果

变量	因变量(组织柔性)			
	模型 1		模型 2	
	β	t	β	t
控制变量				
企业寿命			0.073	−0.785
企业规模			0.127*	2.234
所有权			0.143***	1.797
企业类型			0.110**	0.581
自变量				
网络强度	−0.453*	−2.671	−0.216**	−1.743
网络密度	−0.315***	−1.749	−0.278***	−2.382
网络中心度	0.264*	3.157	0.138***	1.397
R^2	0.293		0.313	
ΔR^2			0.020	
$Adj.R^2$	0.192		0.207	
F	2.929***		2.455***	
N = 480;*p < 0.10;**p < 0.05;p < 0.01.截距未加以列示。				

就网络结构与战略隔绝的关系而言，从解释或预测方程的效率指标，即确定性系数 R^2 来看，网络结构对战略隔绝的解释力达到了 0.201（相应的调整后的 R^2 为 0.167)，随着控制变量加入方程，解释力达到了 0.293（相应的调整后的

R^2 为 0.192)，这表明控制变量的解释力不容忽视，但在控制变量中，除了企业规模外，企业寿命、所有权结构和企业类型与战略隔绝均呈现显著的关系；在加入控制变量前，网络强度、网络密度与动态能力中的战略隔绝负相关，而网络中心度与战略隔绝正相关。在加入控制变量之后，三者之间的关系依然如此($\beta = -0.216$，$p < 0.05$；$\beta = -0.278$，$p < 0.01$；$\beta = 0.138$，$p < 0.01$)。因此，检验结果表明，假设 1e 和 2e 均未得到支持，而假设 3d 得到支持，即网络强度、网络密度与战略隔绝成负相关关系，而网络中心度与战略隔绝呈现正相关关系。

综合以上研究，在假设 1–3 的 15 个假设中，假设 1a–1d、假设 2a–2d 以及假设 3a–3e 等 13 个假设得到支持，而假设 1e 和 2e 均未得到支持。

5.2.3.2　动态能力与竞争优势的关系检验

假设 4 试图说明动态能力（环境适应能力、组织变革能力、组织柔性、组织学习能力以及战略隔绝）与竞争优势的关系。这个假设被分解为 5 个子假设。为了验证这些假设，本书分别以环境适应能力、组织变革能力、战略柔性、吸收能力与战略隔绝作为自变量，竞争优势作为因变量构建以下关系模型：

$$CA = \alpha + \beta_1 EA + \beta_2 OR + \beta_3 SF + \beta_4 AC + \beta_5 SI + \varepsilon \tag{2}$$

其中：CA 表示竞争优势，α为常数项，β_{1-5}是回归系数，EA、OR、SF、AC 和 SI 分别为环境适应能力、组织变革能力、组织柔性、组织学习能力以及战略隔绝，ε为残差。本书同样借助层级普通最小二乘法（Hierarchial ordinary least square，简称 OLS）来检验假设。

本书将竞争优势作为因变量，其具体检验结果见表 5.18 所示。

就动态能力与竞争优势的关系而言，从解释或预测方程的效率指标，即确定性系数 R^2 来看，网络结构对竞争优势的解释力达到了 0.316（相应的调整后的 R^2 为 0.219)，随着控制变量加入方程，解释力达到了 0.345（相应的调整后的 R^2 为 0.247)，这表明控制变量的解释力不容忽视，但在控制变量中，除了企业类型外，企业寿命、所有权结构和企业规模与竞争优势均呈现显著的关系；在加入控制变量前，动态能力诸维度均与竞争优势正相关，但是环境适应能力与竞争优势的相关性微弱（$\beta = 0.044$，$p < 0.10$)。在加入控制变量之后，动态能力诸维度与竞争优势的正相关关系（$\Delta R^2 = 0.029$）得到加强（$\Delta\beta$分别为 0.135、0.137、0.182、0.005 以及 0.071)。因此，检验结果表明，假设 4a–4e 均得到支持，即动态能力各个维度与竞争优势呈现正相关关系。

表 5.18 竞争优势多元回归结果

变量	因变量(竞争优势)			
	模型 1		模型 2	
	β	t	β	t
控制变量				
企业寿命			0.103**	0.521
企业规模			0.088*	2.887
所有权			0.107*	1.273
企业类型			0.110	2.544
自变量				
环境适应能力	0.044*	2.487	0.179**	1.446
组织变革能力	0.147***	3.829	0.284*	3.202
组织柔性	0.118*	2.084	0.300**	3.760
组织学习能力	0.239**	1.187	0.244*	1.037
战略隔绝	0.102*	1.094	0.173***	2.430
R^2	0.316		0.345	
ΔR^2			0.029	
$Adj.R^2$	0.219		0.247	
F	3.618***		3.534***	
N = 480;$*p < 0.10$;$**p < 0.05$;$p < 0.01$.截距未加以列示。				

5.2.3.3 动态能力对网络结构—竞争优势关系中介作用的检验

假设 5 试图说明动态能力对网络结构与竞争优势关系的中介作用。这个假设被分解为 3 个子假设。关于中介作用，本书将使用 Baron 和 Kenny（1986）所述的三个步骤来验证之，并用 Sobel、Aroian 以及 Goodman 检验法来进一步验证其显著性（Newbert，2008）。

Baron 和 Kenny（1986）认为，检验中介变量的中介效应，需要经过三个回归步骤：首先，测量自变量与因变量的关系，其 β 值应显著；其次，测量自变量与中介变量的关系，其 β 值也应显著；最后，将自变量和中介变量同时带入回归方程，测量二者与因变量的关系，此时，自变量与因变量的 β 值比步骤 1 的 β 值要小，且不显著表示假设完全成立，显著则为部分成立，但中介变量与

因变量之间的关系仍显著。如表 5.19 所示。

表 5.19 中介变量的测量步骤

步骤			β值	成立条件
步骤一	自变量	因变量	β1	β1 应具显著性
步骤二	自变量	中介变量	β2	β2 应具显著性
步骤三	自变量	因变量	β3	1.β4 应具显著性 2.β1 >β3 3.β3 不具显著性为完全成立;显著者为部分成立
	中介变量		β4	

本书将用上述中介回归的方法研究网络结构—动态能力—竞争优势之间的关系。具体的检验结果见表 5.20 所示。

表 5.20 动态能力中介作用检验结果

步骤	解释变量	被解释变量	β值	假设成立条件
步骤 1	自变量	因变量	β1−1,β1−2,β1−3	β1 应具显著性
	网络强度	竞争优势	0.239*	三个自变量均与竞争优势呈现正向显著性相关
	网络密度		0.126*	
	网络中心度		0.401**	
步骤 2	自变量	中介变量	β2−1,β2−2,β2−3	β2 应具显著性
	网络强度	动态能力	0.198*	三个自变量均与动态能力呈现正向相关关系
	网络密度		0.321**	
	网络中心度		0.135*	
步骤 3	自变量	因变量	β3−1,β3−2,β3−3	β4 应具显著性
	网络强度	竞争优势	0.114	不显著,中介效应成立
	网络密度		0.144	不显著,中介效应成立
	网络中心度		0.227***	显著,0.401>0.227,部分中介效应成立
	中介变量		β4	
	动态能力		0.231***	β4 具有显著性

注：$^{*}p < 0.1$；$^{**}p < 0.05$；$^{***}p < 0.01$.

上表的结果表明，步骤 1 和步骤 2 均满足条件，在步骤 3 中，网络强度对竞争优势不具显著性，因此，动态能力对网络强度—竞争优势、网络密度—竞争优势关系的完全中介效应成立，即假设 5a 和 5b 得到验证。而动态能力对网络中心度与竞争优势关系的部分中介效应成立，因为 0.404 > 0.239，满足 Baron 和 Kenny 所述的部分中介效应原理。因此，假设 5c 得到部分支持。图 5.4 显示了基本分析结果。

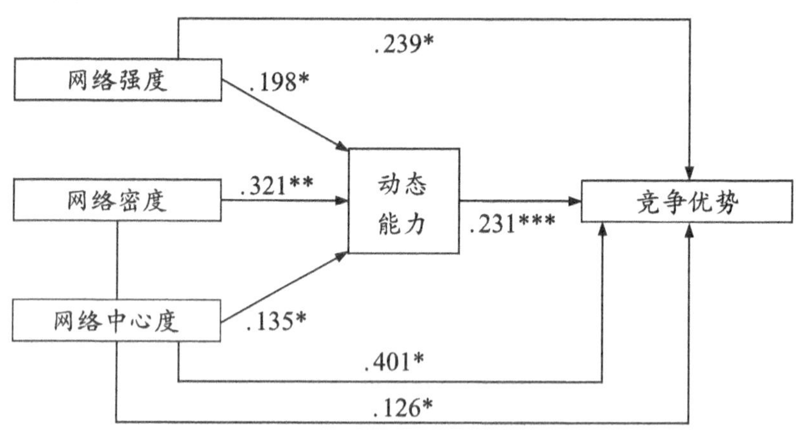

图 5.4　动态能力中介作用结果

为了有效地检验动态能力的中介作用，本书使用 Sobel，Aroian 和 Goodman 检验来验证这一作用。这种方法的作用在于检验第三变量在自变量和因变量之间的中介作用是否显著。如表 5.21 所示，每一项统计指标均呈现出显著性，表明动态能力的中介作用显著。值得注意的是，表 5.20 所示的结果已经显示了“NC→DC→CA”的部分中介效用，表 5.21 的结果只是对此结果的加强，并未改变研究结果。

表 5.21　动态能力的中介作用

中介关系	Sobel	Aroian	Goodman
NI→DC→CA	2.337**	2.590**	2.519**
NR→DC→CA	2.471*	2.498*	2.449*
NC→DC→CA	2.739**	2.637**	2.774**
*p < 0.10；**p < 0.05；***p < 0.01.			

综上所述，根据 OLS 回归验证结果以及中介回归验证结果，本书所提出的 23 条假设中，得到验证的有 20 条，未获得支持的有 2 条，获得部分支持的有 1

条。具体情况见表 5.22 所示。

表 5.22 假设检验汇总

假 设	结 论	说 明
H1a:NI→EA	支持	在控制一定变量的情况下,二者之间的关系强度得到加强
H1b:NI→OR	支持	在控制一定变量的情况下,二者之间的关系强度得到加强
H1c:NI→SF	支持	在控制一定变量的情况下,二者之间的关系强度减弱
H1d:NI→AC	支持	在控制一定变量的情况下,二者之间的关系强度减弱
H1e:NI→SI	**不支持**	二者呈现负相关关系,且关系显著
H2a:NR→EA	支持	在控制一定变量的情况下,二者之间的关系强度减弱
H2b:NR→OR	支持	在控制一定变量的情况下,二者之间的关系强度得到加强
H2c:NR→SF	支持	在控制一定变量的情况下,二者之间的关系强度得到加强
H2d:NR→AC	支持	在控制一定变量的情况下,二者之间的关系强度减弱
H2e:NR→SI	**不支持**	二者呈现负相关关系,且关系显著
H3a:NC→EA	支持	在控制一定变量的情况下,二者之间的关系强度得到加强
H3b:NC→OR	支持	在控制一定变量的情况下,二者之间的关系强度得到加强
H3c:NC→SF	支持	在控制一定变量的情况下,二者之间的关系强度减弱
H3d:NC→AC	支持	在控制一定变量的情况下,二者之间的关系强度得到加强
H3e:NC→SI	支持	在控制一定变量的情况下,二者之间的关系强度减弱
H4a:EA→CA	支持	在控制一定变量的情况下,二者之间的关系强度得到加强
H4b:OR→CA	支持	在控制一定变量的情况下,二者之间的关系强度得到加强
H4c:SF→CA	支持	在控制一定变量的情况下,二者之间的关系强度得到加强
H4d:AC→CA	支持	在控制一定变量的情况下,二者之间的关系强度得到加强
H4e:SI→CA	支持	在控制一定变量的情况下,二者之间的关系强度得到加强
H5a:NI→DC→CA	支持	呈现显著性
H5b:NR→DC→CA	支持	呈现显著性
H5c:NC→DC→CA	**部分支持**	呈现显著性

5.3 结果讨论

本研究在于探讨企业的网络结构、动态能力与竞争优势的关系，在验证假设之后，需要对已经成立和未成立的假设进行分析，以解释个中原因，并试图提供一些可供企业借鉴的建议。

5.3.1 网络结构与动态能力关系的讨论

本书基于网络结构的三维度，即网络强度、网络密度、网络中心度，研究了它们与动态能力的关系。结果表明，虽然企业在网络联系方面表现得各不相同，但是它们均与动态能力中的环境适应能力、组织变革能力、组织柔性和组织学习能力呈现正相关关系，网络中心度与战略隔绝之间也呈现同样的关系。

在网络强度方面，如果企业与交易方相互了解、认识的时间越长，那么，企业获取相关的信息就越容易（Burt，1992；Ge、Hisrich & Dong，2009），企业能够对市场上的变化做出迅速反应，加强对市场环境的适应能力；同时，企业的内部组织也会因此作出迅速反应，来满足市场和客户的需求，企业因此需要对其变革能力进行改进和提升；在与外部接触的过程中，若双方或者多方关系密切，接触频繁，企业会根据竞争对手的表现，来迅速做出快于对手的反映，在内部会重新调整权利架构，保持组织的灵活性，这是企业组织持续发展的基本前提之一（Frederic，2000）。同样，联系的紧密度也能够加强企业的学习能力，促使企业从外部吸收知识，并将这些知识与企业内部知识进行融合，改善企业的经营能力。

在网络密度方面，本研究强调企业应与外部组织结构建立联系。企业对网络密度的强调主要体现在：企业与竞争者建立联系，有利于企业把握对手的动向，寻求市场先机，使企业尽快适应市场（Brush et al.，2008）；与消费者建立联系，不仅能够调整企业的外部行为，还能够进一步构建、提升企业的变革能力，加强企业的战略柔性；与供应商建立联系，能够使企业了解上游原材料信息，加大企业对市场的掌控力度，降低企业的生产成本；与大学等科研机构建立联系，不仅能够增强企业的变革能力，加大企业创新，还能够促进企业学习；与政府等部门建立良好的关系，对于企业获得资源和机会、减少与政府及相关的主管部门之间的交易成本以及由于转型而带来的政策风险等是十分有益的，

这有利于加强企业对环境的适应能力，并促使企业加快内部变革（Ge，Hisrich，& Dong，2009）；与中介机构建立联系，如行业协会和新闻媒体等，企业可通过此渠道建立良好的市场信誉，通过中介机构所提供的资源来发展企业，提升企业的整体动态能力。

在网络中心度方面，若企业在网络中的中心地位明显，企业就占据了有利的网络地位，便能够较对手更快地获取关键信息和资源，先于对手生产出市场需要的产品和服务。同时，在与网络中其他企业加强合作、促进了解的过程中，企业会不断地加大变革力度，促进内部创新，网络中企业之间的信任能够促进企业的学习，通过不断地学习，企业的创新能力得到加强，企业的战略柔性也得以提升。虽然在加入控制变量后，网络中心度对战略隔绝的影响力减弱了，但二者之间仍呈现出正向关系。企业在网络中的中心地位，不仅促进了企业的发展，更为重要的是，它能够使企业更加了解其他企业的发展态势和发展阶段，本企业可以根据这些情况，审慎、实时地开发新的技术和产品，维持企业的市场地位和市场份额，并采取措施保护企业的技术诀窍等不被外泄，这能够有效地保护企业的利益（贺小刚，2006）。

但是，实证检验结果还发现，网络强度和网络密度均与战略隔绝呈现负相关关系（假设 H1e 和 H2e 未被支持），而且关系显著。这与原假设是完全相反的。可能的原因是：网络联系的紧密度和频繁度虽然对本企业有益，加强了企业的学习能力和信息获取，但是这对于网络中的其他企业来说也是如此，当企业在生产中运用新的技术并生产出产品时，这种技术很可能通过“不良”途径被对手或其他企业所获得，企业的战略隔绝机制便会暂时的失效。企业与外部的联系越紧密，技术、专有知识或者专利等越容易泄露，企业必须采取强硬和严厉措施来保护技术的专属性。同样，网络联系越广泛，企业机密泄漏的机会也就越高，这对于企业的战略隔绝机制也是很不利的（Wang & Ahmed，2004）。

5.3.2　动态能力与竞争优势关系的讨论

本书的实证研究表明，动态能力的五维度，即环境适应能力、组织变革能力、组织柔性、组织学习能力以及战略隔绝均与竞争优势之间存在正相关关系。

环境适应能力强调了企业对市场的理解和掌握，适应环境能够促进企业对某一潜在可盈利机会的理解与把握，而那些能够不断地改进产品和服务以保持竞争优势的企业就是由于它们把握了一些至关重要的机会。发现机会、鉴别机会使企业理解市场的基本表现，企业只有不断地对市场的变化作出反应，适时地进行战略转移，企业的竞争优势便能够得以维持，企业的盈利能力便能够得以延续（Williamson，1999）。

组织变革能力和组织学习能力一直是企业所关注的焦点问题。在企业的发展过程中，不仅企业家自己要不断地学习，它们还不断地强调企业本身的学习能力，即整个企业的员工都应该具备一种好学的精神，如通过与上下游商讨问题的解决方案，组织员工去同行业企业参观、访问，在企业内部采取一种有助于提高学习效率的激励机制等等。这种组织学习能力的培养与 King 等（2003）等所强调的人力资源知识具有同样的含义，也是企业通过优良的人力资源体系提升企业竞争优势的关键步骤之一。组织变革能力则是企业内部的一种内创业精神（intrapreneurship），强度组织的创新精神、员工的冒险精神以及首创意识，还有企业对资源等要素的整合能力。这种变革能力对企业竞争优势的贡献已经得到了许多实证研究的支持（Zahra et al., 1995；Woiceshyn & Daellenbach, 2005）。通过组织变革不仅可以确保企业内部的活力，更重要的是这将有助于企业从革新中获得熊彼特租金。从本质上讲，组织学习能力与组织变革能力就是企业为了克服能力刚性的一种持续更新能力，这种能力确保了企业的创新力不断得到改善，企业的竞争优势不断地得到延续（Zollo & Winter，2002）。

在快速变化的市场竞争中，企业组织势必保持一定的灵活性，这种战略灵活性不仅仅取决于企业本身的战略反应能力，更重要的是，企业组织也应该能够对企业的战略反应做出及时的战略调整，以确保企业的战略柔性。此外，为了实现这种灵活性，企业组织内部必须建立灵活的机制，如工作模式因人而异、允许部门之间打破常规等等。维持灵活性有助于企业规避损失、抢占先机，进而获取理查德租金（Makadok，2001）。但是，这种租金的持续还有赖于战略隔绝机制的完善，即企业通过建立有效的抵制模仿机制以占用租金，如抢先开发难以模仿的核心技术、建立相关的知识产权保护机制等等。于是，如何抵制模仿便成为许多战略学家研究的重要课题之一（Liebeskind，1996）。抵制模仿实质上就是一种战略隔绝机制，即对现存的以及潜在的竞争对手实行的一种排斥，这有利于维持企业的竞争优势并为企业带来额外租金（Thomas & Pollock, 1999）。在中国的转型经济条件下，中国企业强调战略隔绝还有一个主要的原因，就是由于相关法律法规的不健全、不规范，信任机制缺失，导致企业的核心要素流失严重，如关键部门的关键员工离职等。这些都体现了战略隔绝机制在激烈的市场竞争中为企业获得竞争优势的重要性（贺小刚，2006）。

以上说明，企业的竞争优势的主要来源之一就是企业的动态能力。企业动

态能力的提升会促进企业整体能力的改进，企业的竞争优势便会得到维持，并在此基础上得到提升和延续。对我国传统行业和高科技行业的实证研究也充分说明了这一点。

5.3.3　动态能力中介作用的讨论

对假设 5a 和 5b 的研究结果表明，动态能力在网络强度—竞争优势、网络密度—竞争优势关系的中介作用成立，即网络强度和网络密度对竞争优势的影响是通过动态能力来实现的，它们对竞争优势没有直接影响。而网络中心性不仅对竞争优势有直接的影响，而且它也能通过动态能力对竞争优势产生间接的影响。

在不断变化的市场经济条件下，企业的动态能力可能是决定企业生存与发展的一个关键性变量。企业通过外部与其他相关机构的紧密联系，借助媒介的作用，通过大量的研究、学习，不仅可以获取抉择所需的大量信息，更重要的是通过了解市场、适应市场以及不断地学习，企业可以改变内部机构设置和权力分布，也可以模仿其他的市场占优者，并从学习中产生新的创意，加大企业的变革力度，提升企业的竞争优势。中国企业家构建外部网络，加强联系的紧密度和广度，其目标就在于通过动态能力的改变来维持企业的竞争优势，提高企业的竞争力（Staber & Sydow，2002）。同时这也反映了企业对未来竞争日趋激烈的认识。建立网络联系一直以来就是中国企业的主要职能之一，不仅在企业成立初期，即使公司已经具备一定的规模和竞争优势，积极地建立各种关系仍是中国企业的主要任务之一，他们的目的就在于提高企业对外部环境的反应能力，加强企业动态能力的发展，改善企业的竞争优势。

网络中心度对企业竞争优势存在直接影响，这表明企业在网络中的地位有利于企业提高竞争优势。当企业比对手更容易获得关键资源时，企业利用这些关键资源产出的产品和服务也是其竞争对手所无法模仿的，企业因此而建立的竞争优势具有持续性，企业在加强与网络中其他成员的合作关系时，企业也就获得了这些成员企业的信任，企业能够利用这种关系来整合企业外部的信息与内部的资源，通过创新来获取并维持竞争优势，这也是企业发展的关键。企业能够在多变的市场上通过外部企业对它的信任来发现具有潜在价值的市场机会，另外，企业还应该通过自身在网络中的地位以及表现获取资源、构建动态能力，并时刻根据市场环境和企业内部环境的变化进行有机的协调，为企业竞争优势的维持奠定基础。因此，企业的网络中心度不仅能够直接影响企业的竞争优势，还能够通过企业动态能力的改善来影响企业的竞争优势。

5.4 相关建议

从概念上看，动态能力是一个抽象的概念，但是当本书将动态能力划分为五个维度之后，动态能力的神秘也就被揭开了。事实上，动态能力可以通过战略规划、组织设计来培育，可以通过战略隔绝机制来维持，同样可以通过组织柔性和组织学习来提升与改进。即使对于企业内部可能出现的那种不能很好地加以规划的自发战略行为，如果一旦认识到了这些要素的功效（functions），那么企业就应该为能力的开发创造良好的条件，通过外部合作来加强能力，通过能力发展来维持竞争优势。本书通过研究网络结构、动态能力以及竞争优势的逻辑关系，为企业培育持续竞争优势提供了一定指导。

1. 不间断地加深并拓展外部联系，建立企业的中心地位

企业只有不断地加强外部联系，深化关系，加强企业对市场的不断了解，拓展联系，不断地获取关键的、有价值的信息资源，同样，企业的网络地位，加强了企业与外部企业的联系，促进了网络成员对其的信任，这样才能不断地提高企业的动态能力，建立持续的竞争优势。

企业建立外部联系主要有以下好处：（1）网络对机会识别有着重要的作用，能够提高企业的环境适应能力。Katz 和 Shapiro（1994）认为，企业家的社会背景（关系）在机会识别过程中起到支持作用。企业家的知识是其在一定网络环境中生活、学习长期积累的结果，特别是感性认识中的部分隐性知识，更是直接来自其各种关系网络中。网络可为企业家提供有关了解市场、服务市场与顾客的方法与途径等知识。Birley（1985）进一步认为在机会培育期间，企业家可利用网络关系来获得可利用的信息、好的建议、经营担保、设备、土地和资金。网络联系还可以扩大知识的边界，而这种知识可能直接形成机会。（2）网络对企业融资有重要作用。如只要企业同意为客户定制产品，一些客户愿意为企业的新产品开发提供融资便利。（3）网络另外一个明显的好处体现在人员招聘上。可以为企业的持续发展提供高层次的人才。在本书的调研中，笔者发现，对于高新技术型企业，它们需要高层次的技术人才，松散的网络已经无法满足其要求，他们不断地与相关机构建立紧密的联系，并通过这种网络联系来获取这种人才资源（Kalish，2008）。（4）网络有助于企业寻求与选择恰当的客户与供应商。虽然企业家可以通过网络获取企业所需的资源，但企业能否成功最终取决于市场。企业需要通过建立客户联系来实现产品的销售。同样，Burt（2002）认

为，企业的上游网络在企业的发展中扮演了重要角色。他认为，企业如果不建立起与供应商的联系，企业的资源来源就受到了限制，企业将面临着资源危机。由于缺少资源，在加上企业家本身的资源禀赋不足，企业的发展将会步履维艰。因此，对企业家以及企业来说，网络不仅决定了其上游资源（供应商），也决定了他们的下游资源（客户）。通过与客户和供应商建立长久的网络联系，能够保证企业的成长与发展（Kalish，2008）。（5）网络有利于企业获取商务建议和支持。主流网络理论认为，支持性服务（如银行、会计、业务顾问提供的建议与服务）对于企业创建具有关键性影响（Ram & Deakins，1995）。这些商务建议与支持能够保证企业家选择合适的行业进行投资，并使其规避潜在的风险。这些网络的价值就在于确保了企业的健康成长与发展（Mehra et al.，2001）。

整合并优化网络结构，是企业获得动态能力，进而获取竞争优势的基础条件之一。网络本身也是企业发展过程中的一种特殊资源。网络整合包含三层含义：第一层次的整合是根据企业战略规划有计划地构建网络联系。第二层次是在强化某些战略活动时紧密联系。第三层次的整合不只是网络成员之间活动的相互强化，而要达到“努力最优化”（optimization of effort）的程度，实现网络价值的最大化。动态能力源自整个网络连接点活动的体系，而节点之间的沟通联系能够降低成本，增加差异化。网络结构的整合意味着在动态环境下，保持企业的发展必须在一定程度上依赖企业所建立的外部联系以及这种联系的价值和紧密度，企业必须对这些联系进行整合、利用。在战略环境中，对网络的整合需要注意以下两个方面：一是整合内部的优势资源，将之与外部网络资源的整合联系在一起；二是整合网络的过程中注重对其他资源的关注（见图 5.5）。对企业外部网络的整合是要与外部的环境联系在一起的。这样的整合才能最终实现企业网络的优势，更能够准确地抓住外部环境提供的机会，从而提升企业的动态能力，增强企业的持续发展动力。此外，企业的网络联系也是有层次的，企业必须利用好网络所提供的优势资源和机会资源，带动其他方面的发展，进而实现协同效应，实现网络结构优化和动态能力提升的良性互动。

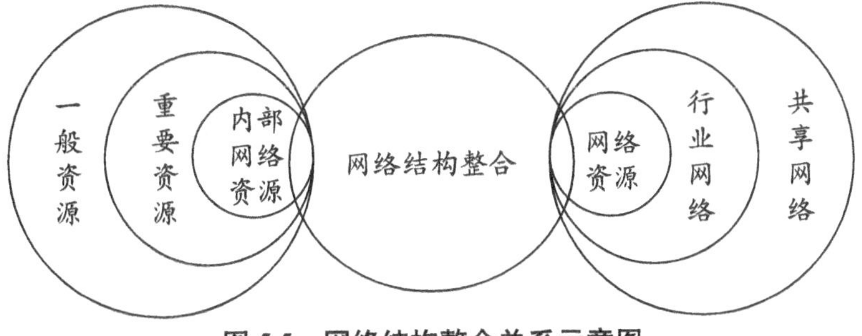

图 5.5　网络结构整合关系示意图

2. **培育并加强企业动态能力，将之作为企业竞争优势的来源**

作为战略的制定者，企业家在培育动态能力的过程中关键的贡献在于战略认知。如果企业家没有能够获知自己企业成功的真正原因，这就很可能成为企业今后持续发展中的一个战略盲点和核心刚性（Leonard-Barton，1992）。因此，企业家应该成为动态能力演进过程中的战略审计者（Teece et al.，1997）。而且整体战略水平的提高在于学习（Winter，2000），比如总结经验，善于从试错中学习，进而确保企业在未来的战略决策中少犯错误，产生学习的经济效应。企业的学习能力是企业保持更新的动力，是发展动态能力的源泉。

同时，保证动态能力各个维度的独特性。本书实证研究的结果表明，动态能力的各个维度与竞争优势存在正向关系，因此，企业要维持持续的竞争优势，就必须保持企业各类能力的动态性。当新的变化产生后，企业必须重新进行战略审计，对相应的能力结构进行升级和创新，因为赢得明天优势的能力是那些更好、更快地对新的能力进行革新的能力（Collis，1994）。从某种意义上讲，更高水平的组织能力就是允许企业克服路径依赖的能力，即能力是需要一直动态调整的。比如，随着竞争的加剧，势必要求企业不断地作出战略反应，具有比对手更快、更有效地进行战略转型的灵活性能力（Hayes & Allinson，1994），对快速的变化作出反应或首创的能力，比对手更早地鉴别有价值的资源的能力（Barney，1986），所以，企业的动态能力必须不断地变化，否则企业就不能在不确定的市场竞争中获益（Hitt et al.，2001）。所以，决定企业竞争优势的动态能力是一个能力组合，但这种组合绝不是静态不变的，各能力因子的权重将随着环境的变迁而自发或自觉地进行演进、调整。

由此可见，如果企业内部具备创新性和学习性的特征，企业就会不断的开发新产品与改进老产品，同时在与竞争对手竞争的同时，会经常采取竞争性的态度将新产品、新的管理技能和操作技术作为竞争的首选从而快于竞争对手行动。这些活动会刺激以企业家为代表的企业精英们不断超越自身的欲望、强烈的求知欲和自我实现的需要，是企业动态能力提升的不竭动力。在动态的市场环境下，企业家会不断的进取，不断的努力，他们会通过他们结成的企业家网络获得企业所需的资源与知识，这是动态能力的提升基础。企业家在企业发展中起着至关重要的作用，其不断自我提高的不竭内在动力是动态能力提升的动力源泉。企业通过学习代理机制将自己从企业网络中获取的知识迁移到企业中，并且在企业内部传播、复制与制度化，这些活动会激发潜藏在企业内部的动态能力碎片，进而提升企业整体的动态能力水平。具体而言，以企业家为代表的

企业精英们通过学习代理机制将自己从网络中得到的知识迁移到企业中，并且在企业内部传播、复制与制度化进而增强环境洞察能力、提高变革更新能力、改进组织柔性和技术柔性，这是企业动态能力的提升路径。

但是，动态能力的培育是一个艰难的过程。企业家以及企业必须认识到动态能力形成过程中的艰难。即使企业已经认识到需要对外部环境作出反应，但企业家有时无法做出应对，此时，动态能力的形成与培育就需要付出代价（Oktemgil & Gordon，1997）。动态能力的培育以及核心能力刚性的克服是一个持续的工作，所以，即使当前的动态能力在发挥作用，企业家就已开始搜索、开发新的动态能力体系，一旦这种新的能力体系快于对手先形成，企业的竞争优势将会是十分明显的。所以，在企业内部真正地培育动态能力是一个长期积累的过程，是企业的一项长期战略任务。

3. **通过构建外部网络，与其他企业建立良好的关系，全面提升企业的竞争优势**

实证研究的结果表明，网络对竞争优势既具有直接作用，又具有间接作用。因此，可以认为，网络也是企业竞争优势的来源之一。在当前网络经济条件下，一方面由于“注意力”成为稀缺资源，因而企业通过网络与其他企业建立良好的关系，可以利用企业的一些资源，争取融资，投资于有吸引力的新产品，形成竞争优势，全面提升企业的运作水平，从而使企业能够及时、准确地预测市场，投入新产品的开发，吸引“注意力”。另一方面，通过建立外部网络，加强网络紧密度和企业在网络中的地位，企业可以及时了解企业的经营状况和对手的相关信息，从而为企业制定应对战略提供良好的信息基础。网络经济条件下建立起良好的企业与企业的关系，不但大大增强了企业的融资能力、应对能力和学习能力，加速企业动态能力的提升，而且还大大降低了企业的财务风险和信息获取成本，为构建企业竞争优势奠定了基础。

4. **紧跟时代步伐，加强人力资源的培育，建立知识型员工队伍**

知识经济改变了衡量财富的标准和竞争的规则，竞争优势也变得难以维持。如果说农业时代衡量财富的标准是土地，工业时代是资本，那么知识经济时代则变成了知识。知识已经成为企业的战略资源，而人是掌握知识的基本载体，因此，人力资源便成为企业最重要的资源。网络的优化、动态能力的提升以及持续竞争优势的打造，均离不开人力资源的作用。知识型员工既是企业加强组织柔性、增加组织变革力的中坚力量，也是企业不断创新与学习的主力军。彼得·圣吉在《第五项修炼》中引用壳牌石油公司企划主任德格所说的：“唯一持久的竞争优势，后续是具备比你的竞争对手学习得更快的能力。”而知识型员工队伍的建设正是为了满足这一条件。

21 世纪，最稀缺的、能够显著提升企业动态能力的就是高素质人才，企业只有采用最好的管理方式才能够得到最好的人力资源，获取最优秀的员工。实际上，能够为对手模仿的竞争优势不是持久的竞争优势，而通过构筑人力资源体系，完善人力资源发展规划的人事体系，才是企业竞争优势得以持续的根本。因此，企业必须通过人力资源来获得和保持企业在市场竞争中的战略优势，这也是企业在市场中“天时”、“地利”和“人和”的有机统一，是不断获取、保持、发挥、强化和更新竞争优势的动态过程。

5.5 本章小结

本章依据开发的测量工具，首先在全国范围内进行了一次大规模的调研，以备实证研究之用。首先本书确定了调研对象，即高科技企业和传统企业。这两类企业的区分点就在于生产过程中的技术含量以及生产环节的复杂性，具体的分类由企业负责人做出。其次，本书确定了抽样范围，即 1984 年国家建立的首批 15 个经济技术开发区以及除了上述经济开发区外，还包括以下省份，即陕西、四川、辽宁、山东、江苏、浙江、广东和河南。接着开始大规模调研，并对调研收回的有效问卷，从行业分布情况、企业经营所在地、企业寿命、企业规模以及企业股权性质等 5 个方面分析了样本的基本特征，为后面的实证研究奠定了基础。

接着，本书就所得到的数据进行了实证研究。首先确定了基本的研究方法，即结构方程模型和多元线性回归，并简要介绍了这两类方法的使用和基本原理。其次，对调研数据的质量进行了分析，主要有因子分析、可靠性和效度分析以及相关性分析。再次，笔者对数据进行了多元回归分析，对本书提出的 23 条假设进行了验证。结果表明，本书所提出的 23 条假设中，得到验证的有 20 条，未获得支持的有 2 条，获得部分支持的有 1 条。具体情况见表 5−21 所示。

在实证研究之后，本书就相关假设的验证情况进行了讨论，以期为没有获得支持的假设提供合理的解释。

最后，本书就研究主题提出了相关的建议，以期为中国企业提供相关的借鉴，促进中国企业的发展和竞争优势的建立。

第6章
案例研究
——基于丰田汽车的案例探讨

经过上述实证研究，本书对所有假设进行了分析、验证。在本章，笔者将从案例剖析的角度出发，详尽分析网络结构、动态能力与企业竞争优势的关系。本书采用日本丰田汽车公司的案例来剖析变量之间的逻辑关系。

虽然 2010 年初丰田公司面临着“召回门”的困扰，丰田危机也随之而起，丰田公司不仅面临着信任危机，更面临着市场危机，其市值缩水了近 20 亿美元，但其综合实力和全球影响力仍不容小觑（藤本隆宏，2010）。

本书使用此案例的原因是：第一，日本汽车产业是二战后日本繁荣强盛的象征，同时也是网络提升能力的表征，更是能力构筑竞争优势体现的最为鲜明、并且贯穿至今的产业。日本汽车产业的这种竞争方式很快被传到国外的企业，并成为这一产业固有的获得全球化竞争优势的模式；第二，20 世纪后半叶的日本汽车产业，尤其是丰田公司，无论在规模、国际认知度还是在产品制造的持续竞争优势上都可以说是独一无二的。从历史的角度学习、认识其独特性，是其他产业学习汽车产业优势的出发点。丰田公司的经验不仅对欧美、而且对日本的许多产业来说，都有很多可以学习的地方，这种经验具有相当的独特性，但绝不是其他产业无法学习的那种独特性（藤本隆宏，2007）；第三，在进入 2000 年以后，在日本经济整体陷入危机的情况下，丰田汽车却取得了历史上的最高利润，而且丰田汽车在美国市场的占有率也在 2002 年创下了最高纪录，展示出强劲的国际竞争力和竞争优势；最后，在 2008 年经济危机之前，独具竞争优势的通用汽车凭借其动态的能力占据世界汽车企业第一的宝座，但是，在经济危机之后，通用汽车公司的独特能力体系迅速瓦解，并于 2009 年申请破产保护，宣告破产。业界已经开始对通用公司的这种结果进行研究，而最基本的原因已经被吉姆·柯林斯和杰里·波勒斯在《基业长青》一书中进行了阐释，即“组织利用自身的资源为企业的发展提供了优于对手的优势，而当这种优势得到持续时，企业便成为行业的领袖”，但当这种优势不能得以持续时，企业的严峻挑战和危机也就来临（Coe et al.，2004）。

6.1 丰田汽车公司简介①

丰田是世界十大汽车工业公司之一，日本最大的汽车公司，源于 1918 年，但创立于 1937 年。2008 年丰田超过通用成为最大的汽车制造商。丰田第一次成为世界最大的汽车制造商，在汽车行业内，打破了 77 年的记录超过了通用汽车。通过对丰田汽车公司的简介，有助于对丰田能力和竞争优势的了解。

丰田汽车公司 60、70 年代在日本国内是自我成长期，80 年代之后，开始了它全面走向世界的国际战略。它先后在美国、英国以及东南亚建立独资或合资企业，并将汽车研究发展中心建在当地，实施当地研究开发设计生产的国际化战略。截止到 2005 年底，丰田在 27 个国家和地区建立了 50 个国外生产网点，在全球范围内开展汽车业务。此外，丰田还在全球 170 多个国家进行销售。丰田的发展历程如表 6.1 所示。其具体的国际化道路所取得的成果见图 6.1、图 6.2 所示。

表 6.1　丰田公司发展历程

年　代	事　　　件
1924 年	丰田佐吉发明“不停止自动换梭丰田自动织机(G 型)”
1929 年	将自动织机的专利转让给英国公司
1930 年	丰田喜一郎开始研究开发小型汽油发动机
1933 年	在丰田自动织机制作所内设立汽车部
1936 年	丰田 AA 型轿车问世
1937 年	丰田汽车工业公司诞生(资本金 1,200 万日元)
1938 年	母工厂(现在的总公司工厂)建成投产
1950 年	经营危机(劳资争议以及精减员工);成立丰田汽车销售公司

① 本部分主要参考了丰田公司网站（www.toyota.com）以及本人硕士论文的相关资料。

续表

年　代	事　　　件
1951 年	开始推行“动脑筋,提方案”制度
1957 年	首次向美国出口丰田轿车;设立美国丰田汽车销售公司
1959 年	元町工厂建成投产
1962 年	签订《劳资宣言》
1965 年	荣获 Deming 奖
1966 年	COROLLA 花冠车问世;开始与日野汽车工业公司进行业务合作
1967 年	开始与大发工业公司进行业务合作
1972 年	日本国内累计汽车产量达到 1,000 万辆;丰田邀请中国汽车工业代表团访日
1974 年	成立丰田财团
1975 年	参与住宅建设事业
1982 年	丰田汽车工业公司与丰田汽车销售公司合并为丰田汽车公司
1984 年	与美国通用的合资公司 NUMMI 在美国建成投产
1988 年	位于美国肯塔基州的独资生产厂家 TMMK 建成投产
1990 年	COROLLA 花冠车累计产量达到 1,500 万辆
1992 年	位于英国的独资生产厂家 TMUK 建成投产
1997 年	PRIUS 普锐斯(混合动力汽车)投产上市
1998 年	位于美国印第安纳州的独资生产厂家 TMMI 和西维吉尼亚州的独资生产厂家 TMMWV 建成投产
1999 年	在纽约和伦敦证券市场分别上市;日本国内累计汽车产量达到 1 亿辆
2000 年	四川丰田汽车有限公司建成投产(现四川一汽丰田汽车有限公司)
2001 年	位于法国的独资生产厂家 TMMF 建成投产
2002 年	F1 参战;与中国第一汽车集团公司就全面合作达成协议;丰田在中国首款轿车 VIOS 威驰下线
2004 年	广州丰田汽车有限公司成立
2005 年	LEXUS 雷克萨斯品牌在中国第一家经销店开业;全新 CROWN 皇冠轿车实现中国制造;广州丰田发动机有限公司 AZ 发动机整机下线出口;第一款在中国生产和销售的混合动力车 PRIUS 普锐斯下线
2006 年	广州丰田汽车有限公司国产 CAMRY 凯美瑞轿车下线;LEXUS 雷克萨斯品牌三款重量级车型 ES350、IS300、LS460 登陆中国

资料来源：丰田汽车公司网站（www.toyota.com.cn）

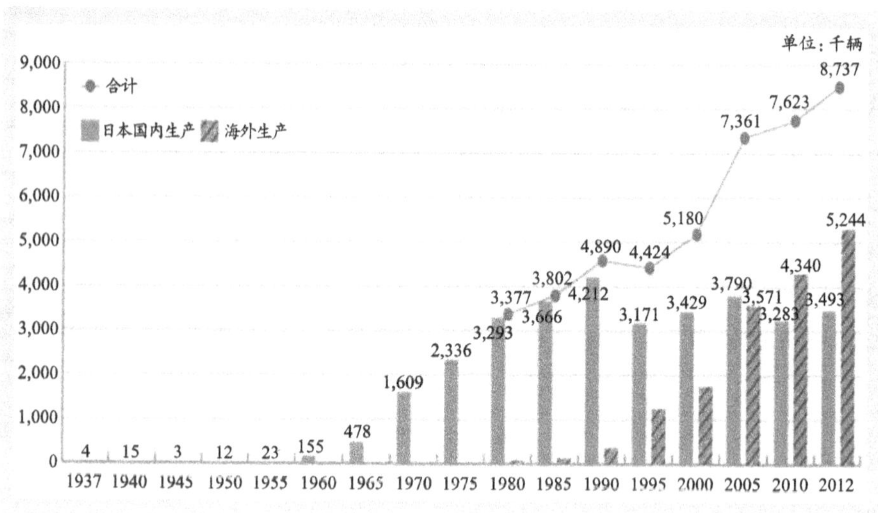

图 6.1　丰田的全球生产业绩

资料来源：丰田汽车公司网站（www.toyota.com.cn）

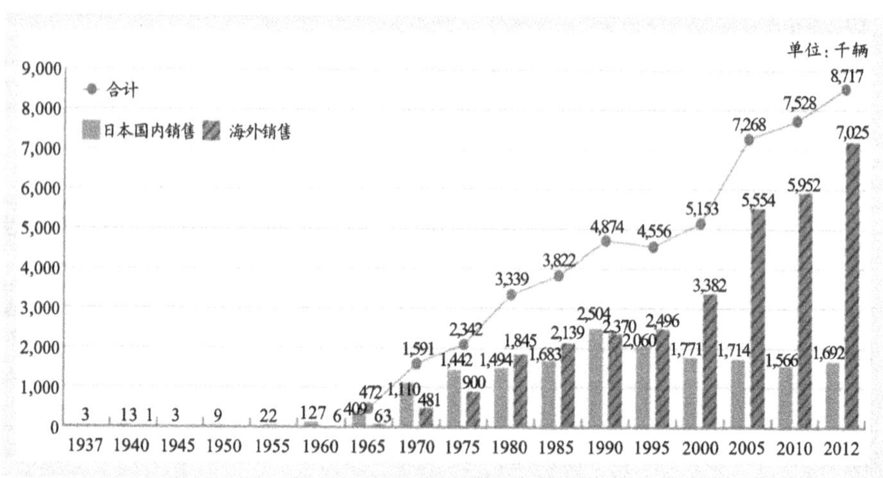

图 6.2　丰田的全球销售业绩

资料来源：丰田汽车公司网站（www.toyota.com.cn）。

丰田汽车公司有很强的技术开发能力，而且十分注重研究顾客对汽车的需求。因而在它的发展各个不同历史阶段创出不同的名牌产品，而且以快速的产品换型击败美欧竞争对手。早期的丰田牌、皇冠、光冠、花冠汽车名噪一时，近来的克雷西达、雷克萨斯豪华汽车也极负盛名。丰田汽车公司现年产汽车近

500 万辆，出口比例接近 50%，这都为丰田汽车赢得了很好的收益。丰田的汽车的销售绩效表现见图 6.3 所示。

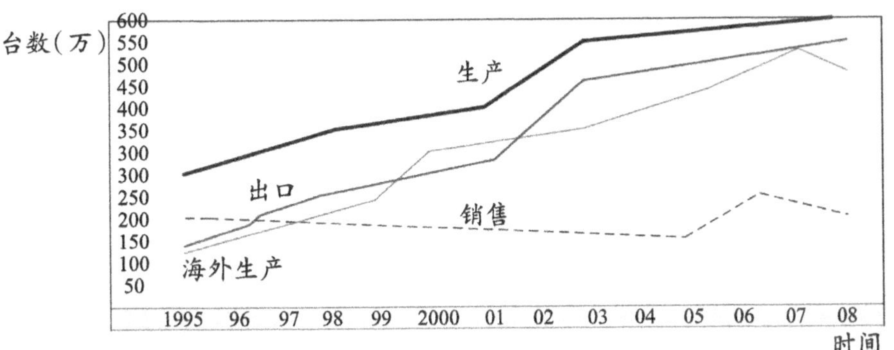

图 6.3　丰田汽车公司的日本生产、销售、出口、海外生产状况（单位：万台）

资料来源：日本汽车销售协会联合会，日本汽车工业协会、日本汽车进口工会(2006–2008)。

6.2　丰田汽车公司网络结构分析

在发展的过程中，丰田公司不断地加强与各方面的联系，通过建立战略合作与战略联盟实现了丰田在全球的业务拓展，本书将从丰田公司在网络强度、网络密度和网络中心度等三方面的表现来分析丰田公司的网络联系对企业的发展。

6.2.1　丰田在网络强度方面的表现

在日本国内，为了维持丰田在市场上的领导地位，丰田加强了与其他汽车企业的合作，如本田、日野、大发和马自达等。通过不断地联系，丰田与他们保持了紧密的联系，并在技术上不断地开发、创新。丰田在日本国内建立了 17 家技术研发中心，其中有 9 家是由丰田与其合作伙伴共同创建的。经过与国内企业的紧密合作，丰田的技术持续进步，为丰田走出国门，进入国外市场奠定了技术基础。

1957 年，丰田首次走出国门，进入美国。日本的汽车技术与当时美国的技术相比，显得十分落后，但是，丰田并没有因此而认输，它用了近 20 年的时间与美国三大汽车企业巨头，即通用、福特和克莱斯勒打成一片，与他们建立了紧密的联系。1972年，该公司累计生产汽车1000万辆。丰田学习了通用先进的汽车底盘技术和轮胎磨损技术，增强了丰田汽车在美国的竞争力与安全性；丰田通过不断加强与福特的接触频率，学习了福特的颇具历史性的制造系统，丰田在此基础上加以改进，形成了闻名全球的丰田生产方式，这也是目前全球汽车企业颇为推崇和争相学习的生产方式之一，其核心在于：（1）传送带传送需要组装的车辆：换言之是将移动着的作业传向固定位置的工人，每个工人只负责一道工序。早期的汽车厂类似手工作坊，每个工人都必须完全靠自己将发动机等总成装配起来。福特提高生产效率的手段，正是将装配工序分解成一系列简单的重复性操作，并将它们排列在一条生产线上。丰田通过不断地研究，成功地将这种技术运用到汽车的生产上；（2）零部件和原材料的完整供应体制：福特保证了生产工序中的每一环节随时得到所需的全部零部件和原材料。同时，丰田学习了这种技术，同时它还是统一零件规格以保证装配时良好的互换性方面的先驱。当然，交流是互惠的。应该说亨利福特的制造系统为丰田生产方式提供了历史前提并奠定了技术基础，而日本丰田的实际情况又给福特系统的改进创造了条件。通过与克莱斯勒的紧密联系与频繁的交流与互访，丰田学会了“如何把超市开进车间”。这种生产系统是：每条生产线根据下一条线的选择来安排自己的不同生产，正像超市货架上的商品一样。每一条线都成为前一条线的顾客，每一条线又都作为后一条线的超市。这种模式，即“牵引系组”，是由后一条线的需求驱动的。它与传统的“推进系统”，即由前一条线的产出来驱动的模式形成鲜明对比。这些行为都为丰田的以后发展以及全球竞争优势的建立奠定了良好的基础（藤本隆宏，2001a）。

同样，在欧洲、亚洲等一些国家和地区，丰田也不断地通过与其他汽车企业的联系来改进其生产方式，提高其生产力。丰田在国内外建立的网络联系不仅丰富了丰田的产品种类，加强了丰田的技术研发能力，更为重要的是为丰田的全球扩张铺平了道路，使得丰田不断地抢占其他汽车企业的市场，成为上世纪90年代击败福特成为仅次于通用汽车的全球第二大汽车制造商。

总之，丰田通过不断地合作与联盟，引进了欧美技术，并在美国的汽车技术专家和管理专家的指导下，很快掌握了先进的汽车生产和管理技术，并根据日本民族的特点，创造了著名的丰田生产管理模式，并不断加以完善提高，大大提高了工厂生产效率和产品层次。

6.2.2　丰田在网络密度方面的表现

丰田除了与关键伙伴保持紧密的联系外，还与其他合作者保持着联系，无论是政治上还是技术上，或是其他方面。

丰田与国内的竞争者本田、日野、大发和马自达等建立了联系，并不断地联合开发新技术和新产品；在国外与美国通用、福特等建立了合作关系，如 1984 年与美国通用的合资公司 NUMMI 在美国建成投产，成为日本在发达国家也是在全球建立的第一家合资企业。与竞争者的联系加强了丰田对市场的敏锐度和洞察力。同时，为了满足消费者的市场需求，丰田在全球市场建立了客户需求中心和客户反馈中心，接纳全球客户的监督，并对客户的需求作出迅速反应，密切了消费者的联系。丰田为了降低成本，加大了与供应商合作和对话的力度，丰田的供应商来自全球各地，但是丰田的生产成本确是全球汽车企业中最低的，这完全得益于与供应商的合作。为了加强技术开发，丰田不断地与全球著名的科研机构建立了联系，如 1997 年与东京大学建立联合研究中心；2002 年与与美国麻省理工大学建立战略合作，成立全球研发中心；2006 年 3 月，与清华大学实施技术合作，建立产业发展中心加强研发等，这些都加强了丰田的技术实力。由于历史问题，丰田汽车为了消除全球人民对日本汽车的抵触情绪，不断地与一些国家和政府建立密切联系，尽力排除历史影响，促进丰田汽车在这些国家的销售，如 1990 年与沈阳政府合作建立中国汽车工业丰田金杯技工培训中心，培训中国的汽车员工和管理人员，1998 年 9 月，与中国交通部共同就智能交通系统（ITS）进行交流等，进一步消除隔阂，加强理解，加速丰田在中国的发展。此外，丰田还不断地加强与一些中介机构的合作，例如，与日本自动车协会加强合作，共同制订了汽车行业的某些规则，如德国汽车协会加强合作，对德国高级轿车市场的规则产生了一定影响，等等。

这些都说明了丰田汽车不断地扩大网络联系的范围，开始了在全球全面拓展的阶段，虽然全球的汽车企业竞争激烈，但是丰田公司凭借着丰富的国际化经验，与多国政府和其他机构进行多角度的合作，实施多样化的国际化战略，逐渐扩大了在全球的市场份额，为其下一步的发展奠定了坚实的基础。

6.2.3　丰田在网络中心度方面的表现

网络中心度强调了企业在网络联系中的地位。丰田的网络中心度表现在多个方面，主要有：（1）丰田在网络联系中处于中心地位，如在与中国企业的联系中，丰田的技术一直是中国企业梦寐以求的，因此，在与中国企业的联系中，丰田的技术与管理经验不断地为丰田带来收益。同样，在其他发展中国家和一些发达国家，如越南、孟加拉和法国等，丰田的中心地位促使这些国家的企业不断地与丰田进行合作；(2) 丰田的中心地位加强了其他企业对它的信任。如，在 1999 年，通过在印度近 10 年的发展，丰田汽车的品质已经深入人心，丰田的技术中心地位也为丰田带来了合资益处，在与印方合资时，出于对日本丰田的信任，印方允许丰田的合资股权超过 50%，这既是丰田技术的胜利，也是丰田能够处理好关系的结果。因为信任能够鼓励双方共同努力，进行高水平的协作和采取更积极的态度（Dirks & Ferrin，2001），管理中的信任与增强的绩效相连（Goris，Vaught，& Pettit，2003；Rich，1997）。企业网络成员之间的信任和可信赖对节点企业的发展起着积极的作用。这些均为丰田带来了丰厚的利润。

丰田的网络中心地位降低了交易成本，这种优势使丰田在与其他企业之间的经济交往中起着必不可少的作用。一般而言，与具有长期协作且处于中心地位的企业达成交易比与陌生贸易伙伴交往可信赖度要高得多，这也有利于降低企业运行的风险和不确定性。当一个企业与处于网络中心地位的企业建立联系时，它们间的网络联接和交易关系会变得密切而稳定，企业经营面临的不确定性就会比较小（Tsai & Ghoshal，1998）。丰田正是借助其优势地位，实现了与他国企业之间的合作式发展。

丰田汽车公司的网络结构图如 6.4 所示。

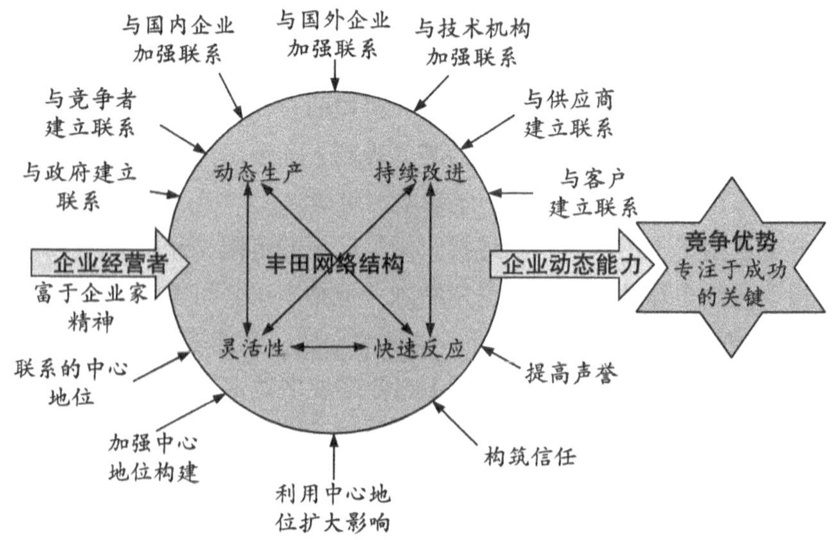

图 6.4 丰田汽车公司的网络结构

综上所述，丰田公司通过松散的联合（合作与合资）和紧密的联系（技术研发），与世界上有名的汽车厂家建立了100项以上的合作项目，它与多家企业建立了合作关系，基本上形成了“程度不等的多层次合作网络”。在全球能力构筑竞争优势日趋激烈的今天，汽车厂商要想弥补自身能力的不足，就需要与较强的企业建立合作关系，这样就可以在战略、设计研发、生产、购买、销售等组织能力和经营资源的所有层面上参与合作，并根据关系的紧密度来决定合作的内容和范围。丰田公司便是采取了这种网络战略，基于网络强度、密度和中心度构建了“多极化”的网络。

6.3　丰田汽车公司动态能力分析

日本丰田汽车公司拥有稳定的、前进的竞争优势，该公司的生产、开发、营销系统作为一个一体化的综合动态体系，具有独特的优势。这种优势源于企业能力的跃迁。即企业不断地适应市场、进行内部变革、加强组织柔性并不断地学习，采取专利技术等措施实施战略隔绝，保护企业的能力体系，维持企业的竞争优势。

6.3.1　环境适应能力

市场环境的不断变化，促使丰田迅速地了解市场，并对市场的需求和变化作出回应。丰田通过建立有效的市场适应机制来识别并评估全球汽车市场的机会。通过敏锐的市场观察能力丰田认清了全球纷繁复杂的市场环境，并及时捕捉了能为己所用的市场机会，结合各国政府的优惠政策所带来的市场变化，实施了合资合作战略进入国外，同时分析了全球的经济发展与汽车保有量的关系，最终成功地在许多国家站住脚。在进入后，又根据全球市场的需求和其他跨国巨头的发展状况，审时度势，成功实施了低成本战略，即采用竞争性的渗透定价策略，以满足市场上客户对便宜轿车的需求。为了抢占市场，争取潜在的顾客群，丰田制定了大大低于竞争对手的价格，将近期的利润损失作为开发长期市场和拓宽市场的一种投资。为了满足对环保的要求，丰田不断地开发出了一系列节能汽车，利用电池作为动力的汽车即将面世。同时，丰田实施了规模经济战略，随着技术改进和劳动生产率的提高，单位产品成本必然降低。这样既使价格不变，也能保证长期取得相对稳定的利润额。所有这一切得益于对外部环境变化的强有力的把握和对市场深邃的洞察力。

这其中典型的例子便是准时生产制（Just in time，简称JIT）的产生。二战后的日本汽车工业学习美国，普遍采用福特制式的大量生产方式，取得了明显的效果，但是丰田公司的负责人在20世纪50年代就开始意识到，一味地模仿美国的大量生产方式是很危险的。一方面，日本当时国内的市场环境、劳动力状况等都与美国有诸多不同，且战后资金短缺，不可能像福特那样维持大规模生产；另一方面，美国的生产方式是靠减少品种、扩大批量来降低成本，而整个社会的发展趋势却是需求多样化，如何有效地组织多品种小批量的生产直接关系到企业的竞争力和生存发展。JIT生产方式就是在这种环境条件下，由丰田公司管理者在实践中不断摸索创造出来的。自1973年经济危机以来，市场环境发生了变化，日本经济增长率明显下降，在这种低速发展时期，丰田的JIT生产方式显示了强大的生命力，丰田公司的竞争优势凸显，其绩效与其他汽车公司的绩效开始拉开距离，JIT生产方式的优越性举世瞩目，它对丰田的发展起到了不可忽视的推动作用。丰田的这种生产方式源于环境，其战略适应性十分明显。其战略适应的各个环节如图6.5所示。

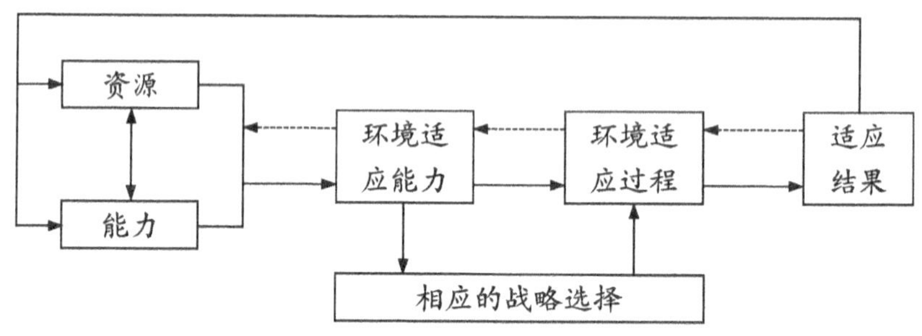

注：虚线为反馈与调整。

图6.5　丰田汽车战略适应环节

一种产品要成功地打入某一个新市场，关键在于要对该市场有深刻的了解，对市场的变化作出快于对手的反映。既要有适销对路的产品，又要以适宜的推销手段。丰田汽车公司正是通过市场调查，了解到市场空白点，把握了进入市场的机会，并在价格、销售渠道和规模经济等各方面采用了适宜的战略，才打入全球市场的，所以说丰田的成功是理所当然的。

丰田对环境的适应能力可以用图6.6表示。

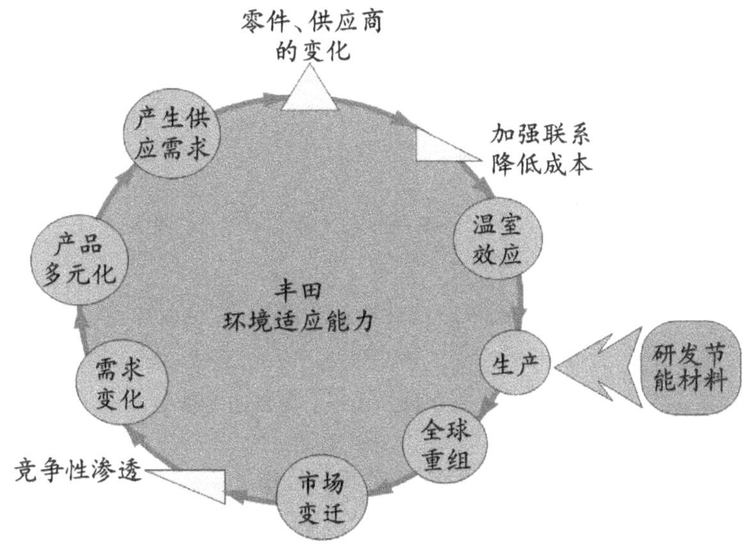

图 6.6　丰田的环境适应能力

6.3.2　组织变革能力

组织变革能力强调员工的冒险精神、首创意识、对资源的整合能力，即企业需要通过创造实现成长、需要通过指导实现成长、需要通过对员工的分权实现成长、需要通过内部协调实现成长以及通过合作实现成长，这是企业不断地变革组织所进行的能力演变，这也与企业的年龄息息相关。丰田在近 80 年的发展过程中，创建了一支富有变革精神的员工队伍，并随着企业年龄的变化以及组织规模的扩大使队伍成熟化、专业化。丰田组织变革流程见图 6.7 所示。

团队成员具备了实现目标所需要的基本技能，并能够很好地与其他成员合作，需要有较强的研究能力、思维能力、自学能力、表达能力、组织能力、应用能力等，具有很强的冒险精神和探索精神。丰田为所有员工提供了学习与创新的机会，同时加强了组织的变革能力，满足所有成员的学习需求。在学习的过程中促成团队建设的多样化，在一个生产团队中，既要有技术好、威信高、组织能力强的负责人，又要有能干的生产骨干，还应有勤恳的维护和保障人员，利用各自的技术特长，使团队成为一个有效率的生产单元，并不断地对员工进行激励和奖励，同时也加大了对革新活动的资金支持。丰田公司的学习型团队建设，即“人才强企”战略，不仅拓展了丰田的市场业务，使其业务延伸到了金融领域，而且也为多数各国汽车企业所习得。丰田以劳资相互信赖、共同承担责任为基础，营造出能够最大限度发挥个人创造力和团队力量的企业文化，提升了丰田的组织变革能力。

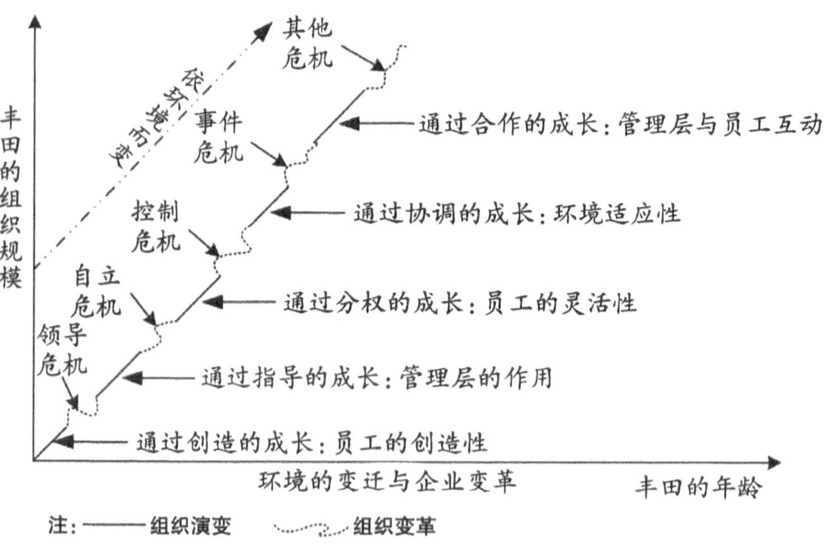

图 6.7 基于规模与年龄的丰田汽车组织变革流程

资料来源：［日］河田信. 丰田管理方式. 中国铁道出版社，2008，03.

丰田的组织变革能力可由图 6.8 来表示。

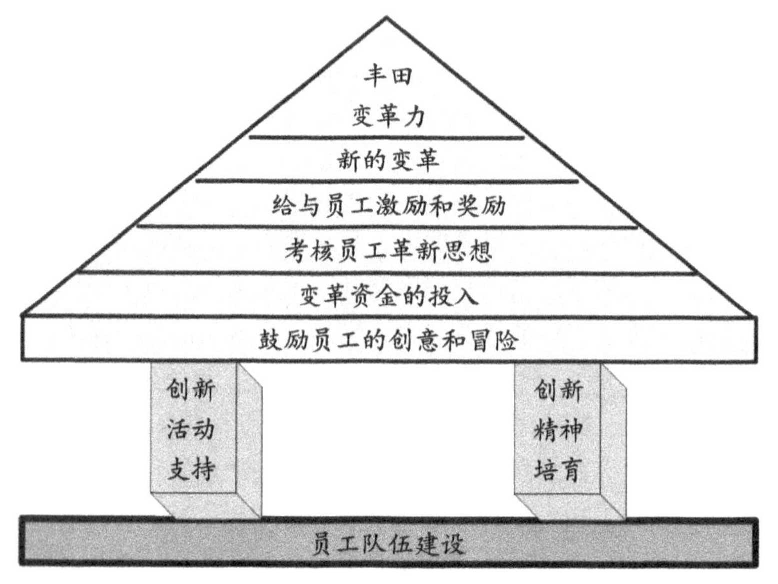

图 6.8 丰田的组织变革能力

6.3.3　战略柔性能力

企业的战略柔性往往强调企业家的独特作用。高效团队的领导往往担任的是教练或后盾的角色，他们对团队提供指导和支持，而不是一味试图去控制下属。领导者在领导风格上既重视团队绩效，又重视人际关系，能在实现团队目标和满足成员的个人需要之间取得有机的动态协调。这就加强了企业应对外部变化的柔性能力。

丰田汽车的领导们深知技术密集型的汽车行业人才是第一位的，要创造自己的品牌没有高端的人才是不行的。为了招纳贤才，丰田面向全球招聘人才，把优秀的汽车人才网络于旗下，同时根据公司的发展现状及远景规划，设计了柔性的组织结构，这种柔性战略使丰田较其他公司更快地渡过了艰难的金融危机，加快了改革和发展的步伐，使丰田总是快于竞争对手作出市场转变。同时，为了发挥人才的作用，丰田在实际运作过程中可以灵活地超越现有的权利架构，允许各部门以及员工打破常规，保持工作灵活性，并对部属进行合理的分权，加强他们的柔性，因人而异、因地制宜地采取了不同的工作模式，加强了企业的灵活性。同时丰田的用人制度也非常灵活，尊重员工，视员工如家人，对员工无微不至的关怀，宽容员工的过错，尊重员工的个性，重视员工的培训和职业生涯的规划。他们把尊重放在首位，把激励机制发挥得淋漓尽致。这也是丰田公司人性化管理的表征，更是其战略柔性的内部体现。

丰田在中国除了提供高质量的汽车产品和优质的服务外，还积极参加各项社会公益活动，努力融入中国社会，为推动中国经济和社会的和谐发展做出贡献，力争成为受中国社会认可和信赖的优秀企业公民。这也是其柔性能力的一种体现。在不同的社会背景下实施不同的企业战略。

通过采取一系列积极的措施，丰田汽车有限公司成功地实施了一个又一个不同层次、不同类型的柔性战略，这些战略在企业的运营过程中发挥了或者正在发挥着举足轻重的作用，这是丰田公司运作成功的核心因素之一。

丰田的战略柔性能力可由图 6.9 来表示。

6.3.4　组织学习能力

企业的组织学习能力强调企业如何通过学习来获取知识、技术，并将这些技术和知识进行融合，进而产生新的知识和技术为企业所用，带来新的竞争优势。丰田具有很强的学习能力。前文所述的与美国三大汽车厂商的合作学习，

是丰田学习能力提升的代表。

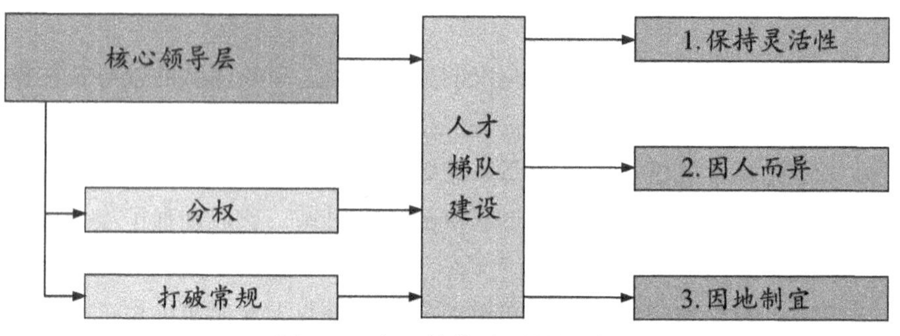

图 6.9　丰田的战略柔性能力

通过与通用、福特汽车的合作，学习了通用先进的管理技术，丰田将这些技术与企业实际相结合，形成了独特的丰田生产管理方式。在技术上，丰田与多家企业建立了研发中心，通过相互学习和技术融合，形成了丰田独特的技术，如，在雷克萨斯 LS460 上，结合丰田的技术，将板材之间的间隙以及各平面的坡度尽可能地减小到最低，引擎盖、大灯、挡风玻璃的坡度也得到减小，有效控制了气流的分离。为了提高高速行驶时的稳定性，设置了轮胎前整流罩、油箱、后悬罩等空气动力学部件，并使车身底部尽量地平整。这种消化吸收能力是国内汽车企业所不能做到的。

除了外部合作之外，丰田还实现了企业内部技术与知识的共享。真诚的沟通是团队合作和互相信赖的精神基础，也是丰田在全公司内开展高质量工作的基础。为了能够促进公司与员工间更顺畅地沟通，丰田在企业内部建立了有效的沟通体制与再循环学习系统，促进员工对新知识的利用和开发，创造新的知识和技术等。

通过组织学习能力的改进，丰田的业务领域扩大到了除了汽车和汽车相关产业之外的住宅、信息通讯、智能交通系统（ITS）、电子商务（GAZOO）、海洋、生物绿化工程、金融等事业领域。通过不断地学习，丰田继续积极挑战和开拓“汽车事业更高层次的发展”和“确立汽车以外的骨干事业”等目标。

组织学习能力强调的是不断的改进能力，即通过学习来改善企业的组织和提升企业的能力。对于组织的整体能力来说，持久的学习力是企业组织不断改进的核心动力。丰田通过建立 PDCA 循环学习模式（见图 6.10）来改善企业的学习系统。其运行原理是，企业在运行管理中首先需要具备有效反馈，即每个人都能够看到自己的工作结果，能够总结工作中取得的成绩和存在的不足，而后尝试改进，每项计划都应该有检查。管理本身就是不断循环的过程，反馈是

一种投入，是开展工作所需要的基本资源。不断反馈加上积极学习改进，有意或者无疑的模仿、引进竞争对手或其他行业业已成熟的体系，促进了丰田学习能力的加强。

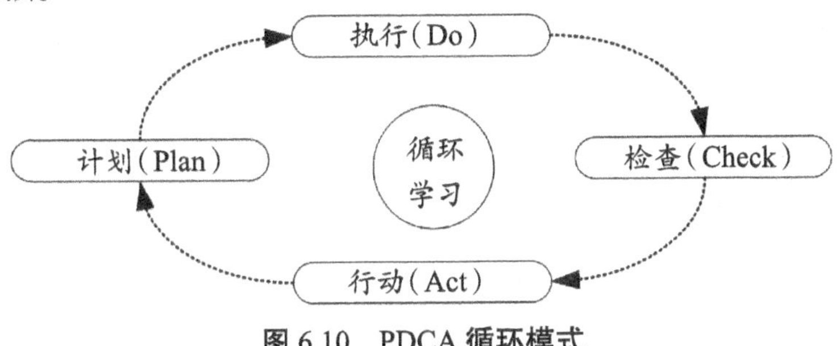

图 6.10　PDCA 循环模式

丰田的组织学习能力可用图 6.11 所示的再循环学习系统来表示。

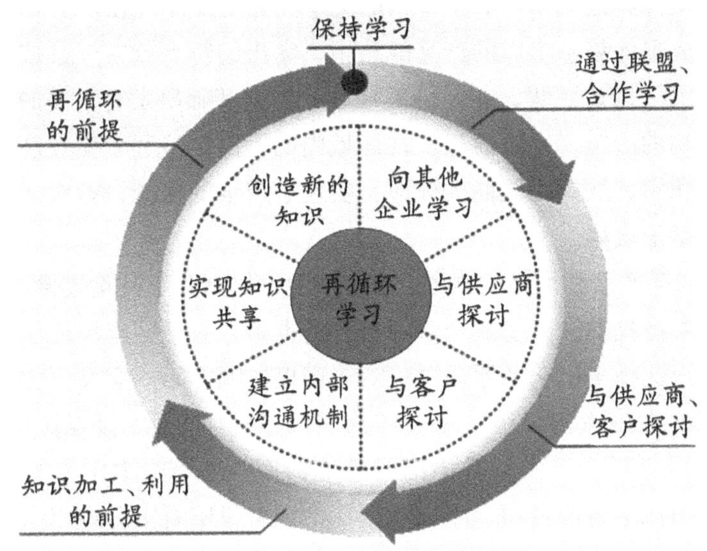

图 6.11　丰田的再循环学习能力

6.3.5　战略隔绝

战略隔绝机制是丰田保持全球技术领先地位的主要决策之一。虽然全球汽车企业均在学习丰田的生产方式和管理方式，但是丰田的核心技术仍掌握在丰田手中，其他企业只是学其皮毛，未得其精髓。总之，丰田通过以下方式建立了保护机制：(1) 在不同的国家分别申请了技术专利，保护技术的所有权，如，在美国，日本申请了自动车转轴（circle-swifting）技术，确保了技术的领先性；

（2）制定有效的激励机制，留住掌握核心技术的关键员工，促进员工与企业一起成长；在激励的同时，限制这些员工的“企业外”行为，并用高额的违约金限制员工流动等等；（3）对于其他企业要求其传授学习经验的行为，丰田只是用书面的形式传授，但是各国企业之间的差异未必能够确保这些措施、经验得到实行。

上述表明，丰田不断地提升了各种能力，维持了企业核心技术的所有权，保持了能力的动态性，由此不断地获取了源源不断的、持续的竞争优势。

6.4 丰田汽车公司竞争优势分析

相对于全球其他汽车巨头，丰田的竞争优势主要体现在以下方面：

（1）低成本优势。丰田的产品战略中，突出的特点就在于其成本低，而且丰田实施的 T—TEP 工程，对于降低成本，加强基础研发有重要的作用。低成本是企业成功的法宝，丰田通过实现区域内的范围经济和规模经济，利用企业长期的经验积累，发挥经验曲线效应，实现了成本的递减，相对于竞争者而言获得了成本竞争优势。

（2）低油耗产品和优良的服务。在全球油价居高不下甚至逐渐上涨的今天，丰田车以其经济性的油耗受到众多消费者的青睐，另外，丰田优质的售后服务也是许多客户选择丰田车的原因之一。丰田以“顾客第一主义”为理念。在中国，这一理念在一汽丰田经销店、广汽丰田经销店、雷克萨斯经销店这三个销售渠道得以推广。丰田及其中国的总经销商——一汽丰田汽车销售有限公司、广州丰田汽车有限公司、丰田汽车（中国）投资有限公司以及各经销商是为了满足顾客需要的同心协力的合作伙伴，通过共享产品、服务的优越性与价值即“丰田价值”以及坚定的信赖关系相互联系在一起，共同为客户提供良好的服务。

（3）独特的丰田生产方式。丰田引进了福特的生产制造系统，依托日本本土，将这种系统加以改进，形成了丰田独特的生产方式，成为全球企业学习的典范。同时，丰田还建立了 T－TEP（Toyota Technical Education Program）学校，经过 14 年的不断摸索与完善，T—TEP 项目在中国的影响力不断扩大。截至 2008 年 6 月，已设立了 28 所 T—TEP 学校。这些都是其他企业所做不到的。

（4）市场份额增长迅速。相对于其他竞争对手，丰田的市场份额增长迅速，

如，1957 年进入美国后，丰田的发展可谓步履维艰，经过近 40 年的挣扎，丰田在美国的市场份额由 1958 年的 0.5%上升到了 1999 年的 27.3%，占据了美国 1/4 的市场；在中国，丰田进入的时间比大众、通用晚了近 10 年，但是，经过近 10 年的发展，德国大众的市场份额从 50%降到了 23.4%，通用的市场份额由 28.1%降到了 14.9%，而它们所失去的市场份额均被丰田所占，这些足以表明了丰田的竞争优势以及市场力和竞争地位。

从上述分析中可以看出，丰田竞争优势的提升得益于其网络的动态性及其能力的提升，具体如图 6.12 所示。

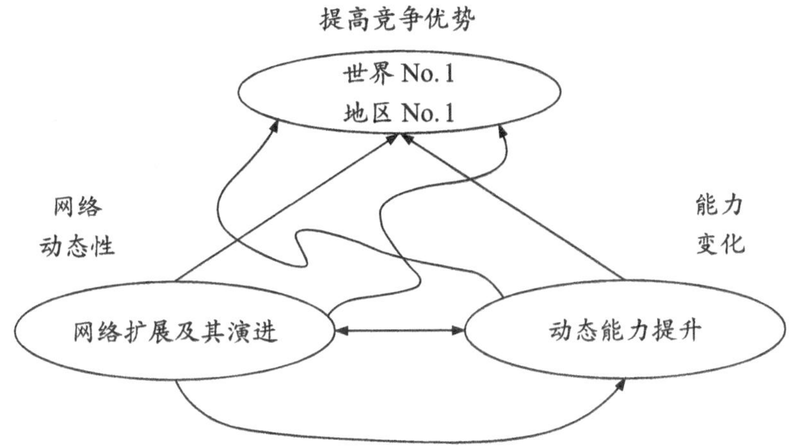

图 6.12　丰田网络—动态能力—竞争优势三维结构

6.5　综合分析

通过上述分析，我们可以看出，当企业与合作伙伴建立了广泛、频繁、可信赖的关系，彼此能够有相对统一的价值观和愿景、目标，并能够为此而作一致努力和合作，如共享信息和资源、互惠互助等等，企业的动态能力便会不断地得到提升，企业的适应能力得到增强，企业的变革能力得以升级，企业的柔性会加强，企业的学习能力会提高，同时这也会降低企业的运营和监督成本，减少企业的部分市场风险，对企业的竞争优势产生积极有利的作用。

丰田利用外部网络联系，升级了动态能力，加强了外部适应性，为企业带来了持续的竞争优势。图 6.13 显示了这种关系。

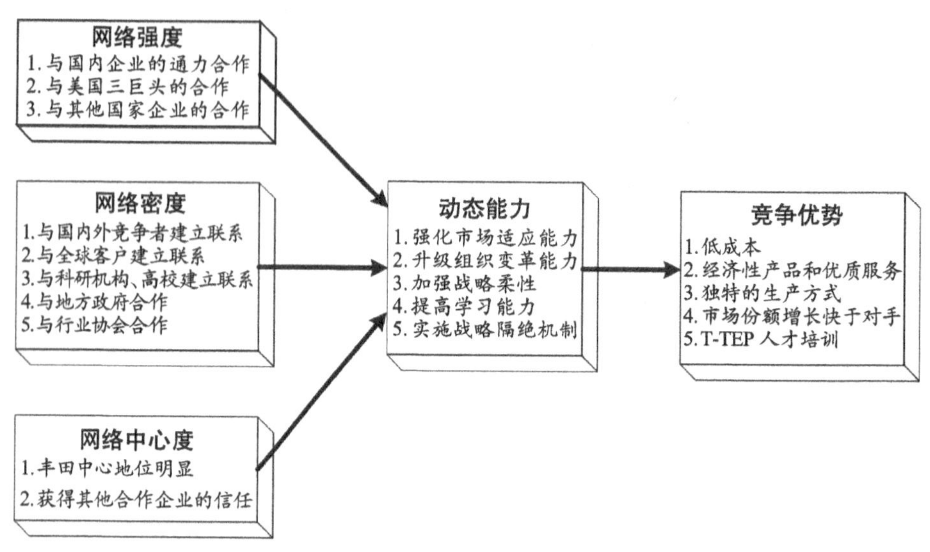

图 6.13　丰田网络结构、动态能力与竞争优势的关系

通过对上述丰田汽车公司的分析，我们也发现，丰田的成功体现了外部环境——内部能力——环境与能力的整合匹配——竞争优势的改善这一路径，这一路径既体现了动态性、灵活性，又体现了丰田战略的柔性和创新性。具体的战略整合链见图 6.14 所示。

丰田的实例表明，企业的发展离不开特定的环境，唯有快速适应环境的变化并进行变革创新以及灵活高效的管理，才能够实现竞争优势的持续性，而企业动态能力的提升与改进正是开启高绩效之门的钥匙。这对于中国的包括汽车行业在内的所有企业来说，均具有主要的借鉴意义。

对中国企业而言，积极地促进企业有效地把应对不断变化的经营环境的战略武器——战略动态能力的提升应用于企业的经营实践中去，从确定与产业特征相适应的、富有柔性的战略定位入手，构建充分体现内外部柔性的、能够快速适应多变环境的战略运营网络，通过加强与合作者的紧密联系，同时根据企业的发展规划和长远战略建立宽泛的社会网络，并不断地提升自己在产业价值链网络中的地位以及企业在网络联系中的核心地位，实现网络资源与动态能力结构的优化组合与战略升级，这具有重要的现实意义和极大的战略价值。

但关系构建不是单一的目标，整合是关系营销的法则之一，整合可以强化关系。企业新产品和服务的开发已不再适合由新产品开发人员来单独完成。从战略上把握新产品/服务开发的全过程，整合企业内部与外部的各类资源，促进企业与外部合作者之间的开发合作，对企业具有重要意义。同时，关系导向的

战略选择又促使了企业在进行新产品开发时整合各类利害关系者资源。企业管理者越来越认识到，要保持持续的竞争优势就要打破企业的孤立性，将企业融入到社会关系中，通过知识、经验和直觉共享，为企业创造新的优势。

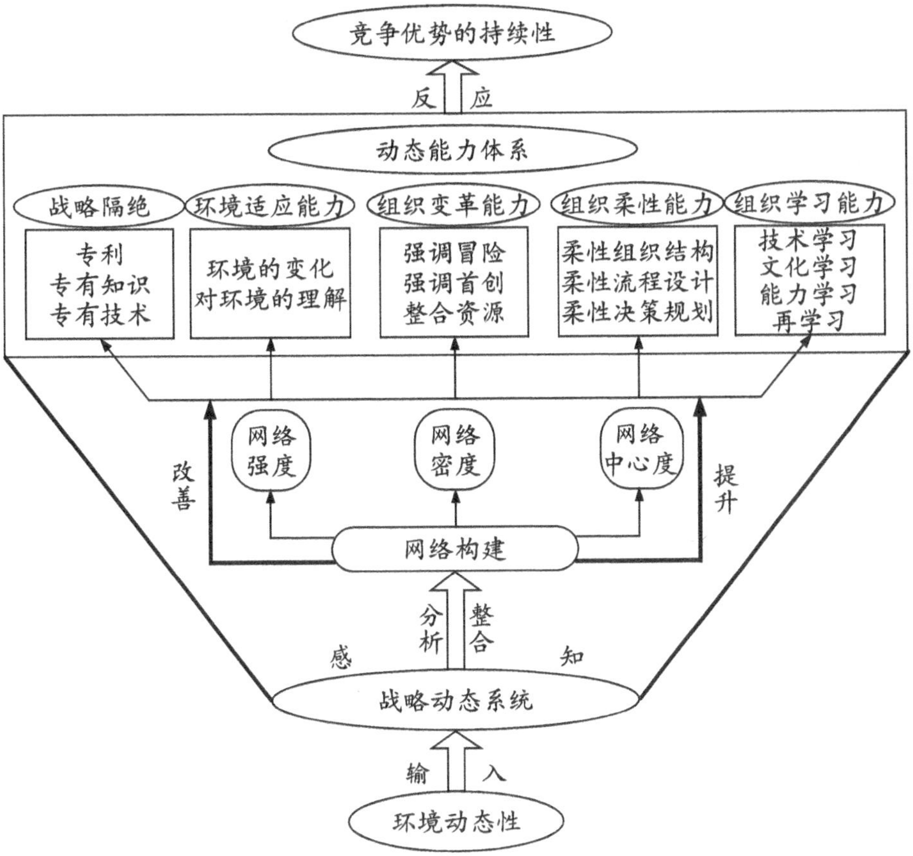

竞争优势的持续性
反　应
动态能力体系
战略隔绝
专利
专有知识
专有技术
环境适应能力
环境的变化
对环境的理解
组织变革能力
强调冒险
强调首创
整合资源
组织柔性能力
柔性组织结构
柔性流程设计
柔性决策规划
组织学习能力
技术学习
文化学习
能力学习
再学习
网络强度
网络密度
网络中心度
改善
提升
网络构建
分析
整合
感
知
战略动态系统
输
入
环境动态性

图 6.14　丰田汽车公司战略动态体系整合链构成图

在关系范式下追求顾客满意度是企业的首要目标，这个共同的目标是实现企业本身以及各个利害关系者利益的前提。企业内部、供应商、投资者以及顾客的多方参与新产品的开发，同时整合短缺资源和稀有资源，提高资源的共享度，提升企业的动态能力；通过协调计划的执行和共享各分配中心之间的经验和信息来开展技术等协作。这些都已经成为企业构筑竞争优势的有效途径。

对于目前因缺乏支撑动态竞争的战略柔性体系而竞争力较弱的中国企业而言，构建企业的动态战略体系，加强企业的创新能力和组织变革力，更新和增强组织战略柔性，持续营造优势绩效，促使企业实现高成长，不断提升竞争优势已经迫在眉睫。

中国企业在加强网络结构优化，提升动态能力以提升企业竞争力的过程中需要做到：

（1）突出网络联系的重要性，企业在面临不确定时通过网络来降低不确定性是企业应对不确定环境的重要手段之一。

（2）加强企业对环境的理解，增强适应能力，利用企业的内部变革力来加强企业的战略柔性，通过不断地学习和战略隔绝措施来夯实企业的动态能力，实现其升级。

（3）企业管理层应理解动态能力的提升对企业竞争优势和竞争力的作用，应与员工一道共建企业的战略柔性体系，营造企业优势绩效，提出企业竞争优势的系统整合方法。

总之，中国企业的正确做法就是，对 20 世纪后 50 年丰田公司在汽车领域所积累下来的优势进行重新学习与评估，形成概念，并以这种优势作为前提，思考在 21 世纪的前 50 年应该向外国企业学习什么。只有树立“对技术领先的领域尽可能地发挥其产业优势，对技术落后的领域则要善于向国外学习，以备将来之需”这一“两手准备”的根本战略，21 世纪的中国企业才会有广阔的前途。

动态能力构筑竞争优势的重要性，并不局限在汽车领域。而且也不是说很快就会结束。我们相信，即使在 21 世纪，在其他很多的产业领域，能力构筑竞争优势都将是一个企业界和学术界关注的重要课题。

6.6　本章小结

本章基于上章的实证研究，从案例分析的角度进一步深化了网络结构、动态能力与竞争优势的关系。本章依托丰田汽车公司的案例，分别从上述三个角度分析了变量之间的逻辑关系。

首先，从网络强度、网络密度和网络中心度三个视角分析了丰田公司所构建的网络联系。网络联系为丰田带来的优势主要有：丰富了丰田的产品种类，加强了丰田的技术研发能力，更为重要的是为丰田的全球扩张铺平了道路，使得丰田不断地抢占其他汽车企业的市场以及降低了交易成本等。

接着，本书从动态能力五维度角度研究了丰田公司动态能力的发展情况，环境适应能力的提升，战略柔性的提高，组织变革能力的升级以及学习能力的改进，再加上战略隔绝机制的使用，完善了丰田应对市场变化、客户需求、竞争者竞争的手段与战略，为丰田赢得市场竞争优势奠定了基础。

其次，从低成本、经济性产品、独特的生产方式以及市场份额的变化等方面说明了丰田所拥有的竞争优势。最后，讨论了三者之间的关系。

第7章
研究结论及展望

7.1 研究的基本结论

网络结构、动态能力以及竞争优势问题已经受到诸多学者的关注，同时也有不少关于它们之间关系的文献，由此可见，这一问题已经备受学术界的关注。经济学者从经济学视角研究企业竞争优势的经济影响，管理学者从战略管理的角度研究竞争优势的发展及其持续性问题，很明显，不同学科的研究视角和目的是不同的。本书从企业运行的视角研究企业的外部网络结构、企业动态能力的提升以及竞争优势的关系。前人对网络联系发展、动态能力升级及竞争优势的基础性研究是本书研究的基础。

本书在对基础理论（战略管理理论、资源基础理论、企业能力理论、社会网络理论、进化理论和组织学习理论）进行分析回顾的基础上，以竞争优势的持续性为主线，研究网络结构和动态能力对企业竞争优势的促进作用。

上述实证研究的结果指明了本书的研究结论：

1. **从网络结构出发，研究了网络结构的三个维度，即网络强度、网络密度以及网络中心度对动态能力的作用机理，结果表明：网络结构对企业动态能力有显著的影响**。具体的影响主要有：网络强度分别对环境适应能力、组织变革能力、组织柔性以及学习能力有正影响；网络密度分别对环境适应能力、组织变革能力、组织柔性以及学习能力有正影响；网络中心度分别对环境适应能力、组织变革能力、组织柔性、学习能力以及战略隔绝有正影响；但是，网络强度和网络密度却对战略隔绝产生了负向关系。

2. **利用多元回归探究了动态能力与竞争优势的关系，结果表明：动态能力**

的五个维度均与企业竞争优势之间存在正相关关系。具体的关系主要有：环境适应能力、组织变革能力、组织柔性、学习能力以及战略隔绝均与企业竞争优势呈正相关关系。

3. **利用中介回归方法，探究了动态能力的中介作用，结果表明：动态能力在不同的网络结构—竞争优势之间扮演了不同的角色**。具体的结果有：动态能力在网络强度—竞争优势、网络密度—竞争优势关系的中介作用成立，即网络强度和网络密度对竞争优势的影响是通过动态能力来实现的，它们对竞争优势没有直接影响。而网络中心性不仅对竞争优势有直接的影响，而且它也能通过动态能力对竞争优势产生间接的影响。

7.2　本书的创新点与主要贡献

7.2.1　创新点

本书的创新主要有以下五点：

1. **基于网络结构视角构建了企业竞争优势提升的综合概念模型，并利用数据进行了实证检验**。通过理论回顾，本书发现，以前的研究主要关注竞争优势的来源，研究是什么因素促进了企业竞争优势的出现，比如企业的资源等，虽然有文章分别从网络视角和内部能力视角研究企业的竞争力，但是这些研究的角度不一，而且只有少数文章（徐震，2007；田佳欣，2007）分别研究了企业能力的发展与竞争优势的持续性而并未将二者放在一个大框架下进行研究。本书以外部网络结构为主线，研究了企业的内部动态能力的提升机理，并把网络结构、动态能力与竞争优势有机地纳入到一个框架体系内，该研究是对企业竞争优势研究的丰富与发展。同时运用我国的调研数据对此问题进行了实证研究也是一次较新的尝试。

2. **本书广义地阐述了动态能力的各类要素（维度），并将其分为五个维度，即环境适应能力、组织变革能力、组织柔性、学习能力与战略隔绝**。以前的一些学者只是根据动态能力的含义将动态能力划分为几个维度，具有合理性，但是这种依据概念来划分维度的方法仍具有片面性，忽略了其他潜在维度对企业发展的重要作用，具有片面性，这还有待于进一步讨论。该部分是对目前动态能力相关研究的拓展，有利于企业能力体系的构建和提升。

3. **改变了将竞争优势与企业绩效混为一谈的研究状态**。以前关于竞争优势的测量指标，均用绩效的相关指标来进行度量、分析，混淆了竞争优势与绩效之间的差别，竞争优势是绩效的前因变量。本书从低成本、服务、流程、市场反应和市场份额等方面来度量竞争优势，虽然其中也涵盖了绩效的某些度量指标，但是仍具有很大的合理性，这在理论上和实践上是一次全新的尝试。

4. **首次探究了动态能力在网络结构与竞争优势之间的中介作用**。以前研究要么研究网络结构与竞争优势的关系，要么研究动态能力某一维度与竞争优势的关系，很少有研究探究动态能力在网络结构和竞争优势之间的作用。本书首次从中介的角度出发，研究了动态能力的这一角色。

5. **本书首次提出了基于外部网络联系的动态能力提升视角，即动态能力的外生性**。以前的观点均认为动态能力的提升完全依赖于企业内部资源的整合，即动态能力内生性。本书根据对外部网络的分析，提出了外部网络结构的优化能够提升企业动态能力的观点，这在理论上是一次全新的创新性尝试。

7.2.2 论文的主要贡献

1. 对理论的贡献

中国企业的发展呼唤有价值的理论出现，以此指导中国企业的实践发展。我国关于竞争优势的研究正处于“关键时期”。中国企业动态能力的提升需要一个很长的过程，需要不断地通过外部的联系来实现，中国企业竞争优势的研究也是摆在学者面前的一个重要课题。

本书聚焦于网络结构的开发、动态能力的提升与竞争优势的持续性，通过理论开发和实证研究来挖掘网络—能力—优势的关系机理，即通过研究网络结构与动态能力的关系、动态能力与竞争优势的关系以及动态能力的中介效应，这在一定程度上拓宽了竞争优势研究的视角，对已有的相关研究也进行了有机的整合。

经过实证研究发现，在中国目前的转型经济条件下，企业竞争优势的持续需要加强企业的动态能力，并通过企业的外部联系来构建企业的能力体系，并保持其动态性。通过实证非常明显地说明不同的行业、不同的所有权结构的企业竞争优势也是不同的。

2. 对实践的贡献

本研究对实践的指导意义主要体现在：

首先，对于企业的管理层来说，建立外部联系，加强联系的紧密度、扩大

联系的范围，建立企业在联系中的地位，并使其他企业信任本企业，建立良好的市场信誉，这样，企业才能有效地抓住外部机会，拓展合作范围，共享合作成果。

其次，不同企业的内部运营环境是不同的，当外部环境发生变化时，企业的内部系统必须做出反应。企业的原有状态便会被打破。因此，企业必须认识和把握长期非均衡的发展格局和内部运营环境，并根据不同地区、不同行业、不同企业以及不同时期的企业和环境特征，不断探索从非均衡到均衡，或从均衡到非均衡，再到均衡的可能性和方法，由此推动企业去制定适合企业发展的战略，才是真正的管理学习和实施之道（Wang，2004）。同时，企业员工要有共同的愿景和目标，这样才能迅速应对市场；企业还要创建学习型团队，在学习的过程中促成团队建设的多样化，在一个生产团队中，既要有技术好、威信高、组织能力强的负责人，又要有能干的生产骨干，还应有勤恳的维护和保障人员，利用各自的技术特长，使团队成为一个有效率的生产单元；建立高效的领导体制，并实现其战略柔性。建立战略隔绝机制，加强对企业知识的保护。总之，企业必须具有强有力的整合能力，才能实现动态能力的升迁。

最后，中国的企业应根据企业的发展现状，选择适合自己的发展模式。不同的模式会带来不同的竞争优势。即使是暂时的竞争优势也能够为企业带来暂时的租金。企业通过一系列措施加强并维持了这种竞争优势时，企业的持续竞争优势也就产生了。

7.3　研究不足

虽有以上的理论与实践贡献，但是本书在以下方面还有许多不足，需要在提高自身研究能力的基础上，在未来的学术研究工作中逐步克服。

首先是研究设计上的问题。由于企业调查的异常艰难性，再加上时间与经费上的困难，本书调查并没有采取书面式文件，而是运用电子邮件的方式选择经济发展程度较高、经济发展具有较强特点的省市作为研究对象，这就导致了回收问卷的效率较低。

其次是调研问卷上出现的偏差。虽然本书在大规模调研之前进行了预调研，并将区分度不好的题项删除。但是，有些题项并非区分度不好，而是由于表述问题或者企业家理解偏差导致。本书将会对这些题项进行二次表述并在将来的研究中进行测试。

最后是高科技企业和传统企业的比较问题。文中所用的数据是高科技企业和传统企业的总体数据，没有分别对高科技企业和传统企业分开进行分析，并比较这两类企业在动态能力和竞争优势上的差异。区域能力与优势比较也是亟需完成的一项工作。

7.4 研究展望

虽然本书的理论意义与现实意义明显，但是一篇文章是不可能穷尽所有相关理论的，本书也具有一定的局限性和不足。具体来讲，以下 4 个方面仍需要在将来的研究中做进一步的完善。

1. **不同的区域其能力体系构建是不一样的，深入研究不同区域内企业的动态能力体系**。虽然本书所用数据未分区域，但是不同区域的企业有其独特的发展模式，动态能力的表现也不尽相同。如何有效地对区域进行分析研究，研究不同区域企业动态能力的构成及其演进模式更有意义，这也是将来研究的方向之一。

2. **对于未通过的假设，将来需要重新在更加广的范围内进行调研，以进一步验证这些假设**。由于受到调研时间以及样本数据选择范围的限制，本书中未通过的假设还需要进一步地验证，这需要扩大样本容量，并将样本扩展至城镇地区，探究这些假设成立或者不成立的实际意义，以此来指导我国企业的发展。

3. **对动态能力和网络结构维度指标的进一步研究**。本书对动态能力的维度划分借鉴了前人的研究并将之划分为五个维度，也许动态能力还有其他的维度，将来应对动态能力的复杂维度进行进一步的划分，以全面反映动态能力的体系；同样，网络结构的维度也不局限于网络强度、网络密度和网络中心度三个，还有其他的维度需要做进一步的分析和研究。

4. **高科技企业和传统企业在能力体系构建上的差异也是未来的研究方向之一**。本书主要以高科技企业和传统企业作为分析样本，但并未对样本进行区别对待，而是将二者数据放在一起进行整体研究。将来应该关注两种企业类型的比较，分析它们不同的能力体系。

参考文献

英文参考文献：

[1] Aegean Leung, Jing Zhang, Poh Kam Wong, Maw Der Foo. The use of networks in human resource acquisition for entrepreneurial firms: Multiple "fit" considerations [J]. Journal of Business Venturing, 2006, 21: 664- 686.

[2] Ahuja, G. Collaboration networks, structural holes, and innovation: a longitudinal study [J]. Administrative science quarterly, 2000,45: 425-455.

[3] Aldrich, H. E. and Zimmer, C. Entrepreneurship through social networks [A]. In: the art and science of entrepreneurship, ed [C]. D. L. Sex-ton and R. W. Smilor. Cambridge, MA: Ballinger Publishing, 1986: 3-23.

[4] Alvarez, V. S. and Merino, T. G. The history of organizational renewal: evolutionary models of Spanish savings and loans institutions [J]. Organization Studies, 2003, 24: 1437-1461.

[5] Amin A, Cohendet P. Architectures of Knowledge. Firms, Capabilities and Communities [M]. Oxford, Oxford University Press, 2004.

[6] Amit, R., Schoemaker, P. H. Strategic assets and organization rent [J]. Strategic Management Journal, 1993, 14 (1): 33-46.

[7] Andy Victor. Bringing the firm back in: firm-specific characteristics and the relationship between network position and performance [D]. Toronto: Doctoral paper of University of Toronto, 2005.

[8] Appleyard D, Field, A. International Economics [M]. New York: McGraw-Hill Companies, Inc, 2001.

[9] Athreye, S. S. The Indian software industry and its evolving service capability [J]. Industrial and Corporate Change, 2005, 14: 393-418.

[10] Baker, W. E., Sinkula, J. M. The synergistic effect of market orientation and learning orientation on organizational performance [J]. Journal of the Academy of Marketing Science, 1999, 27 (4): 411-427.

[11] Barney J B. Firm resources and sustained competitive advantage [J]. Journal of Managenmet, 1991, 17: 99-120.

[12] Barney, J. B. Is the resource-based "view" a useful perspective for strategtic management research? Yes [J]. Academic of Management Review, 2001, 26 (1): 41-56.

[13] Barney, J. B. Organization culture: Can it be a source of sustained competitive advantage? [J]. Academic of Management Review, 1986b, 11: 656-665.

[14] Barney, J. B., Arikan, A. M. The resource-based view: origins and implications [C]. In M. A. Hitt, R. E. Freeman, J. S. Harrison (Eds.), The Blackwell Handbook of Stratigic Management, 124-188, Oxford, UK: Blackwell Publishers Ltd, 2001.

[15] Barney, J. B., Zajac, E. J. Competitive organizational behavior: toward an organizationally-based theory of competitive advantage [J]. Strategic Management Journal, 1994, 15: 5-9.

[16] Baron, R., 2003. Human resource management and entrepreneurship: some reciprocal benefits of closer links [J]. Human Resource Management Review, 13 (2): 253-256.

[17] Baron R, and Kenny D. The moderator-mediator variable distinction in social psychological research: conceptual, strategic, and statistical consideration [J]. Journal of Personality and Social Psychology, 1986, (51): 1173-1182.

[18] Batjargal, B. Software entrepreneurship: knowledge networks and performance of software ventures in China and Russia [D]. Michigan: William Davidson Institute working paper, 2005.

[19] Bat Batjargal. Internet entrepreneurship: Social capital, human capital, and performance of Internet ventures in China [J]. Research Policy, 2007,36: 605-618.

[20] Baum, J. A. C., T. Calabrese, B. S. Silverman. Don't go it alone: alliance network composition and startups'performance in Canadian biotechnology [J]. Strategic Management journal, 2000, 21: 267-294.

[21] Beckman, Christine M., Pamela R., Haunschild. Network Learning: The Effects of Partners' Heterogeneity of Experience on Corporate Acquisitions [J]. Administrative Science Quarterly. 2002, 47: 92–124.

[22] Bell, G. G., Clusters, Networks, and Firm Innovativeness [J]. Strategic Management Journal, 2005, 26 (3): 287–295.

[23] Bhatt, G. D. A Resource-based perspective of developing organizational capabilities for business transformation [J]. Knowledge and Process Management, 2000, 17 (2): 119–129.

[24] Bird, B. Towards a theory of the entrepreneurial competency, advances in entrepreneurship [J]. Firm Emergence and Growth, 1995, 2: 51–72.

[25] Birley S. The role of networks in the entrepreneurial process [J]. Journal of Business Venturing 1985, 1: 107–17.

[26] Bloodgood, J. M. Sustaining competitive advantage: the role of tacit knowledge in a resource-based perspective [D]. Columbia: Doctoral dissertation of University of South Carolina, 1997.

[27] Bogner, W. C., Thomas, H. Core competence and competitive advantage: a model and illustrative evidence from the pharmaceutical industry [M]. New York, John Wiley & Sons Inc., 1994, 111–147.

[28] Brush, C. G., Chaganti, R., 1999. Businesses without glamour? An analysis of resources on performance by size and age in small service and retail firms [J]. J. Bus. Venturing, 1999, 14 (3): 223–258.

[29] Burt, R. S. The social structure of competition. In: Networks and Organizations: Structure, Form and Action, ed. N. Nohria, and R. G. Eccles [J]. Boston: Harvard Business School Press, 1992: 57–91.

[30] Burt, R. S. Bridge decay [J]. Social Networks, 2002, 24 (4): 333–363.

[31] Burt, R., The Network Structure of Social Capital[A]. Research in Organizational Behavior [C], edited by Robert I. Sutton and Barry M. Staw. Greenwich, CT: JAI Press, 2000, P 345–423.

[32] C. G. Brush, Tatiana S. Manolova, Linda F. Edelman. Properties of emerging organizations: An empirical test [J]. Journal of Business Venturing, 2008, 23: 547–566.

[33] Chakravarthy, B. S. Adaptation: a promising metaphor for strategic management [J]. Academy of Management Review, 1982, 7 (1): 35–44.

[34] Chan, P. S., Heided, D. Information technology and the new environment: Developing and sustaining competitive advantage [J]. SAM Advanced Management Journal, 2001, 6: 4-12.

[35] Chandler, A. D. Strategy and Structure: Chapters in the History of the American Industrial Enterprise [M]. New York: IT Press, 1962.

[36] Charles R. Gowen III, William J. Tallon. Effect of technological intensity on the relationships among Six Sigma design, electronic-business, and competitive advantage: A dynamic capabilities model study [J]. The Journal of High Technology Management Research, 2005, 16 (1): 59-87.

[37] Chen, C. J. The effects of knowledge attribute, alliance characteristics, and absorptive capacity on knowledge transfer performance [J]. R & D Management, 2004, 34: 311-321.

[38] Chen M J. Competitor analysis and inter-firm rivalry: Toward theoretical intergration [J]. Academy of Management Review, 1996 (21): 120-134.

[39] Chen, Z. X., Aryee, S. Lee, C. Test of a mediation model of perceived organizational support [J]. Journal of Vocational Behavior, 2005, 66: 457-470.

[40] Chen, J., Lu, C. Social capital in urban China: attitudinal and behavioral effects on grassroots self-government [J]. Social Science Quarterly (Blackwell Publishing Limited), 2007, 88 (2): 422-442.

[41] Chu, P. Social network models of overseas Chinese entrepreneurship: the experience in Hong Kong and Canada [J]. Canadian Journal of Administrative Sciences, 1996, 13 (4): 358-365.

[42] Chung, S. A., Singh, H. Lee, K. Complementarity, status similarity and social capital as drivers of Alliance Formation[J]. Strategic Management Journal, 2000, 21: 1-22.

[43] Coe, N. M., Hess, M. Yeung H. H. C. `Globalizing' regional development: a global production networks perspective [J]. Transactions of the Institute of British Geographers, 2004, 29 (4): 468-484.

[44] Cohen, M. D. and Levinthal, D. A. Absorptive capacity: a new perspective on learning and innovation[J]. Administrative Science Quarterly, 1990, 35: 128-152.

[45] Coleman, J. Foundations of social theory [M]. Cambeidge, MA: Belknap Press of Harvard University Press, 1990.

[46] Collis, D. J. Research Note: How valuable is organizational competence [J]. Strategic Management Journal, 1994, 15: 143–152.

[47] Croom, S., Watt, A. Managing operations improvements through relational capabilities in the context of small-firm networks [J]. International Journal of Logistics: Research& Applications, 2000, 3 (I): 83–96.

[48] Cyert R, March J. A behavioural theory of the firm [M]. Englewood Cliffs (NJ): Prentice-Hall, 1963.

[49] D' Aveni, R. A. Hypercompetition: Managing the Dynamics of Strategic Manoeuvring [M]. New York: Free Press, 1994.

[50] Debit A. S, Davis W. K. To die or not to die: what happened to General Motor [M]. Landon: Prentice-Hall Press, 2009, 06.

[51] Deeds, D. L., DeCarolis, D. and Coombs, J. Dynamic capabilities and new product development in high technology ventures: an empirical analysis of new biotechnology firms [J]. Journal of Business Venturing, 1999, 15: 211–229.

[52] Deeds, D. L. &Hill, C. W. L. Strategic Alliances and the Rate of New Product Development: An Empirical Study of Entrepreneurial Biotechnology Firms [J]. Journal of Business Venturing, 1996, 11 (1): 41–55.

[53] Delmas, M. A. Exposing strategic assets to create new competencies: the case of technological acquisition in the waste management industry in Europe and North America [J]. Industrial and Corporate Change, 1999, 8: 635–650.

[54] D' Este, P. The distinctive patterns of capabilities accumulation and inter-firm heterogeneity: the case of the Spanish pharmaceutical industry [J]. Industrial and Corporate Change, 2002, 11: 847–874.

[55] Dierickx, I. a. Cool., K. Asset stock accumulation and sustainability of competitive advantage [J]. Management Science, 1989, 35 (12): 1504–1514.

[56] Dirks, K. T. &Ferrin, D. L. The Role of Trust in Organizational Settings [J]. Organization Science, 2001, 12 (4): 450–467.

[57] Dixon N. The organizational learning cycle: How we can learn collectively [M]. Maidenhead: McGraw-Hill, 1994.

[58] Dodd, S. D. and Patra, E. National Difference in Entrepreneurial Networking [J]. Entrepreneurship and Regional Development, 2002, 14: 117–134.

[59] Dyer, J. H., Chu, W. The Role of Trustworthiness in Reducing Transaction Costs and Improving Performance: Empirical Evidence from the United States, Japan, and Korea [J]. Organization Science, 2003, 14 (1): 57–68.

[60] Eisenhardt, K. M., Brown, S. L. Patching: restitching business portfolios in dynamic market [J]. Harvard Business Review, 1999, 77 (3): 72–82.

[61] Eisenhardt, K. M. &Martin, M. Dynamic capabilities: what are they? [J]. Strategic Management Journal, 2000, 21 (10): 1105–21.

[62] Eisenhardt, K. M. &Schoonhoven, C. B. Resource-Based View of Strategic Alliance Formation: Strategic and Social Effects in Entrepreneurial Firms [J]. Organization Science, 1996, 7 (2): 136–150.

[63] Elfring, T. and Hulsink, W. Networks in Entrepreneurship: The Case of High-Technology Firms [J]. Small Business Economics, 2003, 21: 409–422.

[64] Fiol C. M., Lyles M. A. Organizational learning [J]. Academy of Management Review, 1985, 10 (4): 803 –813.

[65] Forrant, R. and Flynn, E. Skills, shop-? oor participation and the transformation of Brim? eld Precision: lessons from the revitalization of the metal-working sector [J]. Industrial and Corporate Change, 1999, 8, 167–188.

[66] Foss, N. J. Networks, Capabilities, and Competitive Advantage [J]. Scandinavian Journal of Management, 1999,15: 1–15.

[67] Foss, N. J. Toward a competence theory of the firm [J]. Rougledge, 1996, (6): 50–53.

[68] Freeman. The Gatekeeper, Pair Dependency and Structural Centrality [J]. Quality and Quantity, 1980, 14 (4): 585–592.

[69] Freeman, J., Barley, S. R. The Strategic Analysis of Inter-Organizational Relations in Biotechnology [A]. In R. Loveridge, &M. Pitt (Eds.), The Strategic Management of Technological Innovation[C]. New York: Wiley, 1990.

[70] Ge, B. S. Robert Hisrich, Dong, B. B. Network, resource acquisition and venture performance [J]. Managing Global Transition: International Research Journal, 2009, 7 (3): 221–239.

[71] Gefen, D., D. W. Straub, M. C. Boudreau. Structural equation modeling and regression: Guidelines for research practice [J]. Comm. AIS, 2000, 4 (7): 1–78.

[72] George, G. Learning to be capable: patenting and licensing at the Wisconsin Alumni Research Foundation 1925–2002 [J]. Industrial and Corporate Change, 2005, 14: 119–151.

[73] Gibson, C. B. and Birkinshaw, J. The antecedents, consequences, and mediating role of organizational ambidexterity [J]. Academy of Management Journal, 2004, 47 (2): 209–226.

[74] Goris, J., Vaught, B. C. &Pettit Jr, J. D. Effects of Trust in Superiors and Influence of Superiors on the Association between Individual-Job Congruence and Job Performance/Satisfaction [J]. Journal of Business&Psychology, 2003, 17 (3): 327–343.

[75] Granovetter, M. Economic Action and Social Structure: The Problem of Embeddedness [J]. American Journal of Sociology, 1985, 91 (3): 481–510.

[76] Grover, R., Davenport, T. H. General perspectives on knowledge management: forestering a research agenda [J]. Journal of Management Information Systems, 2001, 18 (1): 5–21.

[77] Gulati, R. The Influence of Network Resources and Firm Capabilities on Alliance Formation [J]. Strategic Management Journal, 1999, 20: 397–420.

[78] Gulati, R., Gargiulo, M. Where Do Interorganizational Networks Come From? [J]. American Journal of Sociology, 1999, 104 (5): 1439–1493.

[79] Hagedoorn, J., Roijakkers, N., and van Kranenburg, H. Interfirm R&D networks: the importance of strategic network capabilities for high-tech partnership formation [J]. British Journal of Management, 2006, 17 (1): 39–54.

[80] Hair, J. F., Anderson, R. E., Tatham, R. L., Black, W. C. Multivariate Data Analysis with Readings [M], 4th ed. Prentice-Hall, Upper Saddle River, NJ, 1995.

[81] Hamel, G, Prahalad, C. K. Corporate imagination and expeditionary marketing [J]. Harvard Business Review, 1991, 69: 81–92.

[82] Hamel, G., Prahalad, C. K. Competing for the future: Breakthrough strategies [M]. Boston: Harvard Business School Press, 1994.

[83] Hansen, E. L. Entrepreneurial networks and new organization growth [J]. Entrepreneurship Theory and Practice, 1995, 19 (4): 7–19.

[84] Hayes, J., C. W. Allinson. Cognitive style and its relevance for management practice [J]. British Journal of management, 1994, 5: 53–71.

[85] Helfat, C. E. Know-how and asset complementarity and dynamic capability accumulation: the case of R & D [J]. Strategic Management Journal, 1997, 18 (5): 239–60.

[86] Helfat, C. E., Raubitschek, R. S. Product sequencing: coevolution of knowledge, capabilities and products[J]. Strategic Management Journal, 2000, 21: 961–979.

[87] Helfat, C. E. Peteraf, M. A. The Dynamic Resource- based View: Capability Lifecycles [J]. Strategic Management Journal, 2003, 24 (10): 997–1010.

[88] Hite, J. M. Qualities of embedded network ties of emerging entrepreneurial firms [J/OL]. Available at: http: //www.babson.edu/entrep/fer/IV/IVC/IVC.htm, 2000.

[89] Hitt, M. A, L. Bierman, K. Shimizu, and R. Kochhar. Direct and moderating effects of human capital on strategy and performance in professional service firms: A resource-based perspective [J]. Academy of Management Journal, 2001, 44 (1): 13–28.

[90] Hitt, M. A., Ireland, R. D., Camp, S. M., Sexton, D. L. Strategic entrepreneurship: Entrepreneurial strategies for wealth creation [J]. Strategic Management Journal, 2001, 22: 479–492.

[91] Hoang, H. and Antoncic, B. Network-based research in entrepreneurship: a critical review [J]. Journal of Business Venturing, 2003, 18: 165–187

[92] Hongseok, O. H., Labianca, G. &Myung-Ho, C. A Multilevel Model of Group Social Capital [J]. Academy of Management Review, 2006, 31 (3): 569–582.

[93] Hooley, G. J., Lynch, J. E. and Jobber, D. Generic marketing strategies [J]. International Journal of Research in Marketing, 1992, 9: 75–89.

[94] Huber G. P. Organizational learning: the contributing processes and the literatures [J]. Organization Science, 1991, 2 (1): 88–115.

[95] Iansiti, M. Clark, K. B. Integration and Dynamic Capability: Evidence from Product Development in Auto-mobiles and Mainframe Computers [J]. Industrial and Corporate Change, 1994, 3 (3): 557–605.

[96] Inkpen, A. C., Tsang, E. W. K. Social Capital, Networks, and Knowledge Transfer [J]. Academy of Management Review, 2005, 30 (1): 146–165.

[97] Janine Nahapiet and Sumantra Ghoshal. Social capital, intellectual capital, and the organizational advantage [J]. The Academy of Management Review, 1998,

23 (2): 242–266.

[98] Jenssen, J. I. Social networks, resources and entrepreneurship [J]. Entrepreneurship and Regional Development, 2001, 13: 103–109.

[99] Jenssen, J. I. and Koenig, H. F. The Effects of Social Networks on Resource Access and Business Start-Ups [J]. European Planning Studies, 2002, 10 (8): 1039–1046.

[100] Jing Zhang et.al, Social network ties, prior knowledge, and entrepreneurial resource acquisition [J/OL]. NUS Enterpreneurship Center, working paper, 2005.

[101] Johannisson, B. Personal Networks in Emerging Knowledge-Based Firms: Spatial and Functional Patterns [J]. Entrepreneurship and Regional Development, 1998, 10: 297–312.

[102] Katz, M. L., Shapiro, C.,. Systems competition and network effects [J]. Journal of Economic Perspectives, 1994, 8: 93–115.

[103] King, A. W., Zeithaml, C. P. Measuring organization knowledge: a conceptual and methodological framework [J]. Strategic Management Journal, 2003, 24: 263–272.

[104] Kirk, R. E. Practical significance: A concept whose time has come [J]. Educational and Psychological Measurement, 1996, 56 (5): 746–759.

[105] Krackhardt, D. The Strength of Strong Ties: The Importance of Philos in Organizations [A]. In: Networks and Organizations: Structure, Form and Action [A], ed. N. Nohria and R. G. Eccles. Boston: Harvard Business School Press, 1992, 216–239.

[106] Krackhardt, D. Stern, R. N. The Design of Social Networks and the Management of Crises [J]. Academy of Management Proceedings, 1985: 176–180.

[107] Larson, A. Partner Networks: Leveraging External Ties to Improve Entrepreneurial Performance [J]. Journal of Business Venturing, 1991, 6: 173–188.

[108] Lawrence, C. T. Building and sustaining the source of competitive advantage in E-commerce capabilities [D]. Adelaide: Doctoral dissertation of University of South Australia, 2004.

[109] Lawson, B. Samson, D. Developing Innovation Capability in Organizations: A Dynamic Capabilities Approach [J]. International Journal of Innovation Management, 2001, 5 (3): 377–400.

[110] Lazonick, W. and Prencipe, A. Dynamic capabilities and sustained innovation: strategic control and financial commitment at Rolls-Royce Plc [J]. Industrial and Corporate Change, 2005, 14: 501–542.

[111] Lechner, C. and Dowling, M. Firm Networks: External Relationships as Sources for the Growth and Competitiveness of Entrepreneurial Firms [J]. Entrepreneurship and Regional Development, 2003, 15: 1–26.

[112] Lei-Yu Wu. Entrepreneurial resources, dynamic capabilities and start-up performance of Taiwan's high-tech firms [J]. Journal of Business Research, 2007, 60: 549–555.

[113] Lei-yu Wu, Baobao Dong. Whether dynamic capability can be regarded as the mediator between network and competitive advantage? [J/OL]. Working paper in National Chengchi University, Taiwan, 2009.

[114] Leonard, B. D. Core capabilities and core rigidities: a paradox in managing new product development [J]. Strategic Management Journal, 1992, 13: 111–125.

[115] Liao, J. and Welsch, H. Social Capital and Entrepreneurial Growth Aspiration: A Comparison of Technology- and Non-Tech- nology-Based Nascent Entrepreneurs [J]. Journal of High Technology Management Research, 2003, 14 (1): 149–170.

[116] Liebeskind, J. P. Knowledge, strategy, and the theory of the firm [J]. Strategic Management Journal, 1996, 17: 93–107.

[117] Liebeskind, J., Oliver, A., Zucker, L. &Brewer, M. Social Networks, Learning, and Flexibility: Sourcing Scientific Knowledge in New Biotechnology Firms [J]. Organization Science, 1996, 7 (4): 428–443.

[118] Lin, N. Building a network theory of social capital [J]. Connections, 1999, 22 (1): 28–51.

[119] Lin, N. Building a Network Theory of Social Capital in Social Capital Theory and Research [M]. New York: Aldinede Gruyter Press, 2001.

[120] Lin, N. Social Capital: A Theory of Social Structure and Action [M]. Cambridge: Cambridge University Press, 2001.

[121] Lin, N. Dumin, M. Access to Occupations through Social Ties [J]. Social Networks, 1986, 8: 365–385.

[122] Lippman, S., Rumelt, R. P. Uncertainty irritability: An analysis of interfirm differences in efficiency under competition [J]. Bell Journal of Economics, 1982, 13: 418-453.

[123] Lipshitz R., Popper M., Friedman V. J. A multifacet model of organizational learning [J]. Journal of Applied Behavioral Science, 2002, 38: 78-98.

[124] Littunen, H. Networks and local environmental characteristics in the survival of new firms [J]. Small Business Economics, 2000, 15 (1): 59-71.

[125] Lobke Vanhees. Tthe Effect of A Biotechnology SMES' Network Position on its Innovative Performance [J/OL]. Limburg: Working paper of Hasselt University . Department of Business Administration. 2006.

[126] Loewenstein, J., D. Gentner. Relational language and the development of relational mapping [J]. Cognitive Psych, 2005, 50: 315-353.

[127] Lorenzoni, G., A. Lipparini. The leveraging of inter-firm relationships as a distinctive organizational capability: a longitudinal study [J]. Strategic management Journal, 1999, 20 (4): 317-338.

[128] Lu, Xiaohui, M. WMeyer. Network extensibility: creating entrepreneurial networks in China's high-technology sector [J/OL]. Pennsylvania: Wharton-SMU research center paper, 2006.

[129] Lubit, R. Tacit knowledge and knowledge management [J]. Organizational Dynamics, 2001, 29, 164-178.

[130] Ma, H. Competitive advantage and firm performance [J]. Competitiveness Review, 2000, 10: 16-33.

[131] Mahoney, J. T. and Pandian, J. R. The resource-based view within the conversation of strategic management [J]. Strategic Management Journal, 1992, 13: 363-380.

[132] Makadok, R. Toward a synthesis of the resource-based and dynamic-capability views of rent creation[J]. Strategic Management Journal, 2001, 22(5): 387-401.

[133] Man, T. Y. Entrepreneurial competencies and the performance of small and medium enterprises in the Hong Kong services sector [D]. Hongkong: Doctoral paper of the Hong Kong Polytechnic University, 2001.

[134] Marsden, P. V. The reliability of network density and composition measures [J]. Social networks, 1993, 15: 399-421.

[135] Mehra, A., Kilduff, M. & Brass, D. J. The social networks of high and low self-monitors: Implications for workplace performance [J]. Administrative Science Quarterly, 2001, 46 (1): 121–146.

[136] Miles, R. E. and Snow, C. C. Organizational Strategy, Structure and Process [M]. New York: McGraw-Hill, 1978.

[137] Miller, D. The Correlates of Entrepreneurship in Three Types of Firms [J]. Management Science, 1983, 29: 770–791.

[138] Miller, D. and Shamsie, J. The resource-based view of the ? rm in two environments: the Hollywood ? lm studios from 1936 to 1965 [J]. Academy of Management Journal, 1996, 39: 519–543.

[139] Myles Vogel. Levering information technology competencies and capabilities for competitive advantage [D]. Maryland: Doctoral dissertation of University of Maryland, 2005.

[140] Nelson, R. R. and Winter, S. G. An evolutionary theory of economic change [M]. Cambridge, MA: Harvard University Press, 1982.

[141] Newbert, S. L. Value, rareness, competitive advantage and performance: a conceptual-level empirical investigation of the resource-based view of the firm [J]. Strat. Mgmt. J., 2008, 29: 745–768.

[142] Noda, T. and Collis, D. J. The evolution of intraindustry ? rm heterogeneity: insights from a process study [J]. Academy of Management Journal, 2001, 44, 897–925.

[143] Oktemgil, M. and Gordon, G. Consequences of high and low adaptive capability in UK companies [J]. European Journal of Marketing, 1997, 31 (7), 445–466.

[144] Paul M. Leonardi. Activating the Informational Capabilities of Information Technology for Organizational Change [J]. Organization Science, 2007, 18 (5): 813–831.

[145] Penrose, E. The Theory of the Growth of the Firm [M], Oxford: Blackwell, 1959.

[146] Peteraf, M. A. The cornerstones of competitive advantage: A resources-based view [J]. Strategic Management Journal, 1993, 14: 179–191.

[147] P. N. SubbaNarasimha. Strategy in turbulent environments: The role of dynamic competence [J]. Managerial and Decision Economics, 2001, 22: 201–212.

[148] Podolny, J. M., Baron, J. N. Resources and Relationships: Social Networks and Mobility in the Workplace [J]. American Sociological Review, 1997, 62 (5): 673-693.

[149] Podolny, Joel M. A Status-Based Model of Market Competition [J]. American Journal of Sociology, 1993, 98: 829-72.

[150] Porter M. Competitive advantage [M]. New York: Free Press, 1985.

[151] Prahalad, C. K., G. Hamel. The core competence of the corporation [J]. Harvard Bus. Rev. 1990, 63: 79-91.

[152] Premaratne, S. P., Entrepreneurial networks and small business development: the case of small enterprises in Sri Lanka [D]. Eindhoven: Doctoral dissertation of Eindhoven University of Technology. 2002.

[153] Priem, R. L., Butler, J. E. Is the resource-based "view" a useful perspective for strategic management research? [J]. Academy of Management Review, 2001, 26 (1): 22-40.

[154] Priem, R. L. and Butler, J. E. Tautology in the resource-based view and the implications of externally determined resource value: further comments [J]. Academy of Management Review, 2001b, 26 (1): 57-66.

[155] Powell, T. Competitive Advantage: Logical and Philosophical Considerations [J]. Strategic Management Journal, 2001, 22: 875-888.

[156] Powell, W. W., Koput, K. W., and Smith-Doerr, L. Interorganizational Collaboration and the Locus of Innovation: Networks of Learning in Biotechnology [J]. Administrative Science Quarterly, 1996, 41: 116-145.

[157] Ram, M. and Deakins, D. African Caribbean enterpreneurship in Britain [J/OL]. University of Central England, Birmingham, 1995.

[158] Rich, G. A. The Sales Manager as a Role Model: Effects on Trust, Job Satisfaction, and Performance of Salespeople [J]. Journal of the Academy of Marketing Science, 1997, 25 (4): 319-328.

[159] Rindova, V. P. and Kotha, S. Continuous 'morphing': competing through dynamic capabilities, form, and function [J]. Academy of Management Journal, 2001, 44, 1263-1280.

[160] Rumelt R P. Toward a strategic theory of the firm [A]. In R. B. Lamb (ed.), Competitive Strategic Management [C]. Prentice-Hall, Englewood Cliffs, NJ,

1984, 556–570.

[161] Salman N., Saives, A. L. Indirect Networks: An Intangible Resource for Biotechnology Innovation [J]. R&D management. 2005, 35 (2): 203–215.

[162] Sampler, J. L. The internet changes everything (ICE) age [A]. In R. W. Zmud (Ed.), Framing the domains of IT management [C], Cincinnati, OH: Pinnaflex, 2000.

[163] Sanchez, R. Strategic ? exibility in product competition [J]. Strategic Management Journal, 1995, 16 (Summer Special Issue): 135–160.

[164] Sanchez R, Heene A, Thomas H, eds. Dynamics of competence-based competition: theory and practice in the new strategic management [M]. Oxford: Pergamon, 1996.

[165] Sautet F. An entrepreneurial theory of the firm [M]. 11 New Fetter Lane, London EC4P 4EE, 2000.

[166] Scholl, H. J. Dynamics in the development of the firm's dynamic capabilities [J/OL]. Albany: Universityat Albany/Suny, Center for Technology in Government, working paper, 2001.

[167] Schulte, W. The effect of international corporate strategies and information and communication technologies on competitive advantage and firm performance: an exploratory study of the international engineering, procurement and construction industry [D]. Washington: Doctoral dissertation of George Washington University, 1999.

[168] Selznick, P. Leadership in Adminstration [M]. Evanston: Row, Peterson, 1957.

[169] Simmons, R. Strategic orientation and top management attention to control systems [J]. Strategic Management Journal, 1991, 12: 49–62.

[170] Singh, R. P. Entrepreneurial opportunity recognition through social networks [M]. New York: Garland Publisher, 2000.

[171] Singh, R. P., Hills, G. E., Lumpkin, G. T., and Hybels, R. C. The entrepreneurial opportunity recognition process: examining the role of self-perceived alertness and social network [C]. Paper presented at the 1999 Academy of Management Meeting, Chicago, IL. 1999.

[172] Siu, W. S. and Bao, Q. Network strategies of small Chinese high-technology firms: a qualitative study [J]. J Prod Innov Manag, 2008, 25: 79–102.

[173] Srivastava, J. K., Fahey, L., Christensen, H. K. The resource-based view and marketing: the role of market-based assets in gaining competitive advantage [J]. Journal of Management, 2001, 27: 777−802.

[174] Staber, U. and Sydow, J. Organizational adaptive capacity: a structuration perspective [J]. Journal of Management Inquiry, 2002, 11: 408−424.

[175] Stata R. Organizational learning-the key to management innovation [J]. Sloan Management Review, 1989, (Spring): 63−73.

[176] Sull, D. Made in China, what western managers can learn from trailblazing Chinese entrepreneurs [M]. Harvard Business School Press, Boston, 2005.

[177] Teece, D. J., Pisano, G. Dynamic capabilities: an introduction [J]. Industrial and Corporate Change, 1994, 3: 538−556.

[178] Teece, D. J. Explicating Dynamic Capabilities: The Nature and Microfoundations of (Sustainable) Enterprise Performance [J]. Strategic Management Journal, 2007, 28 (4): 1319−1350.

[179] Teece, D. J., Pisano, G. and Schuen, A. Dynamic capabilities and strategic management [M]. Mimeo, Haas School of Business, University of California, Berkeley, CA, 1992.

[180] Teece, D. J., Pisano, G. and Schuen, A. Dynamic capabilities and strategic management [J]. Strategic Management Journal, 1997, 18: 509−533.

[181] Theodore Richardson. Competitive advantage: the effect of market competition on the formation of strategy in small business school higher education [D]. Pennsylvania: Doctoral paper of University of Pennsylvania, 2006.

[182] Thomas, H. and Pollock, T. From I-O Economics' S-C-P paradigm through strategic groups to competence-based competition: reflections on the puzzle of competitive strategy [J]. British Journal of Management, 1999, 10: 127−140.

[183] Tsai, W. Knowledge transfer in intraorganizational networks: effects of network position and absorptive capacity on business unit innovation and performance [J]. Academy of Management Journal, 2001, 44: 996−1004.

[184] Tsai, W. Ghoshal, S. Social Capital and Value Creation: The Role of Intrafirm Networks [J]. Academy of Management Journal, 1998, 41 (4): 464−476.

[185] Uzzi, B. The sources and consequences of embeddedness for the economic performance of organizations: the network effect [J]. American sociological review, 1996, 61: 674−698.

[186] Verona, G. and Ravasi, D. Unbundling dynamic capabilities: an exploratory study of continuous product innovation [J]. Industrial and Corporate Change, 2003, 12: 577–606.

[187] Wang, C. L. and Ahmed, P. K. The development and validation of the or ganisational innovativeness construct using confirmatory factor analysis [J]. European Journal of Innovation Management, 2004, 7 (4): 303–313.

[188] Wang, S. An Analysis of High Tech Enterprises Development in National High Tech Districts [J]. China Technology Industries, 2004, 7: 28–31.

[189] Wernerfelt, B. A resource-based view of the firm [J]. Strategic Management Journal, 1984, 5: 171–80.

[190] Williamson, O. Markets and hierarchy analysis and antitrust implications [M]. Free Press, New York, 1975.

[191] Williamson, O. Strategy research: governance and competence perspectives [J]. Strategic Management Journal, 1999, 20, 1087–1108.

[192] Williamson, O. The economic institutions of capitalism: firms, markets, relational contracting [M]. New York, Free Press, 1985.

[193] Woiceshyn, J. and Daellenbach, U. Integrative capability and technology adoption: evidence from oilfirm [J]. Industrial and Corporate Change, 2005, 14, 307–342.

[194] Yli-Renko, H. and E. Autio. The network embeddedness of new technology-based firms: developing a systemic evolution model [J]. Small Business Economics, 1998,11: 253–267.

[195] Yli-Renko H., Autio, E. & Sapienza, H. J. Social capital, knowledge acquisition, and knowledge exploitation in young technology-based firms [J]. Strategic Management Journal, 2001, 22: 587–613.

[196] Yu-Shan Chen, Ming-Ji James Lin, Ching-Hsun Chang. The positive effects of relationship learning and absorptive capacity on innovation performance and competitive advantage in industrial markets [J]. Industrial Marketing Management, 2009, 38 (2): 152–158.

[197] Yuval Kalish. Bridging in social networks: Who are the people in structural holes and why are they there? [J]. Asian Journal of Social Psychology, 2008, 11: 53–66.

[198] Zahra, S.A., Covin, J.G. Contextual influences on the corporate entrepreneurship performance relationship: a longitudinal analysis [J]. J. Bus. Venturing, 1995, 10: 43-58.

[199] Zahra, S.A. and George, G. Absorptive capacity: a review, reconceptualization, and extension [J]. Academy of Management Review, 2002, 27(2): 185-203.

[200] Zahra, S. A. George, G. The net-enabled business innovation cycle and the evolution of dynamic capabilities [J]. Information Systems Research, 2002b, 13 (2): 147-51.

[201] Zahra S, Sapienza H, Davidsson P. Entrepreneurship and dynamic capabilities: a review, model and research agenda [J]. J Manag Stud 2006, 43(4): 917-955.

[202] Zhao, L., Aram, J. D. Networking and growth of young technology-intensive ventures in China [J]. Journal of Business Venturing, 1995,10 (5): 349-370.

[203] Zikmund, WG, Business Research Methods (7th Edition) [M]. Mason, Ohio: Thompson Learning/South-Western, 2002.

[204] Zollo, M. and Winter, S. Deliberate learning and the evolution of dynamic capabilities [J]. Organization Science, 2002, 13 (3): 339-351.

[205] Zollo, M. Winter, S. G. From Organizational Routines to Dynamic Capabilities [J/OL]. A Working Paper of the Reginald H. Jones Center, the Wharton School University of Pennsylvania, 1999.

中文参考文献：

[1] 肖海林，彭星闾，王方华. 企业持续发展的生成机理模型：基于海尔的案例的分析 [J]. 管理世界，2004 (8)： 111-118.

[2] 路风，慕玲. 本土创新、能力发展和竞争优势[J]. 管理世界，2003(12)：57-82.

[3] 林毅夫，李永军. 比较优势、就能够占优势与发展中国家的经济发展 [J]. 管理世界，2003 (7)： 21-28.

[4] 韵江，刘立. 创新变迁与能力演化：企业自主创新战略. 管理世界，2006，12： 115-130.

[5] 董俊武，黄江圳，陈震红. 动态能力演化的知识模型与一个中国企业的案例分析 [J]. 管理世界，2004 (4)： 117-127.

[6] 耿帅. 共享性资源与集群企业竞争优势的关联性分析 [J]. 管理世界，2005 (11)： 112-119.

[7] 王高. 顾客价值与企业竞争优势 [J]. 管理世界, 2004 (10): 97–113.

[8] 谭伟强, 彭维刚, 孙黎. 规模竞争还是范围竞争 [J]. 管理世界, 2008 (2): 126–135.

[9] 余晖, 朱彤. 互联网企业的梯度竞争优势 [J]. 管理世界, 2003 (6): 119–127.

[10] 梁哨辉, 宋鲁. 基于过程和能力的知识管理模型研究 [J]. 管理世界, 2007 (1): 162–163.

[11] 刘巨钦. 论资源与企业集群的竞争优势 [J]. 管理世界, 2007 (1): 164–165.

[12] 中国企业家调查系统. 企业学习：现状、问题及其对创新和竞争优势的影响 [J]. 管理世界, 2006 (6): 92–100.

[13] 吴结兵, 徐梦周. 网络密度与集群竞争优势：集聚经济与集体学习的中介作用 [J]. 管理世界, 2008 (8): 69–76.

[14] 叶小玲, 叶晓倩. 我国企业竞争力现状分析及核心竞争力的培育 [J]. 管理世界, 2003 (5): 143–144.

[15] 武亚军. 战略规划如何成为竞争优势：联想的实践及启示 [J]. 管理世界, 2007 (4): 118–129.

[16] 王宏伟, 任荣伟, 宋丽. 中国房地产企业的竞争优势与核心能力 [J]. 管理世界, 2007 (2): 158–159.

[17] 毛蕴诗, 欧阳桃花, 魏国政. 中国家电企业的竞争优势 [J]. 管理世界, 2004 (6): 123–133.

[18] 焦豪, 魏江, 崔瑜. 企业动态能力构建路径分析：基于创业导向和组织学习的视角 [J]. 管理世界, 2008 (4): 91–106.

[19] 吴晓云, 袁磊. 中国家电行业的发展态势及营销战略选择 [J]. 管理世界, 2003 (10): 87–97.

[20] 杜慕群. 资源、能力、外部环境、战略与竞争优势的整合研究 [J]. 管理世界, 2003 (10): 145–146.

[21] 王毅, 吴贵生. 基于复杂理论的企业动态核心能力研究 [J]. 管理科学学报, 2007, 10 (1): 18–28.

[22] 吴海平, 宣国良. 结网合作策略选择的能力依赖模型及其启示 [J]. 管理科学学报, 2007, 10 (1): 28–38.

[23] 毛蕴诗, 汪建成. 日本在华跨国公司竞争地位与竞争优势研究 [J]. 管理科学学报, 2005, 8 (3): 90–96.

[24] 万伦来，达庆利. 企业柔性的本质及其构建策略［J］. 管理科学学报，2003，6（2）：89−94.

[25] 陈国权，郑红平. 组织学习影响因素、学习能力与绩效关系的实证研究［J］. 管理科学学报，2005，8（1）：48−61.

[26] 胡汉辉，潘安成. 组织知识转移与学习能力的系统研究［J］. 管理科学学报，2006，9（3）：81−87.

[27] 董大海，金玉芳. 作为竞争优势重要前因的顾客价值：一个实证研究［J］. 管理科学学报，2004，7（5）：84−90.

[28] 刘晓，贾锐. 基于动态能力的高新技术企业柔性化管理［J］. 科研管理，2006，27（3）：90−93.

[29] 江积海. 基于动态能力的后发企业新产品开发策略研究［J］. 科研管理，2007，28（1）：104−109.

[30] 江积海. 知识传导、动态能力与后发企业成长研究［J］. 科研管理，2006，27（1）：100−106.

[31] 江积海. 动态能力逻辑重构及其演化机理研究［J］. 科技管理研究，2009，5：291−293.

[32] 陈铁军. 基于动态能力的技术创新战略——以 A 公司的技术创新战略为例［J］. 科研管理，2004，25（ZK）：37−44.

[33] 魏江，张帆. 基于动态能力观的企业科技人员知识存量激活模式研究［J］. 科研管理，2007，28（1）：42−46.

[34] 方润生. 基于能力的理论及其局限性［J］. 科研管理，2004，25（4）：134−139.

[35] 王核成，孟艳芬. 基于能力的企业竞争力研究［J］. 科研管理，2004，25（6）：103−107.

[36] 王毅. 企业核心能力动态演化分析：东信、长虹与海尔［J］. 科研管理，2002，23（6）：18−24.

[37] 黄俊，李传昭，张旭梅，邱钊. 战略联盟管理与联盟绩效的实证研究：基于动态能力的观点［J］. 科研管理，2007，28（6）：98−107.

[38] 吴价宝. 组织学习能力测度［J］. 中国管理科学，2003，11（4）：73−78.

[39] 王铁男，贾榕霞，陈宁. 组织学习能力对战略柔性影响作用的实证研究［J］. 中国软科学，2009（4）：164−174.

[40] 边燕杰. 城市居民社会资本的来源及作用：网络观点与调查发现［J］. 中国社会科学，2004（3）：139.

[41] 郭斌. 企业异质性、技术因素与竞争优势：对企业竞争优势理论的一个评述 [J]. 自然辩证法通讯, 2002 (2)：55-61.

[42] 贺小刚，李新春，方海鹰. 动态能力的测量与功效：基于中国经验的实证研究 [J]. 管理世界，2006 (3)：94-112.

[43] 贺小刚，潘永永，连燕玲. 核心能力理论的拓展：企业家能力与竞争绩效的关系研究 [J]. 科研管理，2007，28 (4)：141-148.

[44] 温忠麟，侯杰泰和马什赫伯特. 结构方程模型检验：拟合指数与卡方准则 [J]. 心理学报，2004，36 (2)：186-194.

[45] 刘菊. 网络组织：提高企业环境适应能力的新型组织模式 [J]. 广西大学学报（哲学社会科学版），2006 (11)：120-122.

[46] 金鲜花，姚勇，杨倩. 论企业可持续竞争优势的形成 [J]. 经营谋略，2008 (4)：28-29.

[47] 刘希宋，金鹏，喻登科. 企业竞争优势的形成机理研究 [J]. 科技管理研究，2008 (3)：170-172.

[48] 冯海龙. 企业战略变革：概念、整合理论模型与测量方法 [J]. 经济管理，2007 (5)：34-38.

[49] 冯海龙. 组织学习、动态能力与企业战略变革 [J]. 华东经济管理，2008，22 (10)：104-108.

[50] 芮明杰，胡金星，张良森. 企业战略转型中组织学习的效用分析 [J]. 研究与发展管理，2005，17 (2)：99-104.

[51] 罗永泰，吴树桐. 企业资源整合过程中动态能力形成的关键路径分析 [J]. 北京工商大学学报（社会科学版），2009，24 (3)：23-30.

[52] 孟晓斌，王重鸣，杨建锋. 企业组织变革中的动态能力多层适应性探析 [J]. 外国经济与管理，2008，30 (2)：1-8.

[53] 杨水利，李韬奋，党兴华，单欣. 组织学习动态能力与企业绩效之间关系的实证研究 [J]. 运筹与管理，2009，18 (2)：155-161.

[54] 吉姆·柯林斯，杰里·波勒斯. 基业长青 [M]. 北京：中信出版社，2008.0.

[55] 彼得·德鲁克. 创业精神与创新—变革时代的管理原则与实践 [M]. 北京：工人出版社，1989.

[56] 迈克尔·波特. 竞争论 [M]. 北京：中信出版社，2003.

[57] 迈克尔·波特. 竞争战略 [M]. 北京：华夏出版社，1997.

[58] 金碚. 企业竞争力测评的理论与方法 [J]. 中国工业经济，2003 (3)：5-13.

[59] 贺小刚. 企业家能力、组织能力与企业绩效［M］. 上海：上海财经大学出版社，2006.04.

[60] 李兴旺. 动态能力理论的操作化研究： 识别、架构与形成机制［M］. 北京：经济科学出版社，2006.

[61] 吴明隆. SPSS 统计应用实务［M］. 北京：中国铁道出版社，2000.

[62] 侯杰泰，温忠麟，成子娟. 结构方程模型及其应用［M］. 北京：教育科学出版社，2004.

[63] 吴明隆. SPSS 统计应用实务——问卷分析与应用统计［M］. 北京：科学出版社. 2003.

[64] 藤本隆宏. 生产系统入门 I & II［M］. 香港：日本经济新闻社，2001.

[65] 藤本隆宏. 能力构筑竞争［M］. 北京：中信出版社，2007.

[66] 周海炜. 核心竞争力——知识管理战略与实践［M］. 南京：东南大学出版社，2002.

[67]（英）安德鲁·坎贝尔,（英）凯瑟琳·萨默斯·卢斯编 严勇，祝方译. 核心能力战略——以核心竞争力为基础的战略［M］. 大连：东北财经大学出版社，1999,08.

[68] 白仁春，郭红龄，刘平. 企业资源发展策划［M］. 北京：北京大学出版社，2005，08.

[69] 韩福荣. 现代企业管理教程［M］. 北京：北京工业大学出版社，2005.

[70] 黄继刚. 核心竞争力的动态管理［M］. 北京：经济管理出版社，2004.

[71] 郭红玲. 企业核心能力的挖掘与培育［M］. 成都：西南交通大学出版社，2005.

[72] 王玉，王琴. 企业战略——谋取长期竞争优势［M］. 上海：复旦大学出版社，2006.

[73]（荷）亨克·傅博达著 项国鹏译. 创建柔性企业［M］. 北京：人民邮电出版社，2005.

[74]（美）马克·J·多林格，王任飞译. 创业学—战略与资源［M］. 北京：中国人民大学出版社，2006.

[75]（美）迈克尔. 波特. 竞争论［M］. 北京：中信出版社，2003.

[76] 霍春辉. 动态竞争优势［M］. 北京：经济管理出版社，2006.

[77] 安应民. 企业柔性管理——获取竞争优势的工具［M］. 北京：人民出版社，2008.

[78] 潘文安. 基于供应链整合的伙伴关系与企业竞争优势研究 [D]. 杭州：浙江大学，2007.

[79] 耿帅. 基于共享性资源观的集群企业竞争优势研究 [D]. 杭州：浙江大学，2005.

[80] 田佳欣. 企业网络、企业能力与集群企业升级理论分析与实证研究 [D]. 杭州：浙江大学，2007.

[81] 王庆喜. 企业资源与竞争优势——基于浙江民营制造业企业的理论与经验研究 [D]. 杭州：浙江大学，2004.

[82] 张宏. 企业纵向社会资本与竞争优势 [D]. 杭州：浙江大学，2007.

[83] 王晓娟. 知识网络与集群企业竞争优势研究 [D]. 杭州：浙江大学，2007.

[84] 李丹. 企业组织学习、创业导向与绩效关系研究 [D]. 西安：西南交通大学，2003.

[85] 冯文娜. 网络对企业成长影响的实证研究 [D]. 济南：山东大学，2008.

[86] 张涛. 网络经济形态下企业竞争优势可持续研究 [D]. 南京：河海大学，2002.

[87] 黎赔肆. 社会网络视角的企业家学习模式研究 [D]. 上海：复旦大学，2008.

[88] 徐震. 基于三维模型的集群企业动态能力与竞争优势提升实证研究 [D]. 上海：复旦大学，2007.

[89] 林丽萍. 基于网络组织的中小企业竞争力形成机理分析及其管理对策研究 [D]. 南京：南京理工大学，2007.

[90] 陈耀. 企业战略联盟持续竞争优势研究 [D]. 南京：南京理工大学，2003.

[91] 游达明. 基于知识的企业动态竞争优势构建理论与方法研究 [D]. 长沙：中南大学，2004.

[92] 杨文安. 竞争优势战略、供应链集成与企业绩效关系之研究 [D]. 厦门：厦门大学，2003.

[93] 霍春晖. 动态复杂环境下企业可持续竞争优势研究 [D]. 沈阳：辽宁大学，2006.

[94] 吕洁华. 高新技术企业核心竞争力研究 [D]. 沈阳：东北林业大学，2005.

[95] 张守凤. 基于超竞争环境下的企业柔性战略研究 [D]. 武汉：武汉理工大学，2005.

[96] 焦豪. 创业导向下企业动态能力提升机制研究 [D]. 杭州：浙江大学，2007.

附　录

附录1　调研访谈提纲

访谈之前说明： 访谈目的；解释如何使用所收集的资料，并说明保密情况；希望对方能够合作，认真提供信息。

访谈顺序： 先介绍企业的情况，再介绍企业的网络联系情况，接着是企业的竞争优势，最后是企业的能力开拓情况。

第一部分　企业基本情况

1. 能否描述一下贵公司的基本情况？

内容：贵公司的产品或服务？

贵公司的市场网络在哪里？

贵公司创建以来，其发展态势如何？

贵公司大致的发展阶段如何？

2. 简要描述企业的发展目标？

内容：贵公司近期的目标是什么？（现金流、市场份额等）

贵公司将来的发展方向如何？

贵公司具体的规划如何？

第二部分　企业的外部联系情况

1. 请总体上简要介绍一下公司的联盟情况？

2. 请简要介绍一下公司与外部联系或者主要伙伴的联系的紧密度？这种联系对企业各项能力的影响？

3. 请简要介绍一下公司所建立的联系的范围？这种联系范围对企业各项能

力的影响？

4. 您将如何规划您公司的外部联系？如何建立与其他企业的战略联盟？

第三部分 企业的竞争优势

1. 就贵企业目前的状况，您认为公司的主要优势体现在哪些方面？

提醒：产品、服务、质量、技术、成本等

2. 与竞争对手相比，您认为您的企业有竞争力吗？

内容：有竞争力，这如何获得的？

若认为没有，为什么没有？

是什么因素导致了贵公司具有/没有这种竞争力？

与其他公司相比，贵公司如何做到与众不同的？

您认为影响企业竞争力/竞争优势的主要原因是什么？

3. 在提升公司竞争力方面，您有何建议？

第四部分 企业能力的发展

前提：介绍企业的动态能力的内涵，以便管理人员理解动态能力的含义。

1. 您认为贵公司的动态能力与对手相比如何？

内容：5 个方面：环境适应能力如何、组织变革情况、组织柔性能力情况、组织学习的情况以及能力的发展、公司的战略隔绝机制如何？

2. 公司采取了何种措施来对外部环境进行有效地适应与回应？

3. 公司采取了何种措施来实施内部变革？

4. 公司采取了何种措施来加强柔性？

5. 公司是如何组织员工学习？企业的内部沟通机制如何？

6. 企业的战略隔绝措施有哪些？

附录 2　企业竞争优势调查问卷

________女士/先生钧鉴：

您好！这是为完成国家自然科学基金项目和中国博士后特别资助项目（**编号分别为** 71202063 **和** 2013T60334）而设计的一份调查问卷，目的在于了解企业的网络联系、动态能力与竞争优势的关系，以此指导我国企业的网络构建，促进企业的成长以及企业竞争优势的持续性改进，为促进企业增强竞争力、参与国际竞争服务。感谢您在百忙之中惠赐宝贵意见，以完成这份重要的问卷。学术研究应当以实践为基础，源于实践并指导实践，这样才能发现其应用价值！

本次调研的最终研究成果将与企业共享，争取使企业受益。我们对您的真诚合作致以衷心的感谢。**我们郑重承诺，您所填写的所有内容均只用于纯粹的学术研究，并严格保密，绝不对外公开，若违反我们愿承担法律责任。**请您仔细阅读问题及说明后做出选择。

恭祝

商祺！

吉林大学创业研究中心

创业研究课题组

若您有任何问题，请致电：

董保宝　博士

电话：xxxxxxxxxxx

电邮：markruby@sina.com　　markruby@126.com

地址：吉林省长春市人民大街 5988 号吉林大学南岭校区管理学院

问卷编号：________

一、问卷

请您详细阅读以下内容并根据贵企业的实际情况在与数字对应的圆圈中划“√”。“1”表示您完全不同意这种说法，“2”表示您不同意此观点，“3”表示一般，“4”表示您同意此观点，“5”表示您完全同意这种说法。

1. 企业在竞争优势方面的表现

企业竞争优势就是在竞争过程中，企业相对于其他企业获得目的性资源所表现出来的优越性状态，即企业竞争优势就是指一个企业在向消费者提供具有某种价值的产品或服务的过程中所表现出来的超越或胜过其他竞争对手并且能够在一定时期之内创造超额利润或获取高于所在行业平均盈利率水平的属性或能力。

	完全不同意 ←同意程度→ 1	2	3	4	5 完全同意
1）与行业竞争对手相比，企业能够以较低的成本为客户提供产品或服务	○	○	○	○	○
2）与行业竞争对手相比，企业能够为客户提供多功能、高性能的产品或服务	○	○	○	○	○
3）与行业竞争对手相比，企业能以更加快速、有效的方式执行操作流程	○	○	○	○	○
4）企业能灵活地适应快速变化的市场并比对手更快地作出反应	○	○	○	○	○
5）与行业竞争对手相比，企业更加重视客户的需求	○	○	○	○	○
6）与行业竞争对手相比,本企业的市场份额增长更快	○	○	○	○	○

2. 企业在网络联系方面的表现

网络联系主要研究企业与网络中其他成员的连接数、主体之间联系的密切程度以及企业在网络中的地位。

	完全不同意 ←同意程度→ 1	2	3	4	5 完全同意
1）在交易行为之前，双方已经互相认识、了解了多长时间了？	○	○	○	○	○
	（见下面注释1）				
2）您在多大程度上同意您已和其他相关企业保持了紧密的联系？	○	○	○	○	○
3）您在多大程度上同意您和其他相关企业每周都保持接触？	○	○	○	○	○

4） 本企业与竞争者建立了紧密联系	○	○	○	○	○
5） 本企业与消费者建立了紧密联系	○	○	○	○	○
6） 本企业与供应商建立了紧密联系	○	○	○	○	○
7） 本企业与大学科研机构建立了紧密联系	○	○	○	○	○
8） 本企业与政府机构建立了紧密联系	○	○	○	○	○
9） 本企业与中介服务机构建立了紧密联系	○	○	○	○	○
10）企业在网络中的中心地位明显	○	○	○	○	○
11）企业在网络联系中较对手更易获取某些资源	○	○	○	○	○
12）企业在网络中的地位促使其他网络成员加强与其合作	○	○	○	○	○
13）企业在网络中的地位加强了其他企业对其的信任	○	○	○	○	○
14）企业的网路中心地位为企业带来了正面效应而非负面效应	○	○	○	○	○

注释 1：“1” =少于 1 年，“2” = 1–2 年，“3” = 2–3 年，“4” = 3–5 年，“5” = 5 年以上。

3. 企业动态能力的表现状态

动态能力是企业不断地对企业的资源以及能力进行整合、配置以及根据外部环境的变化对它们进行重组的能力，它是企业应用其在长期的发展历程中形成和积累起来的资源、能力、知识体系，适应和利用环境变化，有效整合企业内外部资源，不断推出适应市场发展需要的优质产品和服务，给客户带来价值增值的特有的能力，它能够为企业提供较大的发展潜力，支撑企业在多个产品和服务市场中获得持续的竞争优势。

	完全不同意	←同意程度→			完全同意
	1	2	3	4	5
A. 环境适应能力					
1） 本企业对所在产业发展运行规律了解非常深入	○	○	○	○	○
2） 本企业能充分认识到所处环境的变化与发展趋势并制定计划以使企业提前做好应对	○	○	○	○	○
3） 本企业和同行、顾客、供应商等利益相关者频繁交流，从他们那里及时获得对企业有用的信息	○	○	○	○	○

4）本企业能够不断地观察市场、监察客户和竞争者并根据市场活动配置资源的能力	○	○	○	○	○
5）本企业能够根据企业业务发展的优先性来进行企业内部系统演进	○	○	○	○	○
B. **组织变革能力**	○	○	○	○	○
6）本企业非常支持员工的创新活动	○	○	○	○	○
7）本企业鼓励具有创新精神的企业文化	○	○	○	○	○
8）本企业对有创新能力的员工给予充分的激励和奖励	○	○	○	○	○
9）本企业的员工经常提出有创意的设想和主意	○	○	○	○	○
10）本企业的员工敢于冒险、富有首创精神	○	○	○	○	○
11）本企业建立了有效的流程、方法以促进并考核员工的革新思想	○	○	○	○	○
12）本企业对革新活动投入了大量的资金	○	○	○	○	○
C. **组织战略柔性**	○	○	○	○	○
13）企业做出竞争转变的速度总是快于对手	○	○	○	○	○
14）企业在实际运作过程中可以灵活地超越现有的权利架构	○	○	○	○	○
15）企业内部的工作模式因人而异、因时制宜	○	○	○	○	○
16）企业允许各部门以及员工打破常规，保持工作灵活性	○	○	○	○	○
D. **企业吸收能力（学习能力）**	○	○	○	○	○
17）企业善于通过联盟、合作等形式向其他企业学习	○	○	○	○	○
18）企业经常与供应商、客户等一起探讨问题的解决方案	○	○	○	○	○
19）企业内部的沟通渠道畅通无阻	○	○	○	○	○
20）企业实现了知识的内部共享	○	○	○	○	○
21）企业能够对新知识进行加工、利用	○	○	○	○	○
22）企业能够创造新的知识	○	○	○	○	○
E. **战略隔绝**					
23）企业制订了关于技术、诀窍等知识产权保密制度，防止这些知识外泄	○	○	○	○	○

24）企业制订了有效的雇员激励制度，限制关键员工流失 ○ ○ ○ ○ ○

25）企业严格限制员工随意与外界交流，去其他企业兼职 ○ ○ ○ ○ ○

26）企业严格限制关键人员在离开企业后就去同行的企业就职 ○ ○ ○ ○ ○

27）企业拥有先进的、不易被模仿的技术 ○ ○ ○ ○ ○

二、基本情况

01. 您的年龄：①20－30 岁　②30－40 岁　③40－50 岁　④50 岁以上

02. 您的最高学历：①研究生及以上　②本科　③大专　④高中或中专　⑤初中及以下

03. 您的职务：①总裁　②董事长　③总经理　④财务总监　⑤运营总监

04. 您所属的部门：____________________

05. 您所属城市/区域：____________________

06. 您所属企业的类别：①高科技企业　②传统企业

07. 企业成立时间：____________________

08. 企业股权性质：①个人独资　②民营企业　③私营企业　④国有独资或控股企业　⑤外商独资企业

09. 企业人数：本企业人数大约为________人

你的个人信息（若方便，请填写）：

电话：____________　　　　电子邮件：____________

你认为企业可通过哪些手段来提升其动态能力以及竞争优势？

感谢您的参与，若要共享研究成果，请填写上述电子邮件或其他联系方式。

附录3 与国外专家的网络访谈(节选)

1. Network Discussions with Rodney Carl Runyan（Q=question；A=answer）（关于研究可行性的访谈）

1）**Q**：If I put fordward the model of network structure， dynamic capability and the competitive advantage in my doctoral dissertation， is it suitable to study the relationships among them?

A：I think it is reasonable. Well， I don't know your dimensions of the three variables. Sometimes， there are some difficulties in finding the theoretical supports. Whats more， when we talk about the network structure， we have many views on it. I don't know your view about it. And most importantly， how can you build the bridge between them?

2）**Q**：Well， I mean I will divide network structure into three dimensions and they are network intensity， network range and network centrality， dynamic capability with five dimensions： environment adaptability， organization renovation， strategic flexibility， absorbtive capability and strategic isolation and the competitive advantage is unidimensional. The basic line is from NS to DC and then to CA. Dimensions to dimension and DC will be the bridge from NS to CA.

A：Frankly speaking， NS can bring spillover value to DC and the same to DC and CA. But could you please explain the mediating role of DC? I think it is a little far-fetched because DC can be the dependent variable and I seldom knoe its mediating effect. If you can find the reasonable literatures， then it will work. Or you can change the role of DC as the moderator. When the DC increases， CA will change with the structure of the ties. You can check it by using some data.

3）**Q**：I believe DC can be the moderator between NS and CA. But the reason why I choose its mediating role is that there are no or few literatures to study like this. It will be the highlight of my dissertation. I will use the mediating role of DC to make the study. So， I am wondering whether you can provide me some papers and suggestions. Thanks.

A：Well， I am sure it will be a good dissertation when you are dedicated to it. My

suggestions are as follows: first, study the literatures of NS, especially NC, because there are only a few papers about it. The best way is to read the foreign dissertation, such as Richardson (2006) and Victor (2005), there is some useful references for you. The attached is the two papers. Second, when you bridge them, please clarify their relationships clearly, because it will be remarkable in the doctoral dissertation. Third, study the mediating role of DC carefully and pay attention to the clarifications. And finally, I hope you can finish an excellent paper.

2. Network Discussions with Lei-yu Wu (Q=question; A=answer)(关于动态能力的访谈)

1) **Q**: I am writing my dissertation about NS, DC and CA. I know you have finished some papers about DC and I have read them carefully. You divided DC into resource integration capability, resource reconfiguration capability, learning capability and ability to respond to changes. I want to know your standard of the division.

A: DC is the adaptive ability to the enrironment, but its base is the resource, so resource integration capability must be one of its dimensions. After acquiring the resources, configuration ability should be used for DC. When adapting to the market change, firms should be fast to respond to the change and they should reinforce the learning ability. These are crucial to their development. Also, I refer to the definition of DC in the works of Teece et.al (1997) and Eisenhardt and Martin (2000). Their discussions on DC can be the theoretical measures for empirical study. I just, according to the purpose of my research, choose important capabilities to measure DC, not dividing it into several dimensions.

2) **Q**: What are your opinions on my research model? Is it reasonable?

A: In my opinion, if I were you, I will regard DC as a moderator. Of course, mediator does make sense, but I can't find some supports. If you can, then it works. I think it is reasonable about this model.

3) **Q**: In my paper, I divided DC into five dimensions and they are environment adaptability, organization renovation, strategic flexibility, absorbtive capability and strategic isolation, I didn't use a certain criterion, just via the purpose of the paper. But I have explained them clearly. Do you think this division is Ok?

A: Of course it is OK. When you explain the previous literatures clearly and clarify the meanings of the dimensions, you can choose the right items to express your research purpose. There are many sorts of divisions on the dimensions of DC. I use mines ang you use yours. I don't think it will not make sense. The only premise is that you must explain their meanings clearly. The best way is to deduce your dimensions and induce your conclusions. I don't study CA, so I can not give you suggestions on it. When you study the relationship between NS and DC, you can refer to the works of Ahuja (2000), Batjargal (2005), Burt (2000) and Ma (2000). They have clarified the network and its evolution carefully and their evolution may have effect on DC. Of course, my opinions are just for you to refer to. I hope you can do a good work.

3. Network Discussions with Pek-Hooi Soh (Q=question; A=answer)(关于网络结构的访谈)

1)**Q**: Could you explain the role of NS on DC? If the better way for NS to be divided into 3 dimensions, then what are them in you view?

A: I argue that a firm with more efficient access to other firms in the market would acquire the competitive information about other firms earlier, gaining a greater window of opportunities to create or to enhance its own products before its competitors. Given that closeness and strength of ties are two important interorganizational networking mechanisms by which information and resources are mobilized in the market. In addition, since extant research has shown that strategic alliances contribute significantly to the acquisition of information about external innovations (refer to my paper issued on JBV, 2003). If NS become strong, firm can use all kinds of network to acquire resources to find opportunities then to strengthen the DC, it is formal.

2)**Q**: What is your view on the relationship between NS and CA? Do you think whether the mediating role of DC can exist?

A: Among firms that have equal inclination to form new alliances or ties, the ones that leverage their direct ties by discreet choice of partners who have better access to others are more likely to enjoy better DC, because firm can use these resources to form new capabilities, then to improve new product performance. Under these circumstances, firms obtain information not only about the competitors and their innovations but also about the misallocated resources among other participants in the market, discovering opportunities that may subsequently enhance their own innovations and DC. Second, increasing information access facilitated through reciprocal relationships with direct partners is likely to enhance the CA. The reason is that former partners are more willing

and able to share rich information about themselves or their extended partners since they have developed mutual understanding and trust. DC can be the mediator between NS and CA. Capability can be the bridge between two variables if it can link them together and of course it is a new perspectives.

3) **Q**: Im my dissertation, I divide NS into three dimensions: NI, NR and NC, do you think it is reasonable.

A: From both structural and relational perspectives, proximity and strength of ties will determine the efficiency and accessibility of information within the network. In contrast, Burt (1992) argues that only those firms in the structural holes with the most nonoverlapping ties with direct and indirect partners will gain access to diverse information about entrepreneurial opportunities, this is the base of NC. The structural hole argument is nonetheless applicable primarily to studies that consider market transactions with multiple entities including customers, suppliers, government agencies, and others (Walker et al., 1997), this is the base of NR. Ahuja (2000) further demonstrated in the longitudinal analysis of direct and indirect ties versus structural holes that structural holes are negatively correlated with the innovation performance of the firm. He explains that in technology collaboration networks, dense ties between partners in fact prevent deviant behaviors and foster the development of trust and shared norms conducive to knowledge exchange, this is the base of NI. Since the density of ties has performance implications on the firm, the study of networking alliances should at least control for this effect. In my opinion, your division on NS is ok. But you can choose more dimensions to study their relationships with DC and CA.

附录4 变量简写(缩写)表

中文表述	全 称	简 写
网络结构	Network Structure	NS
网络强度	Network Intensity	NI
网络密度	Network Range	NR
网络中心度	Network Centrality	NC
动态能力	Dynamic Capability	DC
环境适应能力	Environment Adaptability	EA
组织变革能力	Organization Renovation	OR
战略柔性	Strategic Flexibility	SF
吸收能力	Absorbtive capability	AC
学习能力	Learning capability	LC
战略隔绝	Stategic Isolation	SI
竞争优势	Competitive Advantage	CA

后 记

从 2007 年开始关注动态能力的相关研究，在拜读多位学者的著作后，我感觉到动态能力观将在战略管理领域“有所作为”，因而开始投入大量的时间和精力来关注它。2008 年，我有幸阅读了 Wai-sum Siu 和 Qiong Bao 两位学者的文章《中国高科技小企业的网络战略》，网络理论引起了我的兴趣，在导师葛宝山教授的鼓励和指点下，我开始了社会网络方面的研究，这一过程因蔡莉教授重点项目的进行而一发不可收拾。

在 2007 年，蔡老师申报了国家自然科学基金重点项目，作为课题组成员之一，我那时对网络理论知之甚少，曾几度徘徊不前，难以找到合适的切入点。随着与课题组成员研讨的深入，我重新认识了资源基础观、网络观、能力观，此时我也茅塞顿开，决定将网络观与能力观进行整合，但如何整合，绝非易事。我开始阅读大量的文献和书籍，努力找到相关证据和理论支撑。在 2009 年年初，我决定将网络结构、动态能力与竞争优势的关系作为我的论文题目，期望借助于科学的研究方法来研究三者的关系，但这需要大量的精力投入。

在 2009 年 6 月，我形成了正式的调研问卷，并在 8 月份开始发放。在数据收集的过程中我丝毫不敢懈怠，在收到数据后立即输入系统，开始多次的统计分析。在收集问卷的三个多月里，对我来说既兴奋又无奈。兴奋是因为问卷反馈回来了，无奈的是，一些问卷“一去不复返”，一些问卷反馈回来后发现是无效的。经过漫长的等待，终于拨云见明月了。而后，我抓紧对数据进行了分析统计，发现这些问卷的统计分析结果还不错，有点沾沾自喜。

网络与能力研究专题到现在已经持续 5 年多了，在这段时间里我学到了很多东西，很多人常常说“学以致用”，这句说起来简单，但操作起来真的很难。不过还好，虽然过程中有许多波折，但我都积极面对，从中也受惠良多，真正践行了学以致用。

在专题研究期间，研究过程中课题组成员难免会有小争执，意见的不同和情绪的起伏，这一切都考验着我们，一路的跌撞摸索，体会及学习到的都是很难得且宝贵的经验。现在回忆专题研究的过程还是意犹未尽，专著的完成对我来说，心中所存在的是感动和感激，感动的是，我终于创造出一份真正属于我自己的成果，当初过程的艰辛，现在都成了美味成熟的果实，感激的是，在专题研究过程中，辛苦指导我进行学术研究的葛宝山和蔡莉两位教授为我树立了榜样和标杆，两位导师总是能激发出我自己都没有意识到的潜能和创造力。好几次遇到困难或是有问题的时候，两位导师总会给我最宝贵与最中肯的意见，让我有了方向，最后才能使相关专题顺利完成。虽然我还是有很多需要改进且不足的地方，但我由衷地感谢两位导师对我的谆谆教诲。

作为一个阶段性研究，虽然专著出版了，但研究并未停止，仍有不少问题还有待于深入探讨和研究。2012 年我将研究重心转移到了网络导向、创业能力对竞争优势的影响方面，以深度探讨网络和能力的组合对竞争优势的深层次影响机理，并申请了国家自然科学基金，获得了立项支持。对我而言，这一研究远没有结束，我仍将继续努力。

路漫漫其修远兮，吾将上下而求索！

董保宝

2014 年 10 月于吉林大学